事例にみる★

外国人の法的支援ハンドブック

神奈川青年司法書士協議会人権擁護委員会◎編

伊藤昌子／高原晶子／中村圭吾／西村康章
平木康嗣／文元貴弘／三門俊文／山口岳彦

発行 民事法研究会

は し が き

　2020年東京オリンピック・パラリンピックを控えた日本、そして今後少子高齢化が見込まれる日本経済にとって、国内経済の発展に寄与する外国人の受入れを促進しようという政府の方針もあり、今後、在留外国人とのかかわりは、より一層深まっていくと考えられる。

　しかし、中長期滞在している外国人の生活実態を正確に理解している市民・法律家は非常に少ないのが現状である。

　私たち、神奈川青年司法書士協議会人権擁護委員会は、平成26年から在留外国人の法律相談に取り組み始め、調査・研究をしてきた。その中で、特に生活や暮らしの相談について、在留外国人は、日本人と同じ法律的問題を抱えながら、言葉や在留資格の問題などから、日本の法的支援を受けづらい状況にあり、どこに何を相談したらよいのかわからず、途方に暮れているケースもあることがわかってきた。

　また、日本国憲法によって、在留外国人にも原則として基本的人権は保障されているにもかかわらず、外国人だからという理由だけで不利益を被り、その基本的人権が侵害されるような事態が生じていることがある。在留外国人も、個人として尊重されるべき権利を享有する一市民である。

　本書は、外国人を差別することなく、専門家としての知識・経験を駆使して支援するため、これまで取り組んできたことをまとめた1冊である。事例を基に、執務のポイントを解説し、具体的な書式も織り交ぜながら、少しでもわかりやすくなるよう努めた。不十分な箇所もあるかと思うが、外国人の支援をしている方々の参考となり、その一助となれば幸いである。

　最後に、本書の出版に際し、多大なる尽力をいただいた株式会社民事法研究会の南伸太郎氏、委員会活動を支えていただいたメンバー全員に厚く御礼申し上げる。

　　平成29年2月

　　　　神奈川青年司法書士協議会人権擁護委員会委員長　髙原　晶子

『事例にみる外国人の法的支援ハンドブック』

● 目　　次 ●

第1章　外国人のリーガルニーズに応えるための基礎知識

Ⅰ　在留外国人をめぐる状況と本書の狙い……………………………………… 2
　1　在留外国人をめぐる状況と神奈川青司協の取組み……………………… 2
　2　本書の狙い………………………………………………………………… 3

Ⅱ　司法書士に必要な在留資格の基礎知識…………………………………… 5
　1　在留資格制度とは………………………………………………………… 5
　2　なぜ在留資格の知識が必要なのか……………………………………… 5
　3　在留資格・在留期間と留意点…………………………………………… 6
　4　在留外国人を取り巻く人権問題………………………………………… 9

Ⅲ　法テラスその他機関の利用………………………………………………… 12
　1　法テラスによる費用の立替えの制度の利用…………………………… 12
　2　法テラスにおける通訳の利用…………………………………………… 13
　3　関係機関との連携………………………………………………………… 14
　4　司法書士会の利用………………………………………………………… 15

第2章　外国人の相談における確認事項と留意点

Ⅰ　外国人の相談にあたって…………………………………………………… 18
Ⅱ　確認事項と留意点…………………………………………………………… 19
　1　日本人の相談者との違い………………………………………………… 19

2　在留資格の確認……………………………………………………20
　　【書式1】　外国人相談のヒアリングシート／23
　　【書式2】　過去の経緯の年表／26
　　《コラム》　在留資格の更新申請手続の厳格化の流れ／32
　3　準拠法の確認………………………………………………………33
　4　面談時の対応………………………………………………………36
　5　通訳が介在することのメリット…………………………………37
　6　行政サービス等……………………………………………………40
　　〈表1〉　外国人が利用できる代表的な行政サービス等／41
　7　まとめ………………………………………………………………42

第3章　事例にみる外国人の法的支援

I　外国人の日本における会社設立（ベトナム人の事例を中心に）………44
　1　はじめに……………………………………………………………44
　2　事例の概要…………………………………………………………45
　3　通訳を介した依頼者との打合せ…………………………………45
　4　在留資格の確認……………………………………………………46
　5　会社の実体の確認…………………………………………………47
　　《コラム》　会社設立手続に関する摘発・逮捕事例①／49
　6　在留資格変更のための会社設立手続……………………………50
　　(1)　「経営・管理」の在留資格の取得時の手続と必要書類………50
　　　【書式3】　在留資格変更許可申請書／52
　　(2)　本店の所在地の決定……………………………………………58
　　(3)　会社の内容の確認………………………………………………61
　　　【書式4】　株式会社設立チェックリスト（英語版）／62
　　(4)　定款の作成と記載事項、添付書類……………………………63

目　次

　　　【書式5】　定款（取締役が1人のみの非公開会社）／64
　　　【書式6】　委任状（電子定款の作成）／70
　　　【書式7】　備考欄にカタカナ表記が掲載された印鑑登録証明書／73
　　　【書式8】　備考欄にカタカナ表記が掲載された住民票／74
　　　【書式9】　印鑑証明書（台湾の本国認証付き）／76
　　　【書式10】　印鑑証明書（訳文）／78
　　　【書式11】　サイン証明書（中国）／79
　　7　出資金の履行（送金手続）……………………………………………82
　　　【書式12】　払込みがあったことを証する書面／83
　　8　登記費用…………………………………………………………………86
　　9　会社の印鑑（実印）……………………………………………………86
　　　【書式13】　印鑑（改印）届書／87
　　　【書式14】　印鑑カード交付申請書／88
　　10　登記申請…………………………………………………………………89
　　　【書式15】　登記申請書（株式会社設立）／89
　　　【書式16】　発起人決定書／92
　　　【書式17】　委任状／93
　　11　最後に……………………………………………………………………94
　　　《コラム》　会社設立手続に関する摘発・逮捕事例②／95

Ⅱ　外国人の不動産売買（中国人の事例を中心に）……………………………97
　　1　はじめに…………………………………………………………………97
　　2　事例の概要………………………………………………………………97
　　3　準拠法の特定……………………………………………………………98
　　　〔図1〕　行為能力に関する準拠法の特定のフローチャート／99
　　　《コラム》　反致とは／101
　　4　在留カード等の確認…………………………………………………101
　　5　登記名義人住所変更登記の登記原因証明情報……………………102
　　　(1)　平成24年7月9日以前の住所変更…………………………102

【書式18】　保有個人情報開示請求書（外国人登録原票記載事項）／104
　　　【書式19】　外国人登録原票の写し（イメージ）／106
　（2）　平成24年7月9日以後の住所変更……………………………………108
　6　所有権移転登記の印鑑登録証明書・住所証明情報………………………108
　　　【書式20】　日本に住所を有しない申請人の住所に関する宣誓供述書
　　　　　　　　（中国）／109
　　　【書式21】　日本に住所を有しない申請人の住所に関する宣誓供述書
　　　　　　　　（訳文）／110
　　　《コラム》　住民票の写しに記載された発行日と在留期限／111
　7　相対取引であることによる実務上の留意点…………………………………112
　　　《コラム》　買主を騙そうとした売主／113
　8　日本の不動産登記の添付情報として使用することができる外国
　　　発行の公文書の例…………………………………………………………117
　　　【書式22】　登記相談票（記載例）／119
　　　【書式23】　登記相談票の添付資料／120
　9　最後に………………………………………………………………………120

Ⅲ　**外国人の帰化申請（中国人の事例を中心に）**……………………………122
　1　はじめに……………………………………………………………………122
　2　事例の概要…………………………………………………………………122
　3　司法書士法上の帰化申請書類の作成業務の根拠規定……………………123
　4　国籍と帰化申請の意義……………………………………………………123
　　　《コラム》　血統主義と出生地主義／124
　5　帰化の要件…………………………………………………………………125
　　　〈表2〉　永住者の在留資格の取得と帰化による国籍取得との比較／128
　6　帰化申請手続の流れ………………………………………………………128
　7　帰化申請に必要な書類と作成上の留意点…………………………………129
　　　【書式24】　帰化許可申請書／131
　　　【書式25】　親族の概要を記載した書面／132

目　次

　　【書式26】　履歴書／134
　　【書式27】　帰化の動機書／137
　　【書式28】　出生証明書（原文）／138
　　【書式29】　出生証明書（訳文）／138
　　【書式30】　国籍証明書（原文）／139
　　【書式31】　国籍証明書（訳文）／139
　　【書式32】　家族関係証明書（原文）／140
　　【書式33】　家族関係証明書（訳文）／140
　　【書式34】　婚姻証明書（原文）／141
　　【書式35】　婚姻証明書（訳文）／141
　　【書式36】　申述書（原文）／142
　　【書式37】　申述書（訳文）／143
　　【書式38】　宣誓書／144
　　【書式39】　生計の概要を記載した書面／145
　　【書式40】　事業の概要を記載した書面／148
　　【書式41】　卒業証明書／149
　　【書式42】　居宅附近の略図等／150
　　【書式43】　勤務先附近の略図等／151
　8　帰化に関する処分……………………………………………152
　9　最後に………………………………………………………153

Ⅳ　外国人の相続登記（韓国人の事例を中心に）………………154
　1　はじめに……………………………………………………154
　2　事例の概要…………………………………………………155
　3　準拠法の確定………………………………………………155
　4　相続人の確定………………………………………………159
　5　相続登記の申請に必要な資料の収集……………………160
　　(1)　被相続人の身分関係についての資料の収集…………160
　　(2)　在留カード、特別永住者証……………………………160

6

(3)　外国人登録原票の写し……………………………………………… 161
　　　　【書式44】　死亡した外国人に係る外国人登録原票の写し交付請求書／163
　　　(4)　韓国の家族関係登録簿および除籍謄本…………………………… 164
　　　　【書式45】　家族関係登録簿等の証明書交付申請書（韓国）／166
　　　　【書式46】　基本証明書（詳細）／168
　　　　【書式47】　家族関係証明書（詳細）／170
　　　　【書式48】　婚姻関係証明書（詳細）／171
　　　　【書式49】　入養（縁組）関係証明書（詳細）／173
　　　　【書式50】　親養子入養（特別養子縁組）関係証明書／174
　　　　《コラム》　戸籍・除籍謄抄本から証明書へ／175
　　　　《コラム》　証明書の取得が困難に？／175
　6　相続関係の再確認と翻訳……………………………………………………… 176
　7　最後に…………………………………………………………………………… 176
Ⅴ　外国人との離婚（相手方がフィリピン人の事例を中心に）…………… 177
　1　はじめに………………………………………………………………………… 177
　2　事例の概要……………………………………………………………………… 177
　　　《コラム》　まずは事件を受けよう！／178
　3　裁判書類作成業務としての受託……………………………………………… 179
　4　離婚訴訟の事前準備…………………………………………………………… 179
　　　《コラム》　法テラスを利用するメリット／181
　　　【書式51】　訴訟救助付与申立書／181
　　　【書式52】　訴訟救助付与決定／182
　5　離婚訴訟の訴状の作成………………………………………………………… 182
　　　【書式53】　離婚請求の訴状／183
　6　立証の方法……………………………………………………………………… 187
　　　【書式54】　戸籍謄本／188
　7　当事者尋問……………………………………………………………………… 189
　　　【書式55】　証拠申出書／189

8　送　達 ……………………………………………………………… 190
　　　【書式56】　送達嘱託書／191
　　9　期日そして判決言渡し ………………………………………… 191
　　10　離婚の手続 ……………………………………………………… 192
　　　【書式57】　簡易な形式の判決謄本／192
　　　【書式58】　確定証明書／193
　　11　最後に …………………………………………………………… 193

Ⅵ　外国人の債務整理（在日韓国人の事例を中心に） ……………… 194
　　1　はじめに ………………………………………………………… 194
　　2　事例の概要 ……………………………………………………… 194
　　3　在留資格の確認 ………………………………………………… 194
　　4　訴状の内容の確認 ……………………………………………… 195
　　5　債務整理手続の流れ …………………………………………… 195
　　　【書式59】　受任通知書／196
　　　【書式60】　過払金返還請求書／198
　　　【書式61】　和解申入書／199
　　6　最後に …………………………………………………………… 200

Ⅶ　外国人に対する滞納賃料請求への対応（フィリピン人の
　　事例を中心に） ……………………………………………………… 201
　　1　はじめに ………………………………………………………… 201
　　2　事例の概要 ……………………………………………………… 201
　　3　外国人を取り巻く住宅供給の現状 …………………………… 202
　　　《コラム》　外国人に建物を賃貸したときのトラブル／204
　　　《コラム》　本国法と日本法との違いによる法律行為の差異／205
　　4　相談にあたって ………………………………………………… 206
　　　【書式62】　ヒアリングシート（関係者・時系列による整理）／206
　　5　生活保護の受給申請 …………………………………………… 207
　　　《コラム》　外国人と生活保護／208

《コラム》　在留期間の更新／209
　6　在留資格の取得……………………………………………………209
　7　賃貸人との示談交渉、保証会社への対応……………………………210
　8　賃貸借契約時の注意点……………………………………………210
　9　最後に………………………………………………………………211
Ⅷ　外国人労働者の未払賃金請求（中国人の事例を中心に）…………212
　1　はじめに……………………………………………………………212
　2　事例の概要…………………………………………………………213
　3　相談にあたって……………………………………………………214
　4　労働事件一般の確認事項…………………………………………214
　5　外国人の労働事件に特有の確認事項……………………………221
　6　請求額の計算と民事法律扶助の援助申込みの準備………………223
　　【書式63】　援助申込書・法律相談票（法テラス）／225
　　【書式64】　資力申告書（審査用）（法テラス）／227
　　【書式65】　事件調書（一般事件）（法テラス）／228
　7　裁判外和解交渉の開始まで………………………………………229
　8　支援にあたってのその他の留意点………………………………230
　9　最後に………………………………………………………………232

・資料1　在留資格一覧／234
・資料2　入国管理局一覧／242
・資料3　法テラス一覧／244
・資料4　公証役場一覧／248
・資料5　法務局・地方法務局一覧／262
・資料6　司法書士会一覧／265
・資料7　神奈川青年司法書士協議会人権擁護委員会による相談会
　　　　（チラシ）／267

・事項索引／270

目　次

・編者・執筆者紹介／272

【凡　例】

〔法令等〕

通則法	法の適用に関する通則法（平成18年法律第78号）
入管法	出入国管理及び難民認定法（昭和26年政令第319号）
入管法等改正法	出入国管理及び難民認定法及び日本国との平和条約に基づき日本の国籍を離脱した者等の出入国管理に関する特例法の一部を改正する等の法律（平成21年法律第79号）
入管法施行令	出入国管理及び難民認定法施行令（平成10年政令第178号）
入管法施行規則	出入国管理及び難民認定法施行規則（昭和56年法務省令第54号）
上陸基準省令	出入国管理及び難民認定法第7条第1項第2号の基準を定める省令（平成2年法務省令第16号）
定住者告示	出入国管理及び難民認定法第7条第1項第2号の規定に基づき同法別表第2の定住者の項の下欄に掲げる地位を定める件（平成2年法務省告示第132号）
日韓基本条約	日本国と大韓民国との間の基本関係に関する条約
犯罪収益移転防止法	犯罪による収益の移転防止に関する法律（平成19年法律第22号）

〔判例集等〕

民集	最高裁判所民事判例集
判自	判例地方自治
WLJ	ウエストロー「判例データベース」

第1章
外国人のリーガルニーズに応えるための基礎知識

第1章　外国人のリーガルニーズに応えるための基礎知識

I　在留外国人をめぐる状況と本書の狙い

1　在留外国人をめぐる状況と神奈川青司協の取組み

　現在、日本で生活する在留外国人の数は230万7388人で、増加傾向にある[1]。また、都道府県別にみると、私たちが主に活動する神奈川県は18万6233人と、東京都（48万3538人）、愛知県（21万7465人）、大阪府（21万4537人）に次いで全国で4番目に多い県であり、日常生活や外国人への法的支援においても、それは実感するところである。しかし、実務現場における実感として、中長期滞在している外国人の生活実態を正確に理解している市民・法律家は、非常に少ないと考えている。

　そこで、神奈川青年司法書士協議会（以下、「神奈川青司協」という）では、平成26年から在留外国人の法律相談に取り組み始めた。その中で、特に生活や暮らしの相談については、在留外国人は日本人と同じ法律的問題を抱えながら、言葉や在留資格の問題などから、日本の法的支援を受けることが困難な状況にあることが多く、どこに何を相談したらよいのかわからず、途方に暮れているケースもあることがわかってきた。たとえば、「日本人の配偶者からのDV（ドメスティック・バイオレンス）により離婚したいけれど、子供もいるので日本で生活を続けたいからがまんしている、どのようにしたらよいか」といった相談や、言葉の問題や偏見からくる不動産の賃貸借契約に関するトラブル（第3章Ⅶ参照）などである。

　その後、平成27年10月17日㈯、18日㈰に、全国青年司法書士協議会（以下、「全青司」という）の主催による第44回全青司くまもと全国研修会、平成28年8月27日㈯、28日㈰には、第45回全青司かながわ全国研修会が開催された。神奈川青司協人権擁護委員会は、その中で、在留外国人の抱える法律問題に焦点をあてた分科会を担当する機会を得て、私たちはそれぞれの研究成果、

---

[1]　法務省「在留外国人統計」第5表：都道府県別在留資格別在留外国人（総数）（2016年6月末）参照。

対応事例を発表した。

　また、私たちは、NPO法人外国人すまいサポートセンター（以下、「すまセン」という）と連携し、相談会を開催している。すまセンは10年以上前から在留外国人の住宅問題の相談に応じているところ、いわゆるリーマンショック以降、日本人労働者よりも早い段階で派遣切りや解雇などの問題が顕在化し、外国人世帯の貧困化が進み、生活困窮者からの相談が増加したことから、単純な部屋探しの相談は減少し、生活困窮と関連した複合的な相談となってきた。すまセンとかかわるきっかけとなったのは、このNPO法人の理事に神奈川青司協のOBである司法書士が就任していたからである。その司法書士から紹介を受け、すまセンの理事長と面会し、相談会を企画することになった。その後、単発の相談会ではなく、常設の相談会をおきたいとの意思が合致し、現在に至っている（巻末の資料7参照）。この相談会においては、日本人に比べ、在留外国人はコミュニティの脆弱性や、行政・福祉サービスへの基礎知識の不足から、何らかのトラブルが発生した場合、より困難な状況に陥りやすくなっている現状がみえてきた。

　2020年東京オリンピック・パラリンピックを控えた日本、そして今後少子高齢化が見込まれる日本経済にとって、国内経済の発展に寄与する外国人の受入れを促進しようという政府の方針から、新しい在留資格の検討や法制度の整備もなされており（本章Ⅱ3(3)参照）、今後、在留外国人とのかかわりはより一層深まっていくと考えられる。

2　本書の狙い

　なぜ私たち司法書士は、在留外国人の支援に取り組まなければならないのか。

　そもそも日本国憲法によって、在留外国人にも原則として基本的人権は保障されているにもかかわらず、外国人だからという理由だけで前述のような不利益を被り、その基本的人権が侵害されるような事態が生じていることがある。在留外国人も個人として尊重されるべき権利を享有する一市民である

第1章 外国人のリーガルニーズに応えるための基礎知識

が、これまで市民に近い法律家として活動してきた私たち司法書士が、このような事態を見過ごしてよいのであろうか。私たちは、彼らを差別することなく、専門家としての知識・経験を駆使して支援し（実際、在留外国人の支援を行っている民間団体からのニーズも高まっている）、よりスキルを磨く必要がある。

また、在留外国人の中には、来日前に日本よりも厳しい生存競争の現実に曝される経済社会を生きてきた人々も少なくない。戦争・内戦・クーデター・圧政などによる政治的混乱の中で家族や親しい人を失った経験を乗り越えて生きてきた人もいる。生きてきた背景が異なる外国人の相談者は、私たちがこれまでかかわってきた日本人の相談者とは、ものの見方や考え方が異なる場合もある。

そこで、本書では、日本で生活する在留外国人が抱える法律問題に気づき、これまで司法書士が積極的にはかかわることが少なかった外国人からの相談にも躊躇することなく支援するという、これからの司法書士像を提案するとともに、支援にあたって必要な在留外国人をめぐる法律等の基礎知識、日本司法支援センター（以下、「法テラス」という）やすまセンなどの関連機関の活用や連携の方法、神奈川青司協の執筆メンバーが実際に経験した事案を基にした事例を紹介することをとおして、読者のみなさんに活動の場を広げるきっかけを提供したいと考えている。

Ⅱ 司法書士に必要な在留資格の基礎知識

1 在留資格制度とは

　在留資格制度とは、入管法に規定された、出入国する外国人の公正な管理の基本となる制度である（同法1条）。在留資格制度が現在の制度に近い形で再編成された後の法務省入国管理局編『出入国管理〔平成4年版〕』には、「外国人が我が国に入国・在留するための基本的な枠組みは、入管法に基づく在留資格制度である。在留資格とは、外国人が本邦に在留中に行うことのできる活動又はその身分・地位を有する者としての活動を行うことができる資格を類型化したものである。すなわち、外国人の入国・在留が認められる場合は、入管法に定めるいずれかの在留資格が付与され、その在留資格ごとに定められた活動のみを行うことができることになっている」と記載されている。

　すなわち、外国人は、入管法および他の法律に特別の規定がある場合を除き、在留資格を有しなければ日本に在留することができず、外国人が日本で行おうとする活動が、類型化された活動のいずれかに該当しなければ、在留資格を取得することができないということである。

2 なぜ在留資格の知識が必要なのか

　司法書士が外国人から相談を受けるにあたり、まず確認しなければならないのが、在留資格（入管法2条の2・第1項・2項・別表第1・別表第2）と、在留期間（同法2条の2第3項、入管法施行規則別表第2）である。

　すべての外国人は、在留資格に基づいて日本に滞在しているのであり、自由に在留資格を変更することはできない。同じ職種であっても転職をした場合には届出が必要であり、アルバイトをするには許可が必要である。許可なく資格外活動をした場合には在留期間の更新が不許可になったり、勤務実態が違うという労働トラブルなどで就労先を訴えた場合などには、在留資格に

係る活動をしていないことが明らかとなり在留資格の取消事由に該当する場合もあるので注意を要する。また、訴訟を行おうとしても在留期限が迫っている場合には、在留期間の更新を先行させるなど、優先順位の確認も必要となる。法律家が、そうした知識を備えずに、安易に法的解決を図ろうとすると、外国人自身に不利益を招く結果にもつながる。

したがって、在留資格に基づいて在留している外国人からの相談を受けるには、前提となる在留資格および在留期間を確認することが重要であり、それらの更新や変更を含めた在留資格制度の知識は必要不可欠である。

3　在留資格・在留期間と留意点

在留資格には、①就労に関する資格のうち、㋐就労が認められる資格（入管法別表第1の1・第1の2）、㋑資格外活動許可申請（同法19条2項）の許可により制限付きで就労が認められる資格（同法別表第1の3・第1の4）、㋒就労の可否が個々の許可内容による資格（同法別表第1の5）、②身分または地位に関する資格で、就労の可否が個々の許可内容による資格（同法別表第2）が掲げられている（在留資格の一覧は巻末の資料1参照）。

ここでは、それらの中でも、司法書士の業務と関連し、相談などにおいて接する機会の多い在留資格と、注意すべき点に触れることとする。少なくともこれらの在留資格についての知識を押さえておくことは、外国人からの相談を受けるうえで非常に重要である。

(1)　就労に関する在留資格

㋐　経営・管理

「経営・管理」という在留資格の活動の範囲は、「本邦において貿易その他の事業の経営を行い又は当該事業の管理に従事する活動」であり、たとえば、企業の経営者、管理者等をいい、在留期間は5年、3年、1年、4カ月または3カ月である（入管法別表第1の2、入管法施行規則別表第2）。

司法書士とのかかわりでいうと、会社設立手続の相談に関連する在留資格である（第3章I参照）。

外国人が代表取締役に就任する場合、代表者の一人は日本に住所が必要という商業登記法上の要件と資本金500万円の出資が在留資格取得の条件という運用が過去にあった。この運用は、現在は廃止されたので[1]、外国人で日本に住所がない場合の会社設立登記は容易になったが、現在においても、経営・管理の在留資格を取得するためには、資本金500万円以上の出資がなければ、在留資格を取得できない場合もあるので、入国管理局の運用の確認が必要である（第3章Ⅰ4(1)および7参照）。

また、実態のない会社（ペーパーカンパニー）の設立登記に加担することないよう、注意が必要である。

　(イ)　技術・人文知識・国際業務

「技術・人文知識・国際業務」という在留資格の活動の範囲は、「本邦の公私の機関との契約に基づいて行う理学、工学その他の自然科学の分野若しくは法律学、経済学、社会学その他の人文科学の分野に属する技術若しくは知識を要する業務又は外国の文化に基盤を有する思考若しくは感受性を必要とする業務に従事する活動」であり、たとえば、機械工学等の技術者、通訳、デザイナー、私企業の語学教師等をいい、在留期間は5年、3年、1年または3カ月である（入管法別表第1の2、入管法施行規則別表第2）。

司法書士とのかかわりでいうと、在留資格と実際の業務内容、雇用条件が違うなどの労働トラブルの相談に関連する在留資格である（第3章Ⅷ参照）。

　(ウ)　技　能

「技能」という在留資格の活動の範囲は、「本邦の公私の機関との契約に基づいて行う産業上の特殊な分野に属する熟練した技能を要する業務に従事する活動」であり、たとえば、外国料理の調理師、スポーツ指導者、航空機等の操縦者、貴金属等の加工職人等をいい、在留期間は5年、3年、1年また

---

[1]　昭59・9・26民四第4974号民事局第四課長回答、昭60・3・11民四第1480号民事局第四課長回答の取扱いが廃止された。法務省HP「商業登記・株式会社の代表取締役の住所について（平成27年3月16日）」〈http://www.moj.go.jp/MINJI/minji06-00086.html〉（平成29年2月末閲覧）参照。

は3カ月である（入管法別表第1の2、入管法施行規則別表第2）。

　司法書士とのかかわりでいうと、在留資格と実際の業務内容、雇用条件が違うなどの労働トラブルの相談に関連する在留資格である（第3章Ⅷ参照）。最近では、ネパール人が調理師として技能の在留資格で来日していることが多い。

　　(エ)　留　学

　「留学」という在留資格の活動の範囲は、「本邦の大学、高等専門学校、高等学校……若しくは特別支援学校の高等部、中学校……若しくは特別支援学校の中学部、小学校……若しくは特別支援学校の小学部、専修学校若しくは各種学校又は設備及び編制に関してこれらに準ずる機関において教育を受ける活動」であり、在留期間は4年3カ月、4年、3年3カ月、3年、2年3カ月、2年、1年3カ月、1年、6カ月または3カ月である（入管法別表第1の4、入管法施行規則別表第2）。

　留学の在留資格で来日する外国人は多く、その中で、コンビニエンスストアなどでアルバイトをしている外国人もよく見かけると思うが、彼らが許可された在留資格に応じた活動以外に、収入を伴う事業を運営する活動または報酬を受ける活動を行おうとする場合には、あらかじめ資格外活動の許可を受けていなければならないので（入管法19条2項、入管法施行規則19条5項）、注意が必要である。

　(2)　**身分または地位に関する在留資格**

　日本で制限なく就労できる身分または地位に関する在留資格として、①永住者（法務大臣から永住の許可を受けた者）、②日本人の配偶者等（日本人の配偶者・子・特別養子）、③永住者の配偶者等（永住者・特別永住者の配偶者および日本で出生し引き続き在留している実子）、④定住者（法務大臣が特別な理由を考慮して認めた者、インドシナ難民、日系3世、中国残留邦人など）がある（入管法別表第2）。そのほか、特別永住者（いわゆる在日韓国人・朝鮮人・台湾人。後記4(1)参照）は入管法上の地位ではないが、永住者と同様に、活動の制限はなく、在留期間も無制限である。

これらは、日本で制限なく就労できる在留資格であるため、このいずれかの在留資格の取得や変更を希望する外国人は多く、日本に滞在している外国人のうち、これらの在留資格で滞在している数は多い。

(3) 新しい在留資格の創設

また、新しい在留資格の創設も、政府内では検討され、法制度の整備が進んでいる。日本人の労働力の担い手の解消に海外から外国人を呼び寄せることを目的としている。

4 在留外国人を取り巻く人権問題

(1) 特別永住者

1895年（明治28年）の台湾編入や、1910年（明治43年）の日韓併合により台湾人や韓国・朝鮮人などは日本国籍とされ、終戦前から引き続き日本に在留していた韓国・朝鮮人および台湾人は、1952年（昭和27年）4月28日、サンフランシスコ平和条約の発効によって自己の意思とかかわりなく、日本国籍を失うこととされたため外国人として在留することとなった。その後、平成3年5月10日に、日本国との平和条約に基づき日本の国籍を離脱した者等の出入国管理に関する特例法（平成3年法律第71号）が成立し、特別永住の地位が認められることになった。

特別永住者には、在留カードがあり、国籍・地域は、朝鮮、韓国、台湾などと記載されている。

特別永住者（特に韓国・朝鮮出身者「在日コリアン」とも呼ばれる）に対する民族差別の問題もある。また、昭和57年までは国民年金に加入できなかったことから無年金となっている高齢者も増えている。

---

2 第192回臨時国会において、「出入国管理及び難民認定法の一部を改正する法律」（平成28年法律第88号）が成立し、「介護」の在留資格が新設された（入管法19条の16第2号および別表第1の2。巻末の資料1参照）。これらに関する規定は、公布の日（平成28年11月28日）から起算して1年を超えない範囲内において政令で定める日から施行される。

(2) 中国残留帰国者

中国残留帰国者とは、いわゆる中国残留孤児のことであり、第二次世界大戦後、中国に残された日本人とその家族をいう。来日しても日本語が話せない人も多い。

(3) 日系南米人

日系南米人とは、19世紀後半以降に、アメリカ合衆国やブラジルなどに渡った日本人の子孫である。平成2年の入管法改正により、日系3世とその配偶者と子に対して「定住者」の資格が認められたことをきっかけとして、ブラジルやペルーなど南米から多くの日系人が来日して就労している。工場などで派遣契約で働いていることも多く、リーマンショックのときには派遣切りなどで失業者が増え、平成21年、政府は帰国支援事業を行い大量帰国も相次いだ。

(4) 技能実習生

外国人技術実習制度は、日本の技術・技能等を学び、帰国後にその国の発展に役立ててもらうため、外国人を受け入れることを目的としている。最長3年間、日本に滞在することができる。ただし、実際は「安価な労働力」として酷使されている場合が少なくない。特に、第一次産業での対応は劣悪なことが多い。[3]

(5) 難 民

難民とは、難民の地位に関する条約に基づき「人種、宗教、国籍若しくは特定の社会的集団の構成員であること又は政治的意見を理由に迫害を受ける

---

[3] 第192回臨時国会において、「外国人の技能実習の適正な実施及び技能実習生の保護に関する法律」（平成28年法律第89号）が成立し、公布の日（平成28年11月28日）から起算して1年を超えない範囲内において政令で定める日からの施行に向けて、新たな技能実習制度等が整備される（厚生労働省HP「外国人の技能実習の適正な実施及び技能実習生の保護に関する法律（技能実習法）について」〈http://www.mhlw.go.jp/stf/seisakunitsuite/bunya/0000142615.html〉（平成29年2月末閲覧）参照）。なお、これに伴い、「技能実習」の在留資格（入管法別表1の2）もあわせて改正されている（巻末の資料1参照）。

おそれがあるという十分に理由のある恐怖を有するために、国籍国の外にいる者であって、その国籍国の保護を受けることができないもの又はそのような恐怖を有するためにその国籍国の保護を受けることを望まないもの」(同条約1条A(2)) に対し、日本が認定した者のことをいう。昭和53年にインドシナ難民を受け入れて以来、難民の受入数は平成26年末で1万4405人となっている。平成26年に難民認定申請を行った者は5000人で、難民の認定をしない処分に対して異議の申立てを行った者は2533人であり、申請数および異議申立数いずれも日本に難民認定制度が発足して以降、最多となっている。

法務省入国管理局『出入国管理 (2016)』によると、難民として認定された者は11人で(うち5人は異議申立手続における認定者)、また、難民とは認定されなかったものの、人道的な配慮が必要なものとして在留を認められた者は110人、難民として認定した者を合わせた数(庇護数)は121人となっている。

国際連合から、日本に対して、生活保障や強制送還、司法アクセス等さまざまな庇護希望者に対する政策への勧告がなされている。

なお、難民とは、前述のとおり、難民の地位に関する条約に基づいた定義が存在するが、移民とは、国際的に合意された定義は存在しない。最も使用されている定義は、国際連合事務総長報告書 (1997年) にある「移民とは通常の居住地以外の国に移動し、少なくとも12か月間当該国に居住する人のこと」である。日本国内には移民の定義はないが、先の国際連合の定義でいうと、中長期在留者や特別永住者は移民にあたると考えられる。しかし、日本は移民政策をとっていないので、移民として積極的な受入れをしているわけではない。

(6) 不法滞在(オーバーステイ)

在留期限が切れているなど正規の在留資格をもたずに在留する、不法滞在(オーバーステイ)の外国人は、平成25年の段階で約6万2000人いるとみられている。

不法滞在者は、通報されて強制送還されてしまうのかという心配があるため、法的トラブルを抱えていても相談できない人も多い。

III 法テラスその他機関の利用

1 法テラスによる費用の立替えの制度の利用

　相談費用や訴訟費用などを支弁できない外国人から相談を受けた場合に、その相談や訴訟支援に係る報酬はどのようになるのであろうか。この点は、相談を受けるうえで、確認しておきたいところである。

　結論からいうと、在留外国人でも、法テラスによる費用の立替えの制度（法テラスが利用者に代わって司法書士等にその費用を支払い、利用者から分割で法テラスに費用を返済する制度）を利用することができる（総合法律支援法30条1項2号）。ただし、日本に住所を有していることが必要で、観光などで短期滞在する外国人観光客や適法な在留資格のない人には適用されないので注意が必要である。

(1) 法テラスとの契約

　法テラスを利用するには、まず、司法書士等が、法テラスと契約する必要がある。法テラスと締結する契約には、①センター相談登録契約（法テラス事務所や指定相談場所での相談をする契約）、②事務所相談登録契約（弁護士・司法書士等の事務所での相談をする契約）、③受任予定者契約（代理援助を実施する契約）、④受託予定者契約（書類作成援助を実施する契約）がある。

　「民事法律扶助業務に係る事務の取扱いに関するセンターと弁護士・司法書士等との契約条項」に同意のうえ、法テラスに申込書を提出し、法テラスが申込みを承諾すると、契約は成立する。

　法テラスへの申込方法については、各司法書士会に対応する法テラスの地方事務所に直接申込みをする方法、各司法書士会で申込書を取りまとめて申込みをする方法など、各会により取扱いが異なるので、事前に確認いただきたい。

(2) 援助の対象と要件

　法テラスの利用を検討する場面としては、法律相談援助、代理援助、書類

作成援助がある。法律相談援助の対象は、「民事、家事又は行政に関する案件」であり（日本司法支援センター業務方法書14条）、代理援助の対象は、「民事訴訟、民事保全、民事執行、破産、非訟、調停、家事審判その他裁判所における民事事件、家事事件及び行政事件に関する手続」（裁判代理援助。同業務方法書8条1項1号）および「民事裁判等手続に先立つ和解の交渉で、これにより迅速かつ効率的な権利実現が期待できるなど案件の内容や申込者の事情などにより弁護士・司法書士等による継続的な代理が特に必要と認められるもの」（裁判前代理援助。同項2号）であり、書類作成援助の対象は、前記の裁判代理援助に定める手続である（同条2項）。

　また、これらの援助には要件があり、法律相談援助には、①資力基準に該当すること（収入等が一定額以下であること）、②民事法律扶助の趣旨に適することが必要であり（日本司法支援センター業務方法書15条）、代理援助、書類作成援助には、前記①②に加え、③勝訴の見込みがないとはいえないことが必要である（同業務方法書9条）。

　したがって、帰化申請・在留資格にかかわる相談や刑事事件については、援助の対象ではないので、注意を要する。

(3) 費用の償還

　前述のとおり、代理援助、書類作成援助は、司法書士等による裁判手続の代理、裁判所に提出する書類の作成に係る費用を、法テラスが立て替える制度であるので、依頼者は、後でこの立替金を法テラスに償還する必要がある。したがって、依頼者に、立替金は返済しなければならないということをきちんと説明しておかないと、後々トラブルになることもある。在留外国人でも、生活保護受給者は、費用の返済猶予や返済免除を受けることができる（日本司法支援センター業務方法書31条1項など）。

2　法テラスにおける通訳の利用

　通訳の利用の仕方（手続）については、何日前に予約が必要かなどは特に定めはない。利用手続は、言語によりさまざまであるので、事前に法テラス

第1章　外国人のリーガルニーズに応えるための基礎知識

に確認すべきである。また、通訳料の支払いについては、いったん、司法書士等が立て替えることが必要である。その後、司法書士等に支払われることになる。文書の翻訳依頼もできる。

　ただし、現状、法テラスを利用して通訳を依頼することは極めて少ない。実務では、依頼者の友人で日本語のできる者を連れてきてもらい、その友人に通訳をしてもらうことのほうが多い（第2章Ⅱ5参照）。

　また、神奈川青司協では、すまセンにて相談会を開催していることもあり（本章Ⅰ1参照）、日程が合えば、すまセン内の通訳に依頼し、相談に応じていることもある。

　いずれにしても、通訳が不十分であることによる中途半端なアドバイスは、司法書士にとって相談過誤となりやすく、相談者自身の不利益となることもあるので、通訳については注意を要する。

3　関係機関との連携

　関係機関との連携については、やはり団体として取り組むほうが相談者にとっても、司法書士にとっても、よいと感じられる。神奈川青司協では、スマセンだけではなく、公益財団法人かながわ国際交流財団とも、相談会を開催するなどの協力をしている。

　これらの関係機関と連携ができたきっかけとしては、最初は外部理事からの紹介であったが、その後は、さまざまな交流会への参加（たとえば、すまセンや公益財団法人YMCA同盟が企画するボランティア養成講座、フォーラム、バザー）などを行ってきたことで、各団体の代表だけでなく、現場レベルでの個人的な面識もでき、個別の相談も受けるようになり、イベントへの出店も誘っていただけるようになった。特に、外国人への支援を行っている団体は、民間で解決していることも多く、法的支援への的確なアドバイスを必要としていることを実感している。

　また、神奈川に限らず、各地域の同職には、外国人支援をしているNPO法人やボランティア団体、その他国際交流ラウンジなどの各団体と連携し、

14

積極的に相談会を開催するなど、今後の協力を期待したい。

4 司法書士会の利用

在留資格の問題、住まいの相談、言葉の問題など、在留外国人が抱える悩みや相談は多岐にわたるが、それぞれの相談が適切な機関につながらないと、本人にとって不本意な解決になってしまったり、相談・依頼の内容と実際の解決策との齟齬が起こったりして、根本的な問題解決に至らない。したがって、法的問題であれば、法的支援のできる専門家に依頼するべきであると考えている。私たちは、主に神奈川において外国人からの法的相談に対応している司法書士有志であるが、全国にも法的支援をしている司法書士団体があるので、相談事があれば、司法書士会の窓口（巻末の資料6参照）に問合せをすることをお勧めする。

（Ⅰ～Ⅲ　高原晶子）

第2章
外国人の相談における確認事項と留意点

第2章 外国人の相談における確認事項と留意点

I 外国人の相談にあたって

　外国人を相手とした相談をするとき、日本人相手の相談と異なり気後れをしたり、少し高い位置からの物言いをしてしまうことはないであろうか。私は学生時代はあまり外国人に接する機会がなく、不意に外国人から声をかけられたとき日本人と同様に受け答えをすることができなかった。たとえば、JR横浜線と東急東横線が乗り入れる菊名駅で、外国人から乗り換えホームについて尋ねられたときに、私は目的の乗車ホームまでいっしょに歩いていって案内をしたが、その応対は平常を装おうとして何とも虚勢を張ったぎこちないものだった。今思うと、その頃の私の態度は、私の知識不足や未知のものに対する不安が原因であるといえる。その後、私は会社員となり仕事で外国人と接するうちに、日本人との違いや共通点を認識したことで、昔ほど身構えることなく外国人と接することができるようになった。

　このことから読者のみなさんも同様に、日本人との違いと共通点を認識し、その知識を増やすことで外国人相手の相談業務を身構えることなく、よりスムーズにできるであろうとの考えに立ち、その相談における確認事項と留意点を紹介することにした。

　外国人の相談における日本人との違いについての知識は、決して難しいものではない。ここで紹介する知識は、普段読者のみなさんが行っている相談業務に要している知識に、ほんの少し継ぎ足すだけで、外国人も相手にできるというものである。本章をとおし、読者のみなさんが外国人を相手としても身構えることなく、みなさんの法的提案がより多くの相談者に活かされることにつながれば嬉しく思うものである。

Ⅱ 確認事項と留意点

1 日本人の相談者との違い

　日本人の相談者と外国人の相談者との違いとして、誰もが真っ先に掲げる点は、言葉の問題であろう。しかし、言葉の違いは、通訳を介在させることで比較的容易に解消できる問題であるので、このテーマについては本章の後半で触れることとし（後記5参照）、まずは法的な確認事項を先に紹介する。

　外国人からの相談内容にはさまざまなものがある。公益財団法人大阪府国際交流財団（OFIX）の統計（平成28年2月報告「外国人相談について」）による主な相談内容は、①国民健康保険や住民税、国民年金の利用や滞納等に伴うくらしに関すること（33.8％）、②在留資格の認定・変更・更新に関すること（18.2％）、③医療・福祉サービスの利用に関すること（11.3％）、④日本国法との違いによる婚姻・国籍に関すること（11.1％）、⑤就職や職場トラブルといった仕事に関すること（8.2％）、⑥入居や入居後のトラブルといった住まいに関すること（4.5％）となっている。代表的な個別事例についての対応や解説は、第3章に譲るとして、ここでは、外国人からの相談事例に共通する日本人の相談との違いについて触れておきたい。

　前述のとおり、相談内容はさまざまであるが、日本人と違う一番大きな点は、個々の相談に踏み込む前に、在留資格の確認をする必要があるということである。在留資格の知識の必要性については第1章で触れたが、その知識を用いての確認作業をすることになる。なぜなら、前記の相談者のほとんどは日本に滞在し続けることを前提として、解決したい問題が発生したために相談にやってくるからである。うっかり相談の際に在留資格の確認をせず、日本人と同様の法的解決策の提案をしてしまい、将来別の問題の発生につながってしまうことは避けなければならない。

　たとえば、就労に関する在留資格である「技能」（入管法別表第1の2、入管法施行規則別表第2）の在留資格をもつ外国人が借金問題で相談に来た際、

第 2 章　外国人の相談における確認事項と留意点

破産による解決をしたとき、相談者は目前にあった負債の弁済から逃れられ、安心するであろう。しかし、破産したことが、法務省入国管理局「在留資格の変更、在留期間の更新許可のガイドライン」（後記 2 (3)参照）にある生活の安定性（「独立の生計を営むに足りる資産又は技能を有すること」）に抵触して、更新が不許可となり日本での滞在継続ができなくなってしまうことがある（入管法21条）。

　このように、外国人の相談者に対しては、在留資格を意識しながら法的解決策を検討していく点が、相談における大きな特徴となる。そのうえで、個別の相談内容に即して諸外国法を含めた適用法令の確認や行政サービス等の利用を検討して、最終的な法的解決策の提案に結びつけていただきたい[1]。

2　在留資格の確認

　まず、在留資格の確認からみていこう。

(1)　在留カードの確認

　平成29年 2 月末現在、入管法による在留資格は27種類あり（ただし、第192回臨時国会において、「介護」の在留資格を追加する「出入国管理及び難民認定法の一部を改正する法律」（平成28年法律第88号）が成立しており（第 1 章Ⅱ 3 (3)参照）、公布の日（平成28年11月28日）から起算して 1 年を超えない範囲内において政令で定める日から施行される。巻末の資料 1 参照）、日本に滞在する外国人は、不法滞在者等を除き27種類の在留資格のいずれかにあてはまる。また、入管法 3 条、 5 条および 5 条の 2 により日本に上陸することを認められ、中長期在留者である外国人には、在留資格を証した在留カードが交付されており（同法19条の 3 ）、この在留カードは16歳に満たない者を除き携帯義務が課されている（同法23条 2 項・ 5 項）。したがって、相談に訪れる外国人に対して

1　入国管理局 HP「入管政策・白書」〈http://www.immi-moj.go.jp/seisaku/〉（平成29年 2 月末閲覧）にて、「入国管理局パンフレット（出入国管理のしおり）」（日本語版・英語版）が公開されている（最新版は2016年版）。このパンフレットには、出入国に関する行政手続等についてまとめられた情報が見やすく記載されているので、相談業務での情報の確認や利用のため、一読されたい。

は、大抵の場合、在留カードの提示を求めることにより在留資格の確認は容易にできる。

相談に訪れる外国人が在留カードの携帯を忘れるケースも可能性としてはあり、その際に旅券等や聞取りで在留資格を確認することも考えうるであろう。しかし、相談に対する法的解決策の提案により在留資格が取り消されたり（入管法22条の４）、在留資格の更新（同法21条）が不許可になることは、相談担当者としては避けなければならない大切なことであるので、相談に訪れる外国人に対しては、在留カードの提示を求めることにつき、事前に伝えておくべきである。

平成29年２月末現在、交付されている在留カードの様式は、次のとおりである（入国管理局HP「『在留カード』及び『特別永住者証明書』の見方」。神奈川青司協人権擁護委員会がコメントを付記）。

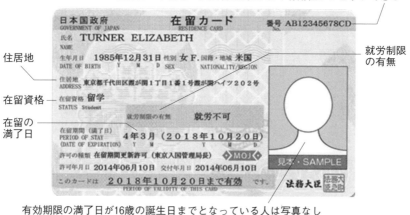

在留カードの確認は、日本人に対して、本人特定事項の確認を運転免許証等を用いて行うのと同様に、在留カードの表面・裏面に記載している情報により行う。

確認事項としては、まず、在留資格や在留期間をはじめとする在留カード記載の情報と相談者本人から聞き取った情報の内容とに不一致がないかとい

う点であり、不一致があれば適切なアドバイスをすることになる。

たとえば、3カ月以下の在留期間が決定された者等を除く中長期在留者（入管法19条の3）が住居地を変更した場合は、その旨を市区町村役場で転出・転入届を移転した日から14日以内に届け出なければならない（同法19条の9）。この住居地変更の届出を放置し、移転の日から90日以内に新住居地の届出がない場合、原則として在留資格の取消しとなる（同法22条の4）ので、速やかな住居地変更の届出をアドバイスすることになる。

また、転職や退職等により在留資格で許可されている活動と実態とが合わなくなってからその在留資格の変更をせず、3カ月継続（高度専門職や日本人の配偶者等の在留資格については6カ月）した場合も、原則として在留資格の取消しとなってしまうので（入管法22条の4）、在留資格の変更届出をアドバイスするといったことが考えられる。

なお、在留カードの情報とその実態とに不一致が発生した時から届出期間の期限が過ぎているときでも、効果裁量により在留資格の取消しとならないケースもあるので、在留カードの確認で不明な点がある場合は、遠慮せず在留資格の申請取次事務を行っている行政書士や弁護士の事務所と連携するのがよい。

また、在留する外国人のうち、①3カ月以下の在留資格が決定された者、②短期滞在の在留資格が決定された者、③外交または公用の在留資格が決定された者、④前記①～③に準ずる者として法務省令で定める者は、在留カードが交付されないので（入管法19条の3）、これらの外国人についてはパスポート等による在留資格の確認が必要である。

(2) **日本への上陸からの経緯の確認**

次の確認事項として、日本に上陸してから現在に至る経緯の確認がある。この確認は、現在抱えている問題に対し、相談者が希望する解決の方向性が過去の経歴からとりうることができるかどうかの判断に絡むケースがあるからである。

たとえば、転職を望む相談者の場合、在留資格は職種や職場を対象として

認定されているため、職種の変更を伴わない入国管理局への届出（退職・就職）や、就労資格証明書により適正とされる転職であれば問題は起こりにくいが、職種の変更を伴う転職であれば在留資格の変更届出（入管法19条の10）の許可が必要になり、過去の学歴や職歴により在留資格の変更届出の許可が下りないケースがありうる。

　このように、在留カードの記載事項に変更が必要な場合、変更による在留資格許可の可否について考慮するため、日本に上陸してからの経緯の確認をすることが大切である。なお、在留資格の変更許可の判断基準は、在留期間の更新許可のガイドラインと共に示されており、その内容については後述する（後記(3)参照）。

　在留資格の変更にかかわる法的解決策の提案の判断が難しい場合は、行政書士等との連携により対処をすればよいが、その際にも相談者の過去の経緯を確認しておき、確認情報を連携先と共有することでスムーズな対応も可能になるので、上陸からの経緯の情報整理はしておくべきである。

　㋐　ヒアリングシート

　具体的な確認ツールとして、まず、外国人の相談に用いるヒアリングシートを紹介する。

【書式1】　外国人相談のヒアリングシート

```
【基本事項】
面談日時・場所（　　　　　　　　　　　　　　　　　　　　　　）
氏　　　　名（　　　　　　　　　）国　　　籍（　　　　　　　）
本人確認方法
□　現在有効なパスポート（#　　　　　　　　　　　）
□　在留カード（外国人登録証明書）(在留資格：　　　　)(在留期限：　　　　)
　　（#　　　　　　　　　　　　　　）
□　住民票　　□　その他（　　　　　　　　　　　　）

【1．本人に聴取する事項】
```

第2章 外国人の相談における確認事項と留意点

(1) 在留状況等について（※別途，パスポート，在留カード確認）

> 時系列に，入出国の履歴，就学・就業の履歴，身分行為（結婚，離婚，縁組等），取得した資格（TOEICや運転免許等）を聴取して記載する。

(2) 学歴・職歴の詳細（※別途，履歴書確認）

> 出身大学名，修得・履修科目，勤務（実務）経験などを記載する。

(3) 生活の状況，法律相談の内容

(4) その他確認事項

> 在日親族，犯罪歴の有無などを記載する。

【2．受入企業に聴取する事項】（就労系の在留資格の場合）

(1) 申請人を採用する理由

> 在留資格該当性を考慮しながら，会社の背景，現在行っている主な業務内容，本人を採用した理由を聴取して記載する。

(2) 本人に与える主な業務内容

> 総合職，通訳，広報，宣伝，商品開発など明確に記載する（単純労働不可）。
> 　①
> 　②
> 　③
> 給与，勤務時間，賞与等の条件

(3) その他確認事項

> 雇用契約書の有無，予定給与額，社員数（外国人含む），ホームページの有無などを記載する。

　このヒアリングシートを使い，相談者が現在抱えている問題や状況，今後どのようにしたいかといった希望等の情報を整理していくが，その過程で手書きによる日本上陸から現在までの簡単な年表も整理することも勧めたい。

(イ) 過去の経緯の年表

　過去の経緯の年表を作成する際の注意点としては、日付も含め、できるだけ正確に把握することである。たとえば、「日本人の配偶者等」の在留資格者が離婚した際は14日以内にその旨の届出が必要（入管法19条の16第3号）となっており、在留資格の変更や更新の届出の際に、日付の情報が影響を及ぼす場合があるからである。

　経緯の年表を作成する手順としては、まず、パスポートや在留資格等の記載情報により入出国および直近の情報を確認し、現在から過去にさかのぼって聞取りをしながら情報を整理する方法を勧めたい。なぜなら、いつ、どこで、何があったかといった情報は、個々に事象の起きた時点の情報のみを整理しようとしても情報の正確性が失われがちであるが、「半年前→去年の夏→2年前の秋」などのようにさかのぼって順に確認していくと、大抵の場合、正確性が保たれた情報の把握につながるからである。

【書式2】　過去の経緯の年表

```
名　　　前　○○○○
年　　　齢　○○歳
性　　　別　男
出　　　生　19○○.○○.○○
国　　　籍　○○○○
出 生 場 所　○○○○
現在の居所　○○県○○市○○町○丁目○番○号
　同居者　妻　○○○○　　　○○歳　　女
　　　　　　19○○.○○.○○生まれ　国籍○○○○　場所○○○○
　　　　　　勤務先―なし
　同居者　子　○○○○　　　○○歳　　男
　　　　　　19○○.○○.○○生まれ　国籍○○○○　場所○○○○
　　　　　　○○学校在学（扶養）

【経　　歴】
```

Ⅱ　確認事項と留意点

19○○.○○.○○	○○○○大学卒業	
19○○.○○.○○	結婚（夫婦ともに初婚）	
19○○.○○.○○	子出生	
20○○.○○.○○	日本上陸	
	パスポート（＃　　　　　）期限（　　○年　　）	
	上陸時資格（　技　能　）期限（　　○年　　）	
20○○.○○.○○	○○○○就職	
	職場　○○○○店	
	住所　○○県○○市○○町○丁目○番○号	
	電話　000-000-0000	
	年収　000万円	
20○○.○○.○○	在留期間の更新（　技　能　）期限（　　○年　　）	
20○○.○○.○○	在留期間の更新（　技　能　）期限（　　○年　　）	
20○○.○○.○○	○○○○退職	
20○○.○○.○○	○○○○就職	
	職場　○○○○店	
	住所　○○県○○市○○町○丁目○番○号	
	電話　000-000-0000	
	年収　000万円	
20○○.○○.○○	変更　資格（　技　能　）期限（　　○年　　）	
20○○.○○.○○	住居地変更	
	旧住居地　○○県○○市○○町○丁目○番○号	
	新住居地　○○県○○市○○町○丁目○番○号	
20○○.○○.○○	住居地変更届け	
20○○.○○.○○	本国より妻子を呼び寄せ	
	妻　日本上陸	
	パスポート（＃　　　　　）期限（　　○年　　）	
	上陸時資格（　家族滞在　）期限（　　○年　　）	
	子　日本上陸	
	パスポート（＃　　　　　）期限（　　○年　　）	
	上陸時資格（　家族滞在　）期限（　　○年　　）	

（本人）

20○○.○○.○○	更新　資格（　技　能　）期限（　　○年　　）	

第2章　外国人の相談における確認事項と留意点

```
                         在留カード（#           ）
    （妻）
    20○○.○○.○○    更新    資格（　家族滞在　）期限（　○年　）
                         在留カード（#           ）
    （子）
    20○○.○○.○○    更新    資格（　家族滞在　）期限（　○年　）
                         在留カード（#           ）

                                        ┌─────────────────┐
                                        │直近の状況から過去にさか │
                                        │のぼって確認すれば、正確 │
                                        │な情報が把握しやすい。  │
                                        └─────────────────┘
                                                ▲
    20○○.○○.○○    相談事案発生
              内容　○○○○○○○○○
                    ○○○○○○○○
                    ○○○○○○○○○。
    20○○.○○.○○    相談事案経過1
              内容　○○○○○○○○○
                    ○○○○○○○○
                    ○○○○○○○○○。
    20○○.○○.○○    相談事案経過2
              内容　○○○○○○○○○
                    ○○○○○○○○
                    ○○○○○○○○○。
```

　この方法により、無職を含めて仕事にかかわること、結婚・離婚・死亡といった身分にかかわること、在留資格の内容と変更、在留資格の更新については回数といった情報を折り込み、経緯の年表を作成することにより、問題解決の提案検討や行政書士等との連携の必要性につき判断が容易になる。

　特に、在留資格の変更届出（入管法19条の10）は、義務となっているため注意が大切である。たとえば、日本人の配偶者等の離婚の相談においては、今後も日本在住を望む場合、適正な在留資格の変更（離婚に伴い「定住者」

へ資格変更するなど）の手当てをし、将来の在留資格の更新時に影響が出ないように行政書士等による在留資格変更取次業務と並行して、法的解決策の提案と、それに伴う手続を進めていく必要がある。

　もちろん、相談内容によっては、作成した経緯の年表を使用する必要のない事案もあるが、問題解決策の提案の検討漏れを避けるため、年表作成は外国人の相談において重要な役割をもっている。

　なお、日本上陸からの経緯の確認手段の一つとして、保有個人情報開示請求による外国人登録原票の取得を必要に応じて利用してもらいたい（第3章Ⅱ5(1)(イ)参照）。

(3)　相談内容に対する解決策の提案

　外国人相談者の在留資格と日本上陸からの経緯を確認したうえで、相談内容に対する解決策の提案の検討に移るが、留意点としては、将来の在留資格の更新が不許可にならないような解決策の提案をするための配慮をするということになる。具体的には、法務省入国管理局「在留資格の変更、在留期間の更新許可のガイドライン」（平成28年3月最終改正）への抵触を避けうるような提案をする。

1　行おうとする活動が申請に係る入管法別表に掲げる在留資格に該当すること

　申請人である外国人が行おうとする活動が、入管法別表第1に掲げる在留資格については同表の下欄に掲げる活動、入管法別表第2に掲げる在留資格については同表の下欄に掲げる身分又は地位を有する者としての活動であることが必要となります。

2　法務省令で定める上陸許可基準等に適合していること

　法務省令で定める上陸許可基準は、外国人が日本に入国する際の上陸審査の基準ですが、入管法別表第1の2の表又は4の表に掲げる在留資格の下欄に掲げる活動を行おうとする者については、在留資格変更及び在留期間更新に当たっても、原則として上陸許可基準に適合していることが求められます。

　また、在留資格「特定活動」については「出入国管理及び難民認定法第7条

第1項第2号の規定に基づき同法別表第1の5の表の下欄に掲げる活動を定める件」（特定活動告示）に該当するとして、在留資格「定住者」については「出入国管理及び難民認定法第7条第1項第2号の規定に基づき同法別表第2の定住者の項の下欄に掲げる地位を定める件」（定住者告示）に該当するとして、上陸を許可され在留している場合は、原則として引き続き同告示に定める要件に該当することを要します。

　ただし、申請人の年齢や扶養を受けていること等の要件については、年齢を重ねたり、扶養を受ける状況が消滅する等、我が国入国後の事情の変更により、適合しなくなることがありますが、このことにより直ちに在留期間更新が不許可となるものではありません。

3　素行が不良でないこと

　素行については、善良であることが前提となり、良好でない場合には消極的な要素として評価され、具体的には、退去強制事由に準ずるような刑事処分を受けた行為、不法就労をあっせんするなど出入国管理行政上看過することのできない行為を行った場合は、素行が不良であると判断されることとなります。

4　独立の生計を営むに足りる資産又は技能を有すること

　申請人の生活状況として、日常生活において公共の負担となっておらず、かつ、その有する資産又は技能等から見て将来において安定した生活が見込まれること（世帯単位で認められれば足ります。）が求められますが、仮に公共の負担となっている場合であっても、在留を認めるべき人道上の理由が認められる場合には、その理由を十分勘案して判断することとなります。

5　雇用・労働条件が適正であること

　我が国で就労している（しようとする）場合には、アルバイトを含めその雇用・労働条件が、労働関係法規に適合していることが必要です。

　なお、労働関係法規違反により勧告等が行われたことが判明した場合は、通常、申請人である外国人に責はないため、この点を十分勘案して判断することとなります。

6　納税義務を履行していること

　納税の義務がある場合には、当該納税義務を履行していることが求められ、納税義務を履行していない場合には消極的な要素として評価されます。例えば、納税義務の不履行により刑を受けている場合は、納税義務を履行していないと判断されます。

　なお、刑を受けていなくても、高額の未納や長期間の未納などが判明した場

合も、悪質なものについては同様に取り扱います。

7　入管法に定める届出等の義務を履行していること
　　入管法上の在留資格をもって我が国に中長期間在留する外国人の方は、入管法第19条の7から第19条の13まで、第19条の15及び第19条の16に規定する在留カードの記載事項に係る届出、在留カードの有効期間更新申請、紛失等による在留カードの再交付申請、在留カードの返納、所属機関等に関する届出などの義務を履行していることが必要です。
　〈中長期在留者の範囲〉
　　入管法上の在留資格をもって我が国に中長期間在留する外国人で、次の①～⑤のいずれにも該当しない人
　①　「3月」以下の在留期間が決定された人
　②　「短期滞在」の在留資格が決定された人
　③　「外交」又は「公用」の在留資格が決定された人
　④　①～③の外国人に準じるものとして法務省令で定める人
　⑤　特別永住者

　このガイドラインに抵触する場合、将来の在留資更新時に許可を得るのが難しくなる可能性が高まる。そして許可の可否についての判断は、その要件と適性ともに証明が難しい項目は裁量判断が認められているため、ガイドラインに抵触となる提案は可能ならば避けるべきである。
　前述したように、「技能」のような入管法別表1に該当する就労系の在留資格者（巻末の資料1参照）については、「定住者」のような入管法別表2に該当する身分系の在留資格に比べて、借金問題解決の際に破産を選択した場合に、「独立の生計を営むに足りる資産」を有しているかの裁量判断で在留資格更新の許可について「相当性なし」との判断により日本からの出国が余儀なくなる可能性があるといわれている。もちろん、裁量判断であるため、今後に生計状態が改善され、在留資格の更新時に「将来において安定した生活が見込まれる」と判断されれば、在留資格の更新が許可されるケースはある。ただ、裁量判断が認められている以上、在留資格の更新の許可の判断に

第2章　外国人の相談における確認事項と留意点

不確定要素が入り込むのは将来について不安を残すことになるので、可能ならばガイドラインに抵触するような解決策の提案は避けるべきであろう。

> **コラム　在留資格の更新申請手続の厳格化の流れ**
>
> 　第192回臨時国会において、「出入国管理及び難民認定法の一部を改正する法律」（平成28年法律第88号）が成立し、罰則に関する規定が改正された（これらの改正規定は、平成29年1月1日に施行されている）。
> ①　在留資格等不正取得罪
> 　70条1項2号の次に、2号の2として「偽りその他不正の手段により、上陸の許可等を受けて本邦に上陸し、又は第4章第2節の規定による許可を受けた者」が追加された。
> ②　営利目的在留資格等不正取得助長罪
> 　74条の6に、70条1項2号の2（前記①）に規定する行為の実行を容易にした者が追加された。
> 　本改正は、入管法における在留資格の更新許可についての今後の方向性が示されているとの意見がある。注意を要するのは、この改正の方向性の意味するところが在留資格の更新許可について「虚偽」による申請が電磁的公正証書原本不実記録罪（刑法157条3項）に該当し「虚偽」の適用範囲が、影響の少ない軽微なもの、不作為態様によるもの等のすべてを含むと解されることになるといわれている点である。
> 　これは、前述した借金問題の外国人相談者に対して破産を選択したケースでは、在留資格の更新手続において添付書類として現在必須とされていない「破産があったことを証する書類」を提出しない場合、電磁的公正証書原本不実記録罪未遂罪（刑法157条3項）が適用となる可能性があるということである。そして、この適用には入国管理局側にミスがあった場合でも同様に取り扱われるとの見解を述べる専門家もおり、今後の在留資格の更新申請手続は、厳格化の方向性をもつことにつながると予想できる。つまり、破産のような更新許可に不利な材料があるときは、その資料を提出したうえで許可を受けられるよう、ハードルの高い申請書類を作成することが求められることが考えうる。
> 　したがって、相談に訪れた外国人が日本在留の継続のために、将来の在留資格更新の許可が受けられやすいような解決策を提案することは重要となる。

3　準拠法の確認

次に、外国人からの相談内容について、解決策を検討するにあたって大切なのが、どの国の法律を適用して解決にあたるかという、準拠法の判断である。たとえば、相続、国際結婚や離婚が発生したときに、適用法律の確認が必要になるということである。

準拠法は、日本国内で出版されている書籍がいくつかあるので、これらを利用することにより容易に判断が可能である。[2] しかし、事案により、個々の具体的な法律内容の確認が必要になるケースもありうるので、その際の準拠法の確認方法を次に示す。

(1) 準拠法の判断の順序

準拠法の判断の方法は、次の順序に従って確認する。

① 通則法を確認する
② 通則法において、外国の法律が適用になるとなった場合、外国の法律を確認する

前記①の通則法の確認により、日本国の法律が適用となった場合は、当然、②の確認は不要である。また、②の外国の法律の確認により、日本国の法律が適用になる場合は（「反致」と呼ばれる。第3章コラム「反致とは」参照）、解決策の検討で日本国の法律のみ考慮すればよいので、このようなケースにおいては、普段日本人相手に行っているのと同様に相談を行えばよいことになる。

(2) 適用法の判断の具体例

次に、いくつかの適用法の判断の具体例を示す。

(ア) 米国（カリフォルニア州）の人の相続

通則法36条（相続）によると、「相続は、被相続人の本国法による」となっているので、カリフォルニア州法（米国は州により法律が異なる）を確認す

2　大塚正之『判例先例渉外親族法』、東京都外国人相談研究会『改訂外国人よろず相談』、外国人ローヤリングネットワーク編『Q&A 渉外家事ケーススタディ』など参照。

る。

カリフォルニア州法によると不動産に関しては所在地法が適用され、動産に関しては被相続人の最後の所在地法が適用される。したがって、被相続人が日本で不動産を所有し、日本で死亡した場合、相続に関して日本の法律を適用するという判断になる。

(イ) 日本人と韓国人の結婚

通則法24条（婚姻の成立及び方式）1項によると、「婚姻の成立は、各当事者につき、その本国法による」となっているので、婚姻が成立するかどうかは、日本人には日本の法律を適用し、韓国人には韓国の法律を適用するという判断になる。

なお、通則法24条2項によると「婚姻の方式は、婚姻挙行地の法による」とあるので、韓国が婚姻挙行地の場合は、婚姻の形式的成立要件は韓国の法律（婚姻の届出）が適用になる。

(ウ) 日本人とタイ人の離婚

通則法25条（婚姻の効力）を準用する27条（離婚）によると、「夫婦の本国法が同一のときはその法により」、これがなければ、「夫婦の常居所地法が同一であるときはその法により」、そのいずれでもないときは、「夫婦に最も密接な関係がある地の法による」。ただし、「夫婦の一方が日本に常居所を有する日本人であるときは、離婚は、日本法による」とあるので、夫婦の常居所が日本である相談者の場合は、国籍にかかわりなく日本の法律を適用するという判断になり、日本での離婚は有効なものとして取り扱われる。

ただし、日本やタイのような協議離婚を採用している国は比較的少なく、国によっては裁判離婚が必要とされるケースもある。元々交渉が必要となるケースの多い離婚の相談については弁護士事務所の対応となるが、国外での有効な離婚手続や裁判離婚の際の管轄権といった情報提供等に関してサポートが可能な部分は、渉外離婚に明るい弁護士事務所との連携も積極的に行い、相談者の手助けとなるように努めてもらいたい。[3]

Ⅱ　確認事項と留意点

(3) 外国の法律の確認方法

　続いて、前記(1)②の外国の法律の確認をどのように行うかについて触れたい。

　かつては、図書館に出向き、日本語訳が出ている書籍や各母国語から英訳された書籍を見つけ、英語で理解する等が主な方法であった。つまり、外国の法律の日本語訳がない場合、英語のスキルが求められたということになる。

　もちろん、現在も英語のスキルがあればなおよいが、これを補うツールの利用により英語スキルの代替が可能なので、その利用方法を紹介する。その方法とは、インターネットを利用するということである。現在では、インターネット上に、無料の多言語の翻訳ツールが提供されている。この翻訳ツールを用いて対象の外国の法律を翻訳するのである。自動翻訳ツールであるから、言い回し等、しっくりこない翻訳結果が表示される場合もあるが、相談を受ける読者の多くは法律家であり、確認内容は親族法・相続法・通則法（存在する場合）に関することが中心となるので、知識と能力の範囲内で翻訳結果を理解することはさほど難しくなくできるはずである。また、外国の法律は英訳化された情報もあるので、英語から日本語への翻訳を行えば、他言語から日本語への翻訳より、精度の高い翻訳結果が得られるはずである。

　では、次に翻訳する対象の法律条文の探索をどのように行うかについて案内する。これもインターネット利用した検索により行える。検索の対象は、日本でいえば東京大学のようなトップレベルの各国の大学のインターネットサイトから探せばよい。大抵の国のトップレベルの大学であれば法学部は存在するし、英訳された法律条文を大学のインターネットサイトに掲載しているケースがあるので、これを翻訳ツールで表示して読めばよいのである。各国のトップレベルの大学名等は、翻訳のいらない日本語のインターネットサイトでも確認できる場合もあるので、日本語のサイトからも見つけてもらいたい。

3　東京都外国人相談研究会・前掲（注2）473頁参照。

このように必要に応じてインターネットを利用し、相談内容について適用する法律を確定したうえで、相談者の有する問題について解決策の検討を進めていただければ幸いである。

4　面談時の対応

ここまで、外国人の相談者に対し、実際の相談内容の検討に入る前の準備としての確認事項について述べてきた。ここでは、外国人の相談者を目の前にした対話の場での留意点について述べたい。

最初に掲げる留意点としては、相談者の緊張を和らげてあげるということである。日本人の相談者でもそうだが、特に外国人は、日本という異国で法律にかかわる専門家に相対しているのだから、特に初めての相談といった場面では緊張するのが当たり前である。相談者の中には、日本人なら考えもしないちょっとしたことを後ろめたく感じ、相談担当者から役所に通報されることを恐れ、相談内容にかかわる情報のいくつかを伝えてくれないケースもある。だが、相談担当者は、解決策の検討のために、相談内容についての情報をきちんと得ることが大切である。そのために相談者の緊張を解くことを、まずすべきである。具体的には、相談担当者は役所等の出先機関ではないこと、相談内容については守秘義務があることを伝え、相談者が情報を提供しても安心であるということを伝えるようにするとよい。

次の留意点は、相談者が日本の法律を知らないのが当たり前の相手として接するということである。この留意点については、法律家が法律関係の仕事をしていても外国の法律について精通していないケースが大半であることから、また、日本人の相談者の中にも法律についてよく知らないという人がいることから、容易に想像できるであろう。具体的な接し方としては、子供相手に話すようにすればよい。簡単なわかりやすい言葉を使い、ゆっくり、時には同じ言葉を繰り返し、時には言い換える等して、相談担当者の意向を伝えるようにするとよい。

一方、相談者の言葉を信じてはいけないケースもあるので注意をしたい。

たとえば、会話を進めていく中で、相談者から「わかった」という言葉が発せられても、実際は「わかっていない」ケースは多々ある。これは、日本人の相談者でも同様のことがありうるが、前述したように、外国人は相談の場に緊張し、警戒して臨んでいる場合が多いので、緊張の緩和が十分できていないときは、実際にはわからなくても「わかった」と言ってしまったり、真実でない情報を伝えてくることもありうる。このような場合には、時間をかけ、相互に相手の話を理解したと思えるまで丁寧に話を続けるべきである。

　これらの点に注意を払い、外国人の相談者と接することにより、相談者からの信頼を得て、より適切な相談対応業務ができるようにしてほしい。

5　通訳が介在することのメリット

　外国人の相談者との面談時の対応の課題では、誰もが思いつくであろうこととして、言葉の問題がある。主な対応としては、相談者に対して日本語で対話を行う、相談者に対して外国語で対話を行う、通訳を介在して日本語で対話を行うといったことが考えられるが、本書では「通訳の介在」とそのメリットを提示する。

　もちろん通訳を介在させることで、相談者にとっては通訳の費用負担が増えたり、相談担当者にとっても通訳により日本語での会話の場合と比べ、2倍以上の時間を要してしまうといったデメリットはある。しかし、通訳を介在させることには、次に述べる大きなメリットがあり、このメリットは先のデメリットを超えるものであるといえるので、極力、通訳を介在させるべきである。

　次に紹介するメリットは、相談担当者が、外国人の相談者の母国語に堪能であっても、そのメリットのため、あえて通訳を介在させることがあるかもしれないともいえるものである。

(1)　齟齬を減らす

　何といっても、このメリットは大きなものである。法的相談に対して、相談担当者が、何かしらの提案をする場合、日本人が相手であったとしても齟

第 2 章　外国人の相談における確認事項と留意点

齟齬をゼロにすることが難しいケースはあるだろう。まして、相手は外国人であり、日本語でさえ難しい法律用語を、的確な外国語の単語と解説を加えて相手に伝えるのは、相当な語学力が必要である。そして、相談相手の母国語での的確な意思伝達ができなかった場合、後々「話が違った」といったトラブルに発展することが避けられないケースも予想される。こういった齟齬を減らすには、通訳を介在させ、その通訳者にも、可能な限り会話の一文一文を丁寧に翻訳するようにしてもらうとよい。

相談担当者が書き留めれば長い文章になる言葉を、通訳者が短い言葉で伝えている等、相談相手の言葉が理解できなくても、感覚的にちゃんと翻訳されているか否かはわかるはずなので、そういった場合は、通訳者に「一文、一文に対応させて」翻訳するように伝え、齟齬を減らすことに注意を払っていただきたい。

(2)　**時間が使える**

通訳の介在による相談は、日本人相手のそれと比べ、2倍以上の時間を要してしまう。相談担当者が通訳者に話したことを通訳者が相談者に話すと、時にはその場で、通訳者と相談者との間で短いの会話のやりとりがあって、相談担当者の言ったことが相談者に伝わる。そして、通訳者と相談者との間で多少の会話のやりとりがあった後、通訳者から相談者の考えが相談担当者に伝えられる。このように、相談担当者が言葉を発した後、その反応が相談担当者に戻ってくるまでは時間を要し、相談担当者は待たされることになる。

丁寧な態度としては、相談担当者が待たされている間であっても、相談者と通訳者との会話に注視し、言葉が理解できなくても注意深く聞く姿勢を見せることが求められるであろう。ただ、この待たされている時間のすべてで理解できない会話を聞く姿勢を見せ続けるのは時間の活用といった面からはもったいないことである。そこで、この待ち時間を上手く使っていただくことを提案したい。これは見方を変えると通訳者が相談者と話をしている間、相談担当者にとって使える時間があるということである。この時間を使って、考えの整理やちょっとした調べ物は簡単にできる。日本人の相談者相手では、

「ちょっと待ってください、確認してきます」というようなことを、外国人相手では言わずにすむこともあるので、必要に応じて時間をうまく使ってもらいたい。

(3) 新たな仕事の受託につながる

通訳の費用は相談者の支出となり、1時間あたり5000円や1万円、それ以上かかる場合もある。NPO団体や公共サービスを利用することで通訳の費用を抑えることもできうるが、相談者の費用負担を気遣い、通訳の介在なしに相談にのってあげたいという相談担当者もいるかもしれない。そのようなケースにあっても、相談担当者は相談に携わっているのであるから、前記(1)の齟齬を避けるためにも、通訳の介在は大切である。どうしても費用的に難しい場合には、法テラスの通訳派遣を利用する方法があるが、本書では相談者の友人で日本語ができる人を同席するようにしてもらうという方法を提案する。友人であれば、比較的安い費用で通訳をしてもらえることもあるし、無償で通訳してもらえるケースもある。

問題が解決し、案件が無事終了となった後、相談者は相談担当者に対するよい評価を自身の属するコミュニティで伝えてくれることがある。異国の地で外国人を相手として相談に対応してくれる存在は、外国人にとっては貴重な存在だからである。そのようなコミュニティ内で流れる口コミ的な情報は、日本人同士の情報伝達よりも早く確実に伝わる。実際、ある外国人コミュニティの事件を担当した弁護士の事務所には、1案件を解決した後、同じ外国人コミュニティから立て続けに案件の依頼があったとのことである。

このようなとき、相談に同席した通訳が同じコミュニティの友人同士だったら、相談担当者のことを伝達する情報発信源が2倍になるだけにとどまらず、再び通訳を買って出て、人助けと、通訳による収入を得ることとの双方に力を注いでくれる場合もある。このような人は、相談担当者が1案件をうまく対応することで、継続的な案件の受託につなげてくれる存在になりうる。

外国人を相手とした相談においては、通訳の介在により、かかわる人の数が増える。しかし、このことは決して悪いことでなく、上記のようなメリッ

トがある。法テラスからの派遣や相談者の友人も含め、通訳のリソースは探せば近くに存在している。外国人の相談者に対しては、ぜひ通訳の利用を積極的に行っていただきたい。

6　行政サービス等

　これまでに述べた外国人の相談者についての確認と、相談時の対応を行えば、あとは日本人と変わることなく相談業務にあたることができる。たとえば、前述した外国人の相談内容の上位を占めるくらしに関することや医療・福祉サービスの利用に関することの対応は、基本的に日本人と同様に行政サービス等の利用ができると考えてよい。

　行政サービス等の対象者となる外国人は、中長期滞在者等が中心となるが、相談に訪れる外国人の大半が在留資格を有する中長期滞在者等であることから、大抵の場合、行政サービス等の利用には問題はないと思われる。

　参考として、外国人が利用できる行政サービス等の代表的な例をいくつか紹介する[4]（〈表1〉参照）。なお、日本人が行政サービスを受けるときと同様に、地域によって行政サービスを受ける手続に若干違いがあるケースも存在したり、今後運用が変更となる場合もあるので、手続等については、事前確認することを勧める。

4　東京都外国人相談研究会・前掲（注2）において紹介されている内容を整理した。

〈表1〉 外国人が利用できる代表的な行政サービス等

行政サービス等	利用の条件等
住民基本台帳への記載	日本に入国を許可された適法に在留する者（特別永住者・中長期滞在者など）
国民健康保険への加入	住民基本台帳に記載される外国人住民（1年以上日本を不在にすると喪失するので市区町村窓口相談が必要）。在留資格「公用」については、3カ月以上日本に滞在することが決定していることが付加要件である。
年金の被保険者となること	日本に住所地があり、企業等に就労している20歳以上60歳未満の者（1年以上日本を不在にすると喪失するので市区町村窓口相談が必要）
遺族年金の受給	遺族である配偶者（死亡した人に生計を維持され、かつ、18歳の誕生日の属する年度末まで（高校卒業の3月末）の子がいること）および子（18歳未満、障害のある子は20歳まで）
国民皆保険制度への加入	退職後に会社から発行される健康保険資格喪失証明書を住居地の市区町村窓口に提示した者
出産育児一時金の受給	国民健康保険の被保険者（未納者は除く。妊娠4カ月以上の出産であることが必要。国外で出産する場合は、在留資格が継続する）
産前産後の休暇取得	休暇取得の請求をした者（労働基準法65条1項）
育児休業の取得	育児休業の申出をした者（育児休業、介護休業等育児又は家族介護を行う労働者の福祉に関する法律21条1項）
児童手当の受給	日本国内に住所を有する者（子の出生後14日以内に市区町村の戸籍窓口に出生届が必要。日本で育てない場合は対象外）
障害福祉サービスの利用	適法滞在であり、住民登録により住所地が明確である者（ただし、在留資格「短期滞在」「技能研修生」「興行」等の一時的滞在者は適用外）
生活保護の受給	法律上の権利として外国人に保護は認めていないが、昭29・5・8社発第382号厚生省社会局長通知（第3章Ⅶ5参照）の運用等により、定住外国人（在留資格「日本人の配偶者等」「永住者」「永住者の配偶者等」「定住者」）は、日本人に準じた保護の取扱いが実施（ただし、引越しにより実施機関の福祉事務所が変わるときは、あらためて申請・審査が必要になるので事前相談が必要）

7　まとめ

　以上に述べたように、相談にあたって、普段日本人の相談者を相手にする場合と違い、外国人を相手にする場合に必要となる知識は、在留資格と準拠法が中心となる。

　在留資格については、在留カードの記載情報と相談者の現在の状況とに不一致がないかという点と、解決策の提案に伴い在留資格の変更や在留期間の更新に影響がないかという点に配慮するための知識が求められるが、専門的な部分については行政書士からサポートを受けるなど、積極的に外部と連携して対応することにより問題解決にあたれば、深い部分の知識をすべてもつ必要なく対応することが可能である。

　準拠法の適用についての確認は、相談者との面談後、日本で出版されている書籍やインターネット等を利用し、次回の面談日までに内容の確認と解決策の検討を行ったり、渉外事件専門の弁護士と連携をとる方法もある。

　また、相談事案をとおして、触れることとなった部分の知識から身に付けていくこともできるであろう。

　このような方法で事案にあたれば、外国人の相談者への対応は決して難しくない。大切なことは、ここで述べた日本人の相談者との違いを認識することで、その違いに対応するための知識やサポートを利用することである。この違いのほかは、普段、日本人を相手にした相談業務と変わることはない。あとは、外国人の相談を受けようという気にさえなれば、いつでも相談対応を行うことができるであろう。相手が外国人であるからといって身構えることなく、日本人と同様に法務サービスの提供に積極的に努めていただければ幸いである。

（Ⅰ・Ⅱ　西村康章）

第3章
事例にみる外国人の法的支援

I　外国人の日本における会社設立（ベトナム人の事例を中心に）

1　はじめに

　日本を訪れる外国人は年々増加しており、平成27年末現在では、中長期在留者数は188万3563人、特別永住者数は34万8626人で、合計223万2189人となり、前年（平成26年）末と比べて11万358人（5.2％）増加している（法務省HP「平成27年末現在における在留外国人数について（確定値）」参照）。また、2020年東京オリンピック・パラリンピック開催決定により、今後さらに日本でビジネスを始めようとする外国人が増加することが予想され、ますます外国人への法的なサポートが必要になってくると考えられる。

　そして、実際に、初めは留学や短期滞在等で日本に滞在をしていたが、その後、日本でのビジネス等に興味をもち、「経営・管理」の在留資格を取得して、日本で起業をする（会社設立手続を行う）という事例が、ここ数年かなり増えている。

　外国人の日本での会社設立手続では、入管法に基づく在留資格の取得・変更に関する知識（日本人が日本で起業する場合とは違い、多くの日本に滞在する外国人が起業する場合には「経営・管理」というビジネスが可能となる在留資格の取得が求められることなど。第1章Ⅱ3(1)(ｱ)参照）、会社法等や会社設立手続の知識はもちろんのこと、他士業と連携をしながら、起業サポート支援をしていくことが必須となる。

　ここでは、筆者が経験した外国人の日本での会社設立（株式会社）の事例（内容は適宜変更している）を素材に、手続上の問題と、執務にあたり注意するべきことを概観する。

2　事例の概要

事例の概要は、次のとおりである。

　東京都に住むA(ベトナム人女性、20歳代)は、「留学(1年)」の在留資格を取得し、日本語の勉強のために留学中である。在留資格の期限が平成28年8月で切れそうだということ、また、今後自身で、ベトナム食品の輸入・販売を行う会社を経営することを希望しているということから、Aの在留資格の相談にのっていた行政書士を経由して、司法書士が会社設立手続の依頼を受任したものである。

なお、会社設立登記の後に、Aの在留資格を「留学」から「経営・管理」に変更する手続を行う。

3　通訳を介した依頼者との打合せ

Aは、日本語の勉強のため留学中であり、依頼時は日本語があまり堪能でない状況であった。このため、日本語が堪能なAの友人を連れてきてもらい、ベトナム語の通訳を介して、会社設立の打合せを行った。

外国人の日本での会社設立手続は、通常の会社設立手続よりも打合せにかなり時間を要する。特に、本事例は、外国から日本への出資金の送金手続において問題が発生したという事情もあるが(後記7参照)、直接本人(通訳)を交えての打合せは合計3回以上、受任から登記申請まで約2カ月ほどかかった。

さて、外国人の日本での会社設立手続の業務をするにあたり、語学の問題は、懸念する大きな問題の一つではある。しかし、司法書士やサポートする側が、専門用語の通訳ができるまでその言語に堪能になることは大変難しいし、実際には堪能になる必要はない。というのも、筆者自身は日常会話の英語しか話すことはできないが、英語圏以外の外国人の手続も何の問題なく受

Ⅰ　外国人の日本における会社設立

託できている。要するに、実際の手続においては、①通訳（法テラスからの派遣を含む）、もしくは、②日本語が堪能な依頼者の友人を連れてきてもらう等して、司法書士自身で通訳はせず、専門通訳もしくは友人の通訳を介して業務を行うため、通常どおりの会社設立手続と同じように手続を行うことが可能である。

　ただし、相談に応じる司法書士が実際に英語が堪能であっても、専門通訳を介して手続をすることを勧める。というのも、手続においては会社法をはじめ、かなりの専門用語があるため、司法書士による理解や、友人による通訳では勘違い等が発生してしまうことも多く、挨拶や会話では英語を話しても、実際の手続においては専門通訳を介して手続することが賢明だといえる。

4　在留資格の確認

(1)　「留学」「経営・管理」の在留資格

　会社設立をめざす依頼者Ａとの打合せにあたって、まずは、Ａの現在の在留資格「留学」と、変更する予定の在留資格「経営・管理」の内容の確認をしておく。

　「留学」とは、基本的に就労が認められていないグループに属する在留資格であり、活動の範囲は、「本邦の大学、高等専門学校、高等学校……若しくは特別支援学校の高等部、中学校……若しくは特別支援学校の中学部、小学校……若しくは特別支援学校の小学部、専修学校若しくは各種学校又は設備及び編制に関してこれらに準ずる機関において教育を受ける活動」である。[1]
「留学」に該当する例としては、大学、短期大学、高等専門学校、高等学校、中学校および小学校等の学生とされ、在留期間は４年３カ月、４年、３年３カ月、３年、２年３カ月、２年、１年３カ月、１年、６カ月または３カ月である（入管法別表第１の４、入管法施行規則別表第２）。

---

[1]　平成26年法律第74号による入管法の改正（平成27年１月１日施行）により、学校教育の場における低年齢からの国際交流促進に資するため、中学生小学生の留学生にも「留学」が付与されることとなった。

また、「経営・管理」とは、就労は認められるが活動が特定されるグループに属する在留資格であり、活動の範囲は、「本邦において貿易その他の事業の経営を行い又は当該事業の管理に従事する活動」である[2]。「経営・管理」に該当する例としては、企業の経営者、管理者等とされ、在留期間は5年、3年、1年、4カ月または3カ月である（入管法別表第1の2、入管法施行規則別表第2）。

(2) 在留カードによる本人確認

　実務においては、在留カード（次頁参照）により、現在、どのような在留資格で日本に滞在しているかを確認し、今後どの在留資格への変更を予定しているのかを、設立する会社の内容（後記6(3)参照）とあわせて確認することが必要となる。

　筆者は、本事例のように、外国人の日本における会社設立手続の受託をした場合、会社設立登記の事前打合せにおいて、行政書士等の他士業に同席してもらうか、もしくは事前に在留資格変更手続等についての確認をし、連携しながら進めている。会社の内容、事業計画の確認（後記6(1)(ア)⑩参照）はもちろんのこと、本店所在地（後記6(2)参照）についても事前に打合せをしておくことで、登記完了後、スムーズに在留資格変更手続に移行できるため、会社設立登記の申請前の段階から連携することを勧める。

5　会社の実体の確認

　司法書士が受託する外国人の日本における起業では、日本に留学中の外国人の在留期間が満了となる前に、引き続き日本での在留資格をもつため「経

---

[2] 平成26年法律第74号による入管法の改正（平成27年1月1日施行）により、日本国内企業において事業の経営・管理活動を行う外国人を広く迎え入れることができるよう、現行の「投資・経営」の在留資格の名称を「経営・管理」に改め、これまでの外国資本との結びつきの要件をなくし、国内資本企業の経営・管理を行うことも同在留資格によってできるようになった。ただし、「資本金500万円以上の出資または2名以上の常勤職員」という要件はなくなったものの、引き続き上陸基準省令において援用されていることに留意が必要である（後記7参照）。

Ⅰ　外国人の日本における会社設立

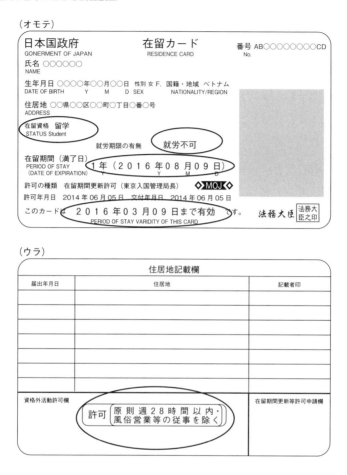

営・管理」への在留資格変更を希望して会社設立登記を受託するというケースが非常に多い。もちろん実体のある会社を起業するケースも多いのだが、在留資格取得のためだけに実体のない架空会社（ペーパーカンパニー）をつくるケースもあり、摘発事例も多い。こういったケースに加担することは、司法書士としても責任が問われうるため、「経営・管理」での会社設立登記手続を受託した場合においては、本人確認はもちろんのこと、会社としての実体をしっかり確認することを徹底していただきたい。

　たとえば、本事例のように、ベトナム食品の輸入・販売であれば、具体的

な仕入先や取引先、販売先や販売元の確認、事務所の確認等を事前にすることで、実際に会社設立後に仕事をするのか否かの判断が可能となる（なお、具体的な事業計画書等は、在留資格取得時に提出する書類となる。また、「経営・管理」の在留資格取得の場合、本店所在地はレンタルオフィス・自宅は不可であり、看板の設置をしなければならない。詳細は後記6⑵⑶参照）。

> **コラム　会社設立手続に関する摘発・逮捕事例①**
>
> 　会社設立に係る登記その他の手続については、司法書士の専門業務であるが、司法書士でない者（無資格者）が反復・継続して外国人の会社設立登記を行い、摘発・逮捕されている事例が新聞等で報道されている。実際に起業し、「経営・管理」の在留資格を取得する前提として、無資格者が会社設立登記を業務として行い逮捕されている事例もあるが、実際には起業しないにもかかわらず、実体のない架空会社（ペーパーカンパニー）の設立を繰り返し、逮捕される事例もかなり多くある。
>
> 　ここでは、一部の情報を「○○」に置き換えている。
>
> ●無資格者による会社設立登記手続①（カナコロ（神奈川新聞Web版）など）
>
> 　司法書士の資格がないにもかかわらず、会社設立や移転登記用の書類を作成・提出するなどしたとして、○○県警や警視庁、○○県警の合同捜査本部は8日、司法書士法違反の疑いで、東京都○○区、行政書士A容疑者を逮捕した。
>
> 　県警は、短期滞在より長期間在留できる資格（投資・経営（現在は経営・管理。以下同じ））を得たい韓国籍の客に対し、同容疑者が同国籍の会社役員の男とともに、架空会社を設立する手続を有償で請け負っていたとみており、電磁的公正証書原本不実記録・同供用容疑での立件も視野に捜査している。
>
> 　逮捕容疑は、司法書士資格のないまま、2009年4月頃から2010年4月頃までの間、東京都○○区の自分の事務所で、会社設立や移転の登記のための書類を8件作成、○○地方法務局に提出するなどした、としている。○○県警生活安全総務課によると、容疑者Aは容疑を認めているという。
>
> 　同課によると、司法書士法違反容疑などですでに逮捕された、韓国籍の会社役員B容疑者が窓口となり、客に対応していた。韓国のインターネット向けに広告を出し、連絡先としてA容疑者の事務所が掲載されていたという。
>
> 　同課によると、B容疑者は「3、4年前から、20件ほど請け負った」と供

I 外国人の日本における会社設立

> 述。手数料は「新規設立で50万円受け取り、A容疑者に44万円を渡していた」と話しているという。

6 在留資格変更のための会社設立手続

(1) 「経営・管理」の在留資格の取得時の手続と必要書類

「経営・管理」の在留資格を取得する手続としては、①在留資格変更許可申請（何かしらの在留資格をもつ外国人が、入管法20条に基づいて、現に有する在留資格から「経営・管理」への変更を受ける手続）をするケースと、②在留資格認定証明書交付申請（日本に入国を希望する外国人が、同法7条の2に基づいて、初めて「経営・管理」の在留資格を取得する手続）をするケースに分けられる。

(ア) 在留資格変更許可申請

本事例のように、現に有する在留資格（「留学」）から「経営・管理」への変更を希望する場合には、在留資格変更許可申請を行う。

在留資格変更許可の申請者は、申請人本人（日本での滞在を希望している外国人本人）、代理人（申請人本人の法定代理人）、取次者であり、住居地を管轄する地方入国管理官署または外国人在留総合インフォメーションセンターに、申請期間（在留資格の変更の事由が生じた時から在留期間満了日以前）内に申請する（許可されるときは4000円の手数料がかかる）。

在留資格変更許可の申請に係る必要書類は、次の①〜⑫（④は適宜、そのほかは1通）である。

① 在留資格変更許可申請書等（【書式3】参照）
② パスポートおよび在留カード（在留カードとみなされる外国人登録証明書を含む）
③ 写真（縦4 cm×横3 cm）

---

3 法務省HP「在留資格変更許可申請」〈http://www.moj.go.jp/ONLINE/IMMIGRATION/16-2.html〉（平成29年2月末閲覧）参照。

④　カテゴリー1～4のいずれかに該当することを証明する文書
⑤　申請人の活動の内容等を明らかにする次のいずれかの資料
　　ⓐ　日本法人である会社の役員に就任する場合　役員報酬を定める定款の写しまたは役員報酬を決議した株主総会の議事録（報酬委員会が設置されている会社にあっては同委員会の議事録）の写し
　　ⓑ　外国法人内の日本支店に転勤する場合および会社以外の団体の役員に就任する場合　地位（担当業務）、期間および支払われる報酬額を明らかにする所属団体の文書（派遣状、異動通知書等）
　　ⓒ　日本において管理者として雇用される場合　労働基準法15条1項および同法施行規則5条に基づき、労働者に交付される労働条件を明示する文書（雇用契約書等）
⑥　日本において管理者として雇用される場合、事業の経営または管理について3年以上の経験（大学院において経営または管理に係る科目を専攻した期間を含む）を有することを証する文書
　　ⓐ　関連する職務に従事した機関並びに活動の内容および期間を明示し

4　ただし、カテゴリー1に区分される「日本の証券取引所に上場している企業」「保険業を営む相互会社」「外国の国または地方公共団体」「日本の国・地方公共団体認可の公益法人」およびカテゴリー2に区分される「前年分の給与所得の源泉徴収票等の法定調書合計表中、給与所得の源泉徴収合計表の源泉徴収税額が1500万円以上ある団体・個人」については下記①～④の書類、カテゴリー3に区分される「前年分の職員の給与所得の源泉徴収票等の法定調書合計表が提出された団体・個人（カテゴリー2を除く）」は下記①～⑪の書類で足りる。ここでは、カテゴリー4に区分される「カテゴリー1～3のいずれにも該当しない団体・個人」を前提とする。

5　法務省HP「日本での活動内容に応じた資料【在留資格変更許可申請】→経営・管理」〈http://www.moj.go.jp/nyuukokukanri/kouhou/nyuukokukanri07_00092.html〉（平成29年2月末閲覧）参照。

6　申請書に加えて、その申請が、入管法別表第2に定める在留資格をもつ者による場合には「身元保証書」を、日本人・永住者・日系人の配偶者（夫または妻）による場合には「質問書」を、入院して医療を受けるために日本に相当期間滞在しようとする場合には「外国人患者に係る受入れ証明書」をあわせて提出する。これらの様式は、法務省HP「在留資格変更許可申請」〈http://www.moj.go.jp/ONLINE/IMMIGRATION/16-2.html〉（平成29年2月末閲覧）にて、入手することができる。

Ⅰ　外国人の日本における会社設立

【書式３】　在留資格変更許可申請書

別記第三十号様式（第二十条関係）
申請人等作成用 1
For applicant, part 1

日本国政府法務省
Ministry of Justice, Government of Japan

在 留 資 格 変 更 許 可 申 請 書
APPLICATION FOR CHANGE OF STATUS OF RESIDENCE

入国管理局長　殿
To the Director General of　Regional Immigration Bureau

出入国管理及び難民認定法第20条第2項の規定に基づき、次のとおり在留資格の変更を申請します。
Pursuant to the provisions of Paragraph 2 of Article 20 of the Immigration Control and Refugee Recognition Act, I hereby apply for a change of status of residence.

写　真
Photo

1　国籍・地域　Nationality/Region _____
2　生年月日　Date of birth　　年 Year ___ 月 Month ___ 日 Day ___
3　氏　名　Name　Family name _____ Given name _____
4　性　別　Sex　男・女 Male/Female
5　出生地　Place of birth _____
6　配偶者の有無　Marital status　有・無 Married / Single
7　職　業　Occupation _____
8　本国における居住地　Home town/city _____
9　住居地　Address in Japan _____
　　電話番号　Telephone No. _____　　携帯電話番号　Cellular phone No. _____
10　旅券　(1)番　号　Passport Number _____　(2)有効期限　Date of expiration　年 Year ___ 月 Month ___ 日 Day ___
11　現に有する在留資格　Status of residence _____　　在留期間　Period of stay _____
　　在留期間の満了日　Date of expiration　年 Year ___ 月 Month ___ 日 Day ___
12　在留カード番号　Residence card number _____
13　希望する在留資格　Desired status of residence _____
　　在留期間　Period of stay _____　（審査の結果によって希望の期間とならない場合があります。）
　　　　　　　　　　　　　　　　　　　　　(It may not be as desired after examination.)
14　変更の理由　Reason for change of status of residence _____
15　犯罪を理由とする処分を受けたことの有無（日本国外におけるものを含む。）　Criminal record (in Japan / overseas)
　　有（具体的内容　　　　　　　　　　　　　　　　　　　　　　　　　　　　　）・無
　　Yes (Detail:　　　　　　　　　　　　　　　　　　　　　　　　　　　　　　) / No
16　在日親族（父・母・配偶者・子・兄弟姉妹など）及び同居者
　　Family in Japan(Father, Mother, Spouse, Son, Daughter, Brother, Sister or others) or co-residents

続柄 Relationship	氏　名 Name	生年月日 Date of birth	国籍・地域 Nationality/Region	同　居 Residing with applicant or not	勤務先・通学先 Place of employment/ school	在留カード番号 特別永住者証明書番号 Residence card number Special Permanent Resident Certificate number
				はい・いいえ Yes / No		
				はい・いいえ Yes / No		
				はい・いいえ Yes / No		
				はい・いいえ Yes / No		
				はい・いいえ Yes / No		
				はい・いいえ Yes / No		

※ 16については、記載欄が不足の場合は別紙に記入して添付すること。なお、「研修」、「技能実習」に係る申請の場合は記載不要です。
Regarding item 16, if there is not enough space in the given columns to write in all of your family in Japan, fill in and attach a separate sheet.
In addition, take note that you are not required to fill in item 16 for applications pertaining to "Trainee" or "Technical Intern Training".

（注）裏面参照の上、申請に必要な書類を作成して下さい。　Note : Please fill in forms required for application. (See notes on reverse side.)

6　在留資格変更のための会社設立手続

申請人等作成用2　M（「高度専門職（1号ハ）」・「高度専門職（2号）」・「経営・管理」）　在留期間更新・在留資格変更用
（変更申請の場合のみ）
For applicant, part 2　M ("Highly Skilled Professional(i)(c)" / "Highly Skilled Professional(ii)"(only in cases of change of status) / "Business Manager")　For extension or change of stat

17　勤務先 Place of employment　※ (2)及び(3)については、主たる勤務場所の所在地及び電話番号を記載すること。For sub-items (2) and (3), give the address and telephone number of your principal place of employment.
(1)名称 Name _____　支店・事業所名 Name of branch _____
(2)所在地 Address _____　(3)電話番号 Telephone No. _____

18　最終学歴 Education (last school or institution)
□ 大学院（博士） Doctor　□ 大学院（修士） Master　□ 大学 Bachelor　□ 短期大学 Junior college　□ 専門学校 College of technology
□ 高等学校 High school　□ 中学校 Junior high school　□ その他（　　） Others
(1)学校名 Name of school _____　(2)卒業年月日 Date of graduation ____年____月____日 Year / Month / Day

19　専攻・専門分野 Major field of study
(18で大学院（博士）～短期大学の場合)　(Check one of the followings when your answer to the question 18 is from doctor to junior college)
□ 法学 Law　□ 経済学 Economics　□ 政治学 Politics　□ 商学 Commercial science　□ 経営学 Business administration　□ 文学 Literature
□ 語学 Linguistics　□ 社会学 Sociology　□ 歴史学 History　□ 心理学 Psychology　□ 教育学 Education　□ 芸術学 Science of art
□ その他人文・社会科学（　　） Others(cultural / social science)　□ 理学 Science　□ 化学 Chemistry　□ 工学 Engineering
□ 農学 Agriculture　□ 水産学 Fisheries　□ 薬学 Pharmacy　□ 医学 Medicine　□ 歯学 Dentistry
□ その他自然科学（　　） Others(natural science)　□ 体育学 Sports science　□ その他（　　） Others
(18で専門学校の場合)　(Check one of the followings when your answer to the question 18 is college of technology)
□ 工業 Engineering　□ 農業 Agriculture　□ 医療・衛生 Medical services / Hygienics　□ 教育・社会福祉 Education / Social Welfare　□ 法律 Law
□ 商業実務 Practical Commercial Business　□ 服飾・家政 Dress design / Home economics　□ 文化・教養 Culture / Education　□ その他（　　） Others

20　事業の経営又は管理についての実務経験年数 Experiences of operating or managing the business ____年 Year(s)

21　職歴 Employment history

年 Year	月 Month	職歴 Employment history	年 Year	月 Month	職歴 Employment history

22　代理人（法定代理人による申請の場合に記入） Legal representative (in case of legal representative)
(1)氏名 Name _____　(2)本人との関係 Relationship with the applicant _____
(3)住所 Address _____
電話番号 Telephone No. _____　携帯電話番号 Cellular Phone No. _____

以上の記載内容は事実と相違ありません。I hereby declare that the statement given above is true and correct.
申請人（法定代理人）の署名／申請書作成年月日 Signature of the applicant (legal representative) / Date of filling in this form
_____　____年____月____日 Year / Month / Day

注意　申請書作成後申請までに記載内容に変更が生じた場合、申請人（法定代理人）が変更箇所を訂正し、署名すること。
Attention　In cases where descriptions have changed after filling in this application form up until submission of this application, the applicar (legal representative) must correct the part concerned and sign their name.

※ **取次者** Agent or other authorized person
(1)氏名 Name _____　(2)住所 Address _____
(3)所属機関等（親族等については、本人との関係） Organization to which the agent belongs (in case of a relative, relationship with the applicant) _____　電話番号 Telephone No. _____

53

I 外国人の日本における会社設立

所属機関等作成用 1 M (「高度専門職(1号ハ)」・「高度専門職(2号)」・「経営・管理」) 在留期間更新・在留資格変更用
(変更申請の場合のみ)
For organization, part 1 M ("Highly Skilled Professional(i)(c)" / "Highly Skilled Professional(ii)" (only in cases of change of status) / "Business Manager" For extension or change of status

1 経営を行い又は管理に従事する外国人の氏名及び在留カード番号
   Name and residence card number of foreign national who is to engage in management of business
   (1)氏 名   (2)在留カード番号
      Name   Residence card number

2 勤務先 Place of work
   ※(3)及び(8)については、主たる勤務場所について記載すること。 For sub-items (3) and (8) give the address and telephone number of employees of your principal place of employment.
   ※非営利法人の場合は(4)〜(7)の記載不要。 In cases of a nonprofit corporation, you are not required to fill in sub-items (4) to (7).
   (1)名称   支店・事業所名
      Name   Name of branch
   (2)事業内容 Type of work
      製 造 【 □ 一般機械   □ 電機   □ 通信機   □ 自動車   □ 鉄鋼   □ 化学
      Manufacturing   Machinery   Electrical machinery Telecommunication Automobile Steel Chemistry
                □ 繊維   □ 食品   □ その他 (   ) 】
                 Textile   Food   Others
      運 輸 【 □ 航空   □ 海運   □ 旅行業   □ その他 (   ) 】
      Transportation   Airline   Shipping   Travel agency   Others
      金融保険【 □ 銀行   □ 保険   □ 証券   □ その他 (   ) 】
      Finance   Banking   Insurance   Security   Others
      商 業 【 □ 貿易   □ その他 (   ) 】
      Commerce   Trade   Others
      教 育 【 □ 大学   □ 高校   □ 語学学校   □ その他 (   ) 】
      Education   University   Senior high school Language school   Others
      報 道 【 □ 通信   □ 新聞   □ 放送   □ その他 (   ) 】
      Journalism   News agency   Newspaper   Broadcasting   Others
             □ 建設   □ コンピュータ関連サービス □ 人材派遣   □ 広告   □ ホテル □ 出版
             Construction   Computer services   Dispatch of personnel Advertising Hotel   Publishing
             □ 料理店   □ 医療   □ 調査研究   □ 農林水産   □ 不動産   □ その他 (   )
             Restaurant   Medical services   Research   Agriculture/Forestry/Fishery Real estate Others
   (3)所在地
      Address
      電話番号
      Telephone No.
   (4)資本金   円 (5)年間売上高(直近年度)   円
      Capital   Yen   Annual sales (latest year)   Yen
   (6)法人税納付額   円 (7)申請人の投資額   円
      Amount of corporate income tax   Yen   Amount of applicant's investment   Yen
   (8)常勤従業員数   (申請人が経営を開始する場合にのみ記載) (To be
      Number of full-time employees   名 filled in only, if the applicant is to commence management of business)
      (うち日本人、特別永住者又は「永住者」、「日本人の配偶者等」、「永住者の配偶者等」
      若しくは「定住者」の在留資格を有する者)
      (Number of Japanese, Special Permanent Resident or foreign nationals who have the status of residence "Permanent Resident",
      "Spouse or Child of Japanese National", "Spouse or Child of Permanent Resident" and "Long Term Resident"
      among all full-time employees.)   名

3 活動内容 Type of work
   □ 経営者(例:企業の社長、取締役)   □ 管理者(例:企業の部長)
     Executive (ex. President, director of a company)   Manager (ex. Division head of a company)

4 給与・報酬(税引き前の支払額)   円 (□ 年額 □ 月額)
   Salary/Reward (amount of payment before taxes)   Yen   Annual   Monthly

5 職務上の地位
   Position

6 事業所の状況   Office
   (1)面積   ㎡ (2)保有の形態 □ 保有   □ 賃貸(家賃/月)   円
      Area   Type of possession Ownership   Lease (rent / month)   Yen

7 勤務先への申請人の投資額   円
   Amount of investment by the applicant   Yen

以上の記載内容は事実と相違ありません。 I hereby declare that the statement given above is true and correct.
勤務先又は所属機関名、代表者氏名の記名及び押印/申請書作成年月日
Name of the organization and representative, and official seal of the organization   / Date of filling in this form
                                                                                         印   年   月   日
                                                                                         Seal Year Month Day

注意 Attention
申請書作成後申請までに記載内容に変更が生じた場合、所属機関等が変更箇所を訂正し、押印すること。
In cases where descriptions have changed after filling in this application form up until submission of this application, the organization must correct the part concerned and press its seal on the correction.

6　在留資格変更のための会社設立手続

(このシートは提出する必要はありません。This sheet is not required to submit.)

申請人等作成用2から4、所属機関等作成用1から5は、在留目的に従って、次の様式を使用してください。
Select type of form which corresponds to the purpose of residence in Japan.

	在留目的 Purpose of residence	例 Example		使用する申請書 Type of form						
				申請人等作成用 For applicants				所属機関等作成用 For organization		
				1	2	3	4	1	2	3
1	短期滞在 Temporary Visitor	親族訪問、短期商用 Visiting relatives, Temporary business		○	H	—	—	—	—	—
2	大学等において高度の専門的な能力を有する人材として研究、研究の指導又は教育に従事すること(※) Activities of highly skilled professionals who engage in research, research guidance or education at colleges (※) 大学等における研究の指導又は教育 Activities for research, research guidance or education at colleges 中学校、高等学校等における語学教育等 Activities to engage in language instruction at junior high schools and high schools, etc.	大学教授 Professor 中学校の語学教師 Junior high school language teacher		○	I	I	—	I	—	—
3	収入を伴う芸術上の活動 Activities for the arts that provide an income 収入を伴わない学術・芸術上の活動又は日本特有の文化・技芸の研究・修得 Academic or artistic activities that provide no income, or activities for the purpose of pursuing learning and acquiring Japanese culture or arts	作曲家、写真家 Composer, Photographer 茶道、書道を修得しようとする者 Study tea ceremony, judo		○	J	—	—	J	—	—
4	外国の宗教団体から派遣されて行う布教活動 Religious activities conducted by foreign religious workers dispatched by foreign religious organizations	司教、宣教師 Bishop, Missionary		○	K	—	—	K	—	—
5	外国の報道機関との契約に基づく報道上の活動 Journalistic activities conducted on the basis of a contract with a foreign press organization 日本にある事業所に期間を定めて転勤して研究活動に従事すること Activities of research who have been transferred to a business office in Japan for a limited period of time 日本にある事業所に期間を定めて転勤して高度の専門的な能力を有する人材として、自然科学又は人文科学の分野の専門的技術又は知識を必要とする業務に従事すること(※) Activities of highly skilled professionals who have been transferred to a business office in Japan for a limited period of time and who are to engage in services which require knowledge pertinent to the field of natural science or human science (※) 日本にある事業所に期間を定めて転勤して専門的な技術等を必要とする業務に従事すること Activities of specialists who have been transferred to a business office in Japan for a limited period of time	新聞記者、報道カメラマン Journalist, News photographer 外資系企業の研究者 Researcher assigned to a foreign firm 外資系企業の駐在員 Employee assigned to a foreign firm		○	L	—	—	L	—	—
6	高度の専門的な能力を有する人材として事業の経営又は管理に従事すること(※) Activities of highly skilled professionals who operate or manage business (※) 事業の経営又は管理 Operation or Management of business	企業の社長、取締役、部長 President, director / division head of a company		○	M	—	—	M	—	—
7	高度の専門的な能力を有する人材として、研究、研究の指導又は教育に従事すること(2に該当する場合を除く。)(※) Activities of highly skilled professionals who engage in research, research guidance or education at colleges / Except in cases falling under 2 (※) 契約に基づき収入を伴う研究を行う活動 Activities to engage in research that provide income 高度の専門的な能力を有する人材として、自然科学又は人文科学の分野の専門的技術又は知識を必要とする業務に従事すること(5に該当する場合を除く。)(※) Activities of highly skilled professionals who engage in services which require knowledge pertinent to natural science or human science fields / Except in cases falling under 5 (※) 自然科学又は人文科学の分野の専門的技術又は知識を必要とする業務又は外国の文化に基盤を有する思考若しくは感受性を必要とする業務に従事すること Activities to engage in services which require knowledge pertinent to natural science fields or human science fields or to engage in services which require specific ways of thinking or sensitivity acquired through experience with foreign culture 熟練した技能を要する業務に従事すること Activities to engage in services which require skills belonging to special fields 特定の研究活動、研究事業活動、情報処理活動 Designated activities to engage in research, business related to research or information-processing related services	政府関係機関、企業の研究者 Researcher of a government body or company 機械工学等の技術者、マーケティング業務従事者 Engineer of mechanical engineering, Marketing specialist 外国料理の調理師、スポーツ指導者 Foreign cuisine chef, Sport's instructor 指定された機関の情報処理技術者 Engineer of Information-technology engineer of a designated organization		○	N	—	—	N	—	—
8	興行 Entertainment	歌手、モデル Singer, Model		○	O	O	O	O	—	—
9	技能実習 Technical intern training	技能実習生 Technical intern trainee		○	Y	—	—	Y	Y	Y
10	留学 Study	留学生 Student		○	P	—	—	P	—	—
11	研修 Training	実務研修を行わない研修生、公的研修を行う研修生 Trainees not including in the on-the-job training, trainees who participate in public training		○	Q	—	—	Q	Q	Q
12	家族・就職を目的とする者、文化活動又は留学の在留資格を有する者の扶養を受けること Dependent who lives together with their supporter EPA看護師又は介護福祉士の活動を行う者の扶養を受けること Dependent who lives together with their supporter whose status is Designated Activities (Nurse and Certified Careworker under EPA)			○	R	—	—	R	—	—
13	日本人、永住者等の配偶者、親子関係等に基づく本邦での居住 Spouse or child of Japanese national, Permanent resident, etc.	日本人の配偶者 Japanese national		○	T	T	—	T	—	—
14	上記以外の目的 Other purposes	外交、公用、弁護士、公認会計士、医師、家事使用人、ワーキング・ホリデー、アマチュアスポーツ選手、インターンシップ、EPA看護師・介護福祉士、EPA看護師候補者・介護福祉士候補者、EPA留学介護福祉士候補者 Diplomat, Official, Lawyer, Public accountant, Doctor, Housekeeper, Working holiday, Amateur athlete, Internship, Nurse and Certified Careworker under EPA, Nurse and Certified Careworker candidates under EPA, Certified Careworker Candidates (student) under EPA		○	U	U	—	U	U	—

(※)については、申請人が本邦において行おうとする活動に応じて、J、K、OまたはUは申請書用紙を使用しても差し支えありません。
For (※), it is also possible to use forms J, K, O and U according with the activities in which the applicant is to engage while residing in Japan

(注意事項) Notes
1 申請書に事実に反する記載をしたことが判明した場合には、不利益な扱いを受けることがあります。
  In case to be found that you have misrepresented the facts in an application, you will be unfavorably treated in the process.
2 所定の欄に記入できないときは、別紙に記載の上、これを添付してください。
  When the space provided is not sufficient for your answer, write on a separate piece of paper and attach to the application.
3 用紙の大きさは、日本工業規格A4とすること。
  All parts of this application must be on JIS size A 4 Paper (210mm×297 mm).
4 公私の機関又は個人との契約に基づかずに在留資格「芸術」の活動を行う場合、又は在留資格「報道」の活動を行う場合は、所属機関等作成用は申請人が作成してください。
  When engaging in the activities "Artist" who does not have a contract with a public or private organization in Japan or engaging in the activities of "Journalist" as a freelancer, applicant him/herself must fill out the application form for the organization.
5 次の申請については、所属機関等作成用の提出は不要とします。
  For the following applications, there is no need to submit the application form for the organization.
  (1)留学生が大学等を卒業後に継続して就職活動を行うための「特定活動」への在留資格変更許可申請及び在留資格の在留期間更新許可申請
     Application for changing the status of residence to "Designated Activities" or for extension of the period of stay to continue job hunting after graduation
  (2)ワーキング・ホリデーを目的とする「特定活動」の在留期間更新許可申請
     Application for extension of the period of stay of "Designated Activities" for a working holiday
  (3)難民認定申請を行っている者の「特定活動」への在留資格変更許可申請及び在留資格の在留期間更新許可申請
     Application for changing the status of residence to "Designated Activities" or extension of the period of stay for a person who is applying for refugee recognition
6 申請代理人が本人に代わって申請することができます。
  The legal representative of the applicant may make an application in lieu of the applicant.
  次に掲げる方が本人に代わって申請の手続(旅券等の提示及び申請書等の提出)を行うことができます。
  The following persons may complete the application procedure (submit the passport, residence card and application form, etc.) in lieu of the applicant.
  (1)受入れ機関等の職員又は公益法人の職員で、地方入国管理局長が適当と認めるもの(本人又は法定代理人の依頼による場合)
     A member of the staff of the accepting organization, etc. or of a public interest corporation whom the director of the regional immigration bureau deems to be appropriate. (In cases pursuant to a request from the applicant or his legal representative of the applicant)
  (2)弁護士又は行政書士で所属弁護士会又は行政書士会を経由してその所在地を管轄する地方入国管理局長に届け出たもの(本人又は法定代理人の依頼による場合)
     An attorney or administrative scrivener who has given notification, thus he has association or administrative scriveners' association to which he or she belongs, to the director of the regional immigration bureau which has jurisdiction over the area where such association or administrative scriveners' association is located. (In cases pursuant to a request from the applicant or his legal representative of the applicant)
  (3)親族又は同居者若しくはこれに準ずる者で地方入国管理局長が適当と認めるもの(申請人が16歳未満であるか又は疾病その他の事由により自ら出頭することができない場合)
     A relative of the applicant, a person living together with the applicant or an equivalent person, whom the director of the regional bureau deems respectively to be appropriate (in cases where the applicant is under the age of 16 years, suffers from an illness or owing to other grounds)

(このシートは提出する必要はありません。This sheet is not required to submit.)

55

た履歴書

ⓑ　関連する職務に従事した期間を証明する文書（大学院において経営または管理に係る科目を専攻した期間の記載された当該学校からの証明書を含む）

⑦　事業内容を明らかにする次のいずれかの資料

ⓐ　当該事業を法人において行う場合には、当該法人の登記事項証明書の写し（法人の登記が完了していないときは、定款その他法人において当該事業を開始しようとしていることを明らかにする書類の写し）

ⓑ　勤務先等の沿革、役員、組織、事業内容（主要取引先と取引実績を含む）等が詳細に記載された案内書

ⓒ　その他の勤務先等の作成した上記ⓑに準ずる文書

⑧　事業規模を明らかにする次のいずれかの資料

ⓐ　常勤の職員が 2 人以上であることを明らかにする当該職員に係る賃金支払いに関する文書および住民票その他の資料

ⓑ　登記事項証明書（上記⑦ⓐで提出していれば提出不要）

ⓒ　その他事業の規模を明らかにする資料

⑨　事務所用施設の存在を明らかにする資料

ⓐ　不動産登記簿謄本

ⓑ　賃貸借契約書

ⓒ　その他の資料

⑩　事業計画書の写し

⑪　直近の年度の決算文書の写し

⑫　前年分の職員の給与所得の源泉徴収票等の法定調書合計表を提出できない理由を明らかにする次のいずれかの資料

ⓐ　源泉徴収の免除を受ける機関の場合　　外国法人の源泉徴収に対する免除証明書その他の源泉徴収を要しないことを明らかにする資料

ⓑ　上記ⓑを除く機関の場合　　給与支払事務所等の開設届出書の写しまたは直近 3 カ月分の給与所得・退職所得等の所得税徴収高計算書

（領収日付印のあるものの写し）あるいは納期の特例を受けている場合はその承認を受けていることを明らかにする資料

　中でも、⑩事業計画書を添付することからわかるように、「経営・管理」の在留資格変更には事業の安定性や継続性が必須であり、審査基準となっている。したがって、新規事業を立ち上げ、在留資格「経営・管理」を取得する場合には、事業計画書において、その点を明確にしていく必要がある。具体的には、前記5でも触れたとおり、実際の仕入先や取引先、販売先、販売元の確認、事務所の確認等をしたうえで、事業の展望、資金計画、収益方法を検討し、実際の営業活動から得られる売上高、利益、決算見込み等を割り出していく。また、実際にどういった客層をターゲットに、何をどのように提供していくか、明確化し、そのうえで客層にあった単価の価格を設定し、売上見込みを算出し、収支計画書を作成する必要がある。在留資格変更については、司法書士業務ではない部分であるが、実際に会社設立後の在留資格変更時に必要となる流れとして確認しておくとよいだろう。

　　㈦　**在留資格認定証明書交付申請**

　本事例とは異なるが、日本に入国を希望する外国人が、初めて「経営・管理」の在留資格の取得を希望する場合には、在留資格認定証明書交付申請[7]を行う。

　在留資格認定証明書交付の提出者は、申請人本人（日本への入国を希望する外国人本人）、当該外国人を受け入れようとする機関の職員その他の代理人、申請取次者等であり、住居地を管轄する地方入国管理官署または外国人在留総合インフォメーションセンターに、入国以前に交付を受けることができるように、余裕をもって提出する（手数料はかからない）。

　在留資格認定証明書交付の申請に係る必要書類は、次の①～③および前記㈦④～⑫（④は適宜、そのほかは1通）である。[8]

　①　在留資格認定証明書交付申請書等[9]

---

[7] 法務省HP「在留資格認定証明書交付申請」〈http://www.moj.go.jp/ONLINE/IMMIGRATION/16-1.html〉（平成29年2月末閲覧）参照。

② 返信用封筒（定形封筒に宛先を明記のうえ、392円分の切手（簡易書留用）を貼付したもの）

③ 写真（縦4cm×横3cm）

(2) 本店の所在地の決定

外国人が日本において事業を起業し、または既存の事業の経営・管理に従事する場合、その活動は「経営・管理」の在留資格に該当する。本在留資格（「経営・管理」）については、上陸基準省令において、申請に係る「事業が開始されていない場合にあっては、当該事業を営むための事業所として使用する施設が本邦に確保されていること」または「事業を営むための事業所が本邦に存在すること」とする基準が定められている。

この事業を営むための事務所は、本店所在地として会社登記簿に登記される住所であり、会社法上、基本的には自由に決定することが可能である（自宅兼事務所等でも可）。しかし、「経営・管理」の在留資格の取得にあたっては、この事業所確保については判断基準があり（法務省入国管理局「外国人経営者の在留資格基準の明確化について」（平成17年8月公表、平成27年3月改訂）[10]。以下、「ガイドライン」という）、本店所在地の決定において注意する必要がある。ガイドラインでは、事業所賃貸は可、レンタルオフィスは不可、自宅は不可（居住スペースと事務所スペースの区分けがされていれば可）、看板の設置

---

8 法務省HP「日本での活動内容に応じた資料【在留資格認定証明書交付申請】→経営・管理」〈http://www.moj.go.jp/nyuukokukanri/kouhou/nyuukokukanri07_00088.html〉（平成29年2月末閲覧）参照。

9 申請書に加えて、その申請が、入管法別表第2に定める在留資格をもつ者による場合には「身元保証書」を、日本人・永住者・日系人の配偶者（夫または妻）による場合には「質問書」を、演劇・演芸・歌謡・舞踊または演奏の興行に係る活動を行おうとする場合には「申立書」を、入院して医療を受けるために日本に相当期間滞在しようとする場合には「外国人患者に係る受入れ証明書」をあわせて提出する。これらの様式は、法務省HP「在留資格認定証明書交付申請」〈http://www.moj.go.jp/ONLINE/IMMIGRATION/16-1.html〉（平成29年2月末閲覧）にて、入手することができる。

10 法務省HP「外国人経営者の在留資格基準の明確化について」〈http://www.moj.go.jp/nyuukokukanri/kouhou/nyukan_nyukan43.html〉（平成29年2月末閲覧）。

をしなければならないなどの要件がある。したがって、外国人が起業する場合の事業所（本店所在地）の決定については、特に注意が必要である。会社設立登記申請後、在留資格取得の際に問題とならないように、会社設立登記の段階から、他士業と連携しながら、業務を遂行していく必要がある。

1　事業所の確保について

　総務省が定める日本標準産業分類一般原則第2項において、事業所については次のように定義されています。
- ○　経済活動が単一の経営主体のもとにおいて一定の場所すなわち一区画を占めて行われていること。
- ○　財貨及びサービスの生産又は提供が、人及び設備を有して、継続的に行われていること。

　以上の2点を満たしている場合には、基準省令の「事業所の確保（存在）」に適合しているものと認められるところ、「経営・管理」の在留資格に係る活動については、事業が継続的に運営されることが求められることから、月単位の短期間賃貸スペース等を利用したり、容易に処分可能な屋台等を利用したりする場合には、基準省令の要件に適合しているとは認められません。

　事業所については、賃貸物件が一般的であるところ、当該物件に係る賃貸借契約においてその使用目的を事業用、店舗、事務所等事業目的であることを明らかにし、賃貸借契約者についても当該法人等の名義とし、当該法人等による使用であることを明確にすることが必要です。ただし、住居として賃借している物件の一部を使用して事業が運営されるような場合には、住居目的以外での使用を貸主が認めていること（事業所として借主と当該法人の間で転貸借されることにつき、貸主が同意していること。）、借主も当該法人が事業所として使用することを認めていること、当該法人が事業を行う設備等を備えた事業目的占有の部屋を有していること、当該物件に係る公共料金等の共用費用の支払に関する取決めが明確になっていること及び看板類似の社会的標識を掲げていることを必要とします。

　なお、インキュベーター（経営アドバイス、企業運営に必要なビジネスサービス等への橋渡しを行う団体・組織）が支援している場合で、申請人から当該事業所に係る使用承諾書等の提出があったときは、（独）日本貿易振興機構

I　外国人の日本における会社設立

(JETRO) 対日投資ビジネスサポートセンター (IBSC) その他インキュベーションオフィス等の一時的な住所又は事業所であって、起業支援を目的に一時的に事業用オフィスとして貸与されているものの確保をもって、基準省令にある「事業所の確保 (存在)」の要件に適合しているものとして取り扱うこととします。

(参考)　「住居」を事業所として「経営・管理」の在留資格に係る入国・在留申請の許否に係る事例については、以下のとおりです。

事例1　Aは、本邦において個人経営の飲食店を営むとして在留資格変更申請を行ったが、事務所とされる物件に係る賃貸借契約における使用目的が「住居」とされていたものの、貸主との間で「会社の事務所」として使用することを認めるとする特約を交わしており、事業所が確保されていると認められたもの。

事例2　Bは、本邦において水産物の輸出入及び加工販売業を営むとして在留資格認定証明書交付申請を行ったところ、本店が役員自宅である一方、支社として商工会所有の物件を賃借していたことから、事業所が確保されていると認められたもの。

事例3　Cは、本邦において株式会社を設立し、販売事業を営むとして在留資格認定証明書交付申請を行ったが、会社事務所と住居部分の入り口は別となっており、事務所入り口には、会社名を表す標識が設置されていた。また、事務所にはパソコン、電話、事務机、コピー機等の事務機器が設置されるなど事業が営まれていることが確認され、事業所が確保されていると認められたもの。

事例4　Dは、本邦において有限会社を設立し、当該法人の事業経営に従事するとして在留期間更新許可申請を行ったが、事業所がDの居宅と思われたことから調査したところ、郵便受け、玄関には事業所の所在を明らかにする標識等はなく、室内においても、事業運営に必要な設備・備品等は設置されておらず、従業員の給与簿・出勤簿も存在せず、室内には日常生活品が有るのみで事業所が確保されているとは認められなかったもの。

事例5　Eは、本邦において有限会社を設立し、総販売代理店を営むとして在留資格認定証明書交付申請を行ったが、提出された資料から事業所が住居であると思われ、調査したところ、2階建てアパートで郵便受け、玄関には社名を表す標識等はなかったもの。また、居宅内も事務機器等

は設置されておらず、家具等の一般日常生活を営む備品のみであったことから、事業所が確保されているとは認められなかったもの。

> 事例6　Fは、本邦において有限会社を設立し、設計会社を営むとして在留資格変更許可申請を行ったが、提出された資料から事業所が法人名義でも経営者の名義でもなく従業員名義であり同従業員の住居として使用されていたこと、当該施設の光熱費の支払いも同従業員名義であったこと及び当該物件を住居目的以外での使用することの貸主の同意が確認できなかったことから、事業所が確保されているとは認められなかったもの。

法務省HP「外国人経営者の在留資格基準の明確化について」より抜粋

(3) 会社の内容の確認

　株式会社をつくる場合には、定款（会社の目的、内部組織、活動に関する根本規則またはこれを記載した書面もしくは電磁的記録に記録したもの。後記(4)参照）を作成し、公証役場（巻末の資料4参照）においてその定款を認証をし、その後、定款を含めた関係書類と共に法務局（巻末の資料5参照）に対して登記申請をすることを要する。

　したがって、まずは、設立する会社の内容を事前に確認する必要がある。

　筆者は、本人に、設立する会社の内容を英語版のチェックリスト（【書式4】参照）に記入してもらい、その内容に基づいて、設立の打合せを行うことにしている。なお、日本語が堪能でない外国人が多いため、英語での表記をしているが、基本的にはチェックリストには依頼者本人に記入してもらう、もしくは電子メールで内容を送ってもらうように徹底している。慣れない日本語で、その場で話しながらこちらで記入してしまうと、設立後に考えていた内容と違う等といった問題に発展してしまうこともあるため、基本的には電子メールやファクシミリ等の文章が残る形で、依頼者本人に記入をしてもらうようお願いしている。特に、現在は電子メールでの翻訳ツール等もあるので、本人に、容易に日本語訳を確認してもらうことが可能であるので、そのようなツールを利用するのもよいだろう。

Ⅰ 外国人の日本における会社設立

【書式4】 株式会社設立チェックリスト(英語版)

【株式会社設立チェックリスト】 Information sheet	
☆は必須項目になります	
	○○司法書士事務所
■商号 ☆The Name of the company ○○○○○○	
■本店所在場所 ☆The address of the Head Office ○○市○○区○○町○丁目○番○号○○ビル○階	
■目的(事業内容) ☆The purposes of the company(Objectives)	
・○○○○○○○○	
・○○○○○○○○	
・○○○○○○○○	
・	
・	
・	
・	
■役員 ☆Directors name	
取締役(任期 年) ☆Term of Directors	
氏名	氏名
氏名	氏名
氏名	氏名
■監査役(任期 年) Auditors name(Term of Auditors)	
(または会計参与)	
氏名	氏名
■代表取締役 ☆Representative Director's name, address and nationanlity	
住所 ○○○○○○	
氏名	国籍 ベトナム
■設立時に発行する株式総数 ☆	■設立時に発行する株式の価格 ☆
The total number of shares upon the incorporation	The par value of each share
○○○ 株(shares)	1株あたり ○○円
■株券を発行する・発行しない ☆	■発行可能株式総数(授権枠) ○○○ 株☆
The share certificates will be: issued or not issued	Total Number of Share Issued
■資本金 金 ○○○円	■株式譲渡制限の定め ☆
The capital to establish a stock company	あり(非公開会社)・なし(公開会社)
■公告方法 ☆ ○○○○○○	■決算期 ☆ ○○ 月
Way of public Notification	The Fiscal Year of the company

6 在留資格変更のための会社設立手続

■取締役および監査役の定員　Number of Directors and Auditors				
取締役	名以上	以内　☆			
監査役	名以上	以内			
■取締役会を　Board of Directors				
設置する・設置しない				
■代表取締役の選定方法　☆select method of Representative Director's				
定款に定める・取締役の互選で定める・株主総会で定める・取締役会で定める				
■監査役の権限　Is the statutory auditor's authority limited to accounting or not				
会計監査のみ・会計監査と業務監査あり				
■発起人（発起設立の場合　発起人と株主は同じ構成員となります）　☆				
The Promoter's Name and Address numbers of subscribed shares				
氏名	住所	株数	金額	役職
○○○○○○	○○市○○区○○町○町目○番○号	○○○株	○○○円	○○○○
氏名	住所	株数	金額	役職
◇設立までに確認させて頂きたい書類 Necessary Documents to Confirm before establishing your Company				
①　発起人につき市区村長発行の印鑑証明書（作成後3ヶ月以内）各1通 （法人の場合には法務局の登記簿謄本, 印鑑証明書), 取締役につきさらにもう1通必要になります。 Certificate of Seal Impression from each founders. Certificate of Seal Impression and Certificate Copy of Register (Issued within 3 months from the day of incorporation establishment) 2 each from Director for below				
②　会社　ご実印　Registered Company Seal				
③　会社　定款文案（チェックリスト）　Draft of Articles of Incorporation (See attached Incorporation Establishment Check List) (Information sheet)				
④　会社　出資金の払込みに関する書面（通帳のコピー　表側　内側　入金部分の3部） Documents for Capital Deposit Copy of Front, inside and amount deposited page from the Bank Account Passbook (Tsucho)				
■お問合せ先　○○司法書士事務所　○○市○○区○○町○－○－○				
司法書士　○○　○○（○○○○　　○○○○）　移動 Office 000-0000-0000　fax：000-000-0000				

(4)　定款の作成と記載事項、添付書類

　前記(3)のとおり、チェックリストを活用した確認を行った後、その内容に基づいて、定款（取締役が1人のみの非公開会社の定款について、【書式5】参

63

Ⅰ 外国人の日本における会社設立

照）を作成することとなる。司法書士が定款の作成を受託し、公証役場において定款認証の嘱託を行う際には、委任状（電子定款の委任状について、【書式6】参照）を添付する。

【書式5】 定款（取締役が1人のみの非公開会社）

〇〇〇〇株式会社定款

平成〇〇年〇〇月〇〇日　作　成

定　　　款

第1章　総　　則

（商　号）
第1条　当会社は，〇〇〇〇株式会社と称する。

（目　的）
第2条　当会社は，次の事業を営むことを目的とする。
　1．〇〇〇輸入販売，〇〇〇輸出手配
　2．飲食店経営
　3．〇〇〇輸出手配
　4．〇〇〇〇〇〇
　5．〇〇〇〇経営
　6．不動産の販売，賃貸，管理，仲介，代理並びにコンサルティング業
　7．前各号に附帯関連する一切の事業

（本店の所在地）
第3条　当会社は，本店を〇〇市に置く。

（機関構成）
第4条　当会社は，取締役会，監査役その他会社法第326条第2項に定める機関を設置しない。

（公告方法）
第5条　当会社の公告は，○○に掲載してする。

第2章　株　　式

（発行可能株式総数）
第6条　当会社の発行可能株式総数は，○○○株とする。

（株券の不発行）
第7条　当会社の株式については，株券を発行しない。

（株式の譲渡制限）
第8条　当会社の株式を譲渡により取得するには，株主総会の承認を要する。

（相続人等に対する株式の売渡し請求）
第9条　当会社は，相続その他の一般承継により当会社の株式を取得した者に対し，当該株式を当会社に売り渡すことを請求することができる。

（株主名簿記載事項の記載の請求）
第10条　株式取得者が株主名簿記載事項を株主名簿に記載することを請求するには，当会社所定の書式による請求書に，その取得した株式の株主として株主名簿に記載された者又はその相続人その他の一般承継人及び株式取得者が署名又は記名押印し，共同して請求しなければならない。ただし，法令に別段の定めがある場合には，株式取得者が単独で請求することができる。

（質権の登録）
第11条　当会社の株式につき質権の登録を請求するには，当会社所定の書式による請求書に当事者が署名又は記名押印して提出しなければならない。その登録の抹消についても同様とする。

（基準日）
第12条　当会社は，毎事業年度末日の最終の株主名簿に記載された議決権を有する株主をもって，その事業年度に関する定時株主総会において権利を行使することができる株主とする。
②前項のほか，株主又は登録株式質権者として権利を行使することができる者を確定するため必要があるときは，取締役は，臨時に基準日を定めることができる。ただし，この場合には，その日を2週間前までに公告するものとする。

（株主の住所等の届出等）
第13条　当会社の株主，登録株式質権者又はその法定代理人もしくは代表者は，当会社所定の書式により，その氏名又は名称及び住所並びに印鑑を当会社に届け出なければならない。届出事項等に変更を生じたときも，同様とする。
②当会社に提出する書類には，前項により届け出た印鑑を用いなければならない。

第3章　株主総会

（招　集）
第14条　当会社の定時株主総会は，毎事業年度末日の翌日から3か月以内に招集し，臨時株主総会は，必要に応じて招集する。
②株主総会は，法令に別段の定めがある場合を除くほか，社長がこれを招集する。
③株主総会を招集するには，会日より3日前までに，議決権を有する各株主に対して招集通知を発するものとする。ただし，招集通知は，書面ですることを要しない。

（招集手続の省略）
第15条　株主総会は，その総会において議決権を行使することができる株主全員の同意があるときは，招集手続を経ずに開催することができる。

（議長及び決議の方法）
第16条　株主総会の議長は，社長がこれに当たる。
②株主総会の決議は，法令又は本定款に別段の定めがある場合を除き，出席し

た議決権を行使することができる株主の議決権の過半数をもって行う。
③会社法第309条第2項に定める株主総会の決議は，議決権を行使することができる株主の議決権の過半数を有する株主が出席し，出席した当該株主の議決権の3分の2以上に当たる多数をもって行う。

（株主総会の決議の省略）
第17条　株主総会の決議の目的たる事項について，取締役又は株主から提案があった場合において，その事項につき議決権を行使することができるすべての株主が，書面によってその提案に同意したときは，その提案を可決する旨の株主総会の決議があったものとみなす。

（議決権の代理行使）
第18条　株主又はその法定代理人は，当会社の議決権を有する株主又は親族を代理人として，議決権を行使することができる。ただし，この場合には，株主総会ごとに代理権を証する書面を提出しなければならない。

（株主総会議事録）
第19条　株主総会の議事については，法令に定める事項を記載した議事録を作成し，10年間当会社の本店に備え置くものとする。

第4章　取　締　役

（取締役の員数）
第20条　当会社の取締役は，○○名以上○○名以内とする。

（資　格）
第21条　当会社の取締役は，当会社の株主の中から選任する。
②前項の規定にかかわらず，議決権を行使することができる株主の議決権の過半数をもって，株主以外の者から選任することを妨げない。

（取締役の選任の方法）
第22条　当会社の取締役の選任は，株主総会において議決権を行使することができる株主の議決権の3分の1以上を有する株主が出席し，出席した当該株主の議決権の過半数をもって行う。

（取締役の任期）
第23条　取締役の任期は，選任後10年以内に終了する事業年度のうち最終のものに関する定時株主総会の終結の時までとする。

（社長及び代表取締役）
第24条　取締役は社長とし，当会社を代表する取締役として，会社の業務を統轄する。

（報酬等）
第25条　取締役の報酬，賞与その他の職務執行の対価として当会社から受ける財産上の利益は，株主総会の決議によって定める。

第5章　計　　算

（事業年度）
第26条　当会社の事業年度は，毎年〇〇月〇〇日から翌年〇〇月〇〇日までとする。

（剰余金の配当及び除斥期間）
第27条　剰余金の配当は，毎事業年度末日現在における株主名簿に記載された株主又は登録株式質権者に対して行う。
②剰余金の配当は，支払開始の日から満3年を経過しても受領されないときは，当会社はその支払義務を免れるものとする。

第6章　附　　則

（設立に際して出資される財産の価額及び資本金の額）
第28条　当会社の設立に際して出資される財産の価額は金500万円とし，その全額を資本金とする。

（最初の事業年度）
第29条　当会社の最初の事業年度は，当会社成立の日から平成〇〇年〇〇月〇〇日までとする。

（設立時の役員）
第30条　当会社の設立時取締役は，次のとおりとする。
　　　　　設立時取締役　　○○○○○○

（発起人）
第31条　当会社の発起人の氏名又は名称，住所及び発起人が設立に際して割当てを受ける設立時発行株式の数及びその払込金額は，次のとおりである。
　　　　　○○市○○区○○町○丁目○番○号
　　　　　○○○○○○
　　　　　普通株式　　○○○株　　金500万円

（定款に定めのない事項）
第32条　本定款に定めのない事項については，すべて会社法その他の法令の定めるところによる。

　以上，○○○○株式会社を設立のため，発起人○○○○○○の定款作成代理人である司法書士○○○○は，電磁的記録である本定款を作成し，電子署名する。

　　　平成○○年○○月○○日

　　　　　発　起　人　　　○○市○○区○○町○丁目○番○号
　　　　　　　　　　　　　○○○○○○

　　　　　上記発起人の定款作成代理人
　　　　　　　○○市○○区○○町○丁目○番○号
　　　　　　　○○司法書士事務所
　　　　　　　司法書士　　○　　○　　○　　○

Ⅰ 外国人の日本における会社設立

【書式6】 委任状（電子定款の作成）

㊞ 委 任 状

　住所　〇〇市〇〇区〇〇町〇丁目〇番〇号
　　　　〇〇司法書士事務所
　氏名　〇　〇　〇　〇

　上記の者を代理人と定め，次の権限を委任します。

1．〇〇〇〇株式会社の設立に際し，電磁的記録であるその原始定款の作成，認証の請求，電子定款受領に関する一切の件

1．原始定款の内容は別紙のとおり

1．電磁的記録の保存，同一情報の提供（謄本）の交付請求及び受領に関する一切の件

1．印鑑証明書原本還付に関する一切の件

　平成〇〇年〇〇月〇〇日

　〇〇〇〇株式会社

　　発　起　人　　〇〇市〇〇区〇〇町〇丁目〇番〇号
　　　　　　　　　〇〇〇〇〇〇　㊞

　なお、定款の絶対的記載事項は、①目的、②商号、③本店の所在地（前記(2)参照）、④設立に際して出資される財産の価格またはその最低額、⑤発起人の氏名または名称および住所、⑥発行可能株式総数（絶対的記載事項に準ずるもの）である（会社法27条・37条）。

以下では、定款の記載事項のうち、本事例のような外国人の日本における会社設立の場合において、特に注意すべき点に触れておく（なお、このような場合には、ほとんどが発起設立であるため、ここでは発起設立を前提とする）。

　㋐　代表取締役

　会社を設立する場合には、代表取締役を定めることになるが、外国人が日本で起業する場合には、代表取締役のうち少なくとも1名以上は日本に住所を有することが登記先例において要求されていた（昭59・9・26法務省民四第4974号民事局第四課長回答）。

　しかし、平成27年3月16日に、法務省はこの取扱いを廃止し、代表取締役の全員が日本に住所を有しない内国株式会社の設立の登記およびその代表取締役の重任もしくは就任の登記について、申請受理する取扱いに変更した。したがって、外国人が日本で起業をする際、その外国人が日本に住所がなくても、会社を設立することが可能となった。会社設立登記後、会社登記簿には、代表者の住所として、外国の住所が記載される（印鑑証明書にはその国名が記載されていないことが多いため、代表取締役の住所登記の際に、国名の記載をすることに注意が必要である）。

　なお、共同代表については判断基準がある（法務省入国管理局「在留資格『経営・管理』の基準の明確化（2名以上の外国人が共同で事業を経営する場合の取扱い）」（平成24年3月公表、平成27年3月改訂））[11]。

> 1　基本的な考え方
> 　「経営・管理」の在留資格に該当する活動は、先に述べたとおり、事業の経営又は管理に実質的に参画する者としての活動ですので、役員に就任しているということだけでは、当該在留資格に該当するものとはいえません。
> 　また、複数の外国人が事業の経営又は管理に従事するという場合、それぞれ

---

[11] 法務省HP「在留資格「経営・管理」の基準の明確化（2名以上の外国人が共同で事業を経営する場合の取扱い）」〈http://www.moj.go.jp/nyuukokukanri/kouhou/nyuukokukanri07_00052.html〉（平成29年2月末閲覧）。

I　外国人の日本における会社設立

の外国人の活動が「経営・管理」の在留資格に該当するといえるためには、当該事業の規模、業務量、売上等の状況を勘案し、事業の経営又は管理を複数の外国人が行う合理的な理由があるものと認められる必要があります。

　実際には、従事することとなる具体的な業務の内容、役員として支払われることとされる報酬額等を勘案し、これらの外国人の行う活動が事業の経営又は管理に当たるものであるか否かを判断することとなります。

　上記の考え方を更に具体化すると、(1)事業の規模や業務量等の状況を勘案して、それぞれの外国人が事業の経営又は管理を行うことについて合理的な理由が認められること、(2)事業の経営又は管理に係る業務について、それぞれの外国人ごとに従事することとなる業務の内容が明確になっていること、(3)それぞれの外国人が経営又は管理に係る業務の対価として相当の報酬額の支払いを受けることとなっていること等の条件が満たされている場合には、それぞれの外国人全員について、「経営・管理」の在留資格に該当するとの判断が可能といえます。

2　該当する事例

　具体的な事例としては、次のようなものが考えられます。

事例1　外国人A及びBがそれぞれ500万円出資して、本邦において輸入雑貨業を営む資本金1000万円のX社を設立したところ、Aは、通関手続をはじめ輸出入業務等海外取引の専門家であり、Bは、輸入した物品の品質・在庫管理及び経理の専門家である。Aは、海外取引業務の面から、Bは、輸入品の管理及び経理面から、それぞれにX社の業務状況を判断し、経営方針については、共同経営者として合議で決定することとしている。A及びBの報酬は、事業収益からそれぞれの出資額に応じた割合で支払われることとなっている。

事例2　外国人C及びDがそれぞれ600万円及び800万円を出資して、本邦において運送サービス業を営む資本金1400万円のY社を共同で設立したところ、運送サービスを実施する担当地域を設定した上で、C及びDがそれぞれの地域を担当し、それぞれが自らの担当する地域について、事業の運営を行っている。Y社全体としての経営方針は、C及びDが合議で決定することとし、C及びDの報酬は、事業収益からそれぞれの出資額に応じた割合で支払われることとなっている。

法務省HP「在留資格『経営・管理』の基準の明確化」より抜粋

6　在留資格変更のための会社設立手続

㈭　代表取締役および取締役の氏名

　会社登記簿に登記する代表取締役および取締役の氏名については、アルファベットでの登記ができないので注意が必要である（中国、韓国、台湾等の氏名・漢字については登記可能な文字であれば可）。したがって、印鑑登録証明書や住民票等にカタカナ表記がないケースでは、役所でカタカナ表記を備考欄に掲載する変更手続を行ってもらい、当該印鑑登録証明書を登記申請の添付書類に使用することを勧める（【書式7】【書式8】参照）。

　特に、外国人の名前には、「ヴ」や「ブ」等の発音での表記が違うことが多いため、依頼者本人に印鑑登録証明書、住民票等の公的書面での記載変更をしてもらうことで、間違いなく安心して登記することが可能である。また、氏名についてはスペースの登記ができない。したがって、姓と名前の間には、「・」（中点）もしくは「、」（読点）を使って登記をすることになる。

【書式7】　備考欄にカタカナ表記が掲載された印鑑登録証明書

```
                    印鑑登録証明書

  ┌─────────┐ ┌────┬──────────────┐
  │   印　影   │ │ 氏名 │ ○○○○○○○     │
  │            │ ├────┼──────────────┤
  │   (印影)   │ │ 通称 │              │
  │            │ ├────┼──────────────┤
  │            │ │生年月日│ 平成○○年○○月○○日 │
  │            │ ├────┼──────────────┤
  │            │ │ 住所 │ ○○県○○区○○町○丁目○番○号 │
  └─────────┘ ├────┼──────────────┤
               │ 備考 │ 氏名のカタカナ表記　○○○○○○○ │
               └────┴──────────────┘
                              区役所（○○）発行
  この写しは、登録された印影と相違ないことを証明します。
  平成○○年○○月○○日
              ○○区長         ○○　○○
```

Ⅰ　外国人の日本における会社設立

【書式8】　備考欄にカタカナ表記が掲載された住民票

	住　民　票					

	氏　名	○○○○○○		住民票コード 省略		
	通　称			続　柄 世帯主	外国人住民となった年月日 平成○○年○○月○○日	
生年月日	平成○○年○○月○○日					
住　所	○○市○○区○○町 ○丁目○番○号		国籍・地域	ベトナム		
世帯主	○○○○○○		在留カード 等の番号			
法第30条の45に規定する区分	中長期在留者	在留資格	留学	在留期間等	1年	在留期間の満了の日	○○○○年○○月○○日
平成○○年 平成○○年	○○県○○区○○町○丁目○番○号 ○○県○○区○○町○丁目○番○号					
備考	通称の記載及び削除に関する事項なし 氏名のカタカナ表記　　○○○○○○○					

01/01

この写しは、世帯全員の住民票の原本と相違ないことを証明する。
平成○○年○○月○○日
　　　　　　　○○区長　　　　　　　　○○　○○

(ウ)　**会社の商号**

　一方、会社の商号はアルファベットでの登記が可能である。その点、前記(イ)の代表取締役および取締役の氏名の登記と混乱してしまうので、要注意である。また、氏名については、スペースの登記はできないが、会社商号ではローマ字を用いて複数の単語を表記する場合に限り、当該単語の間を区切るために空白のスペースを用いることが可能である。

　会社の商号の登記に用いることができる符号は、①ローマ字（大文字および小文字）、②アラビヤ数字、③「&」（アンパサンド）、「'」（アポストロフィー）、「,」（コンマ）、「—」（ハイフン）、「.」（ピリオド）、「・」（中点）である（商業登記規則50条1項）。上記③の符号は、字句（日本文字を含む）を区切る際の符号として使用する場合に限り用いることができる（商号の先頭または

末尾に用いることはできない。ただし、「．」(ピリオド)については、その直前にローマ字を用いた場合に省略を表すものとして商号の末尾に用いることもできる)。

　(エ)　目　的

　平成18年5月1日の会社法の施行に伴い、類似商号規制は撤廃され、目的については、①営利性、②適法性、③明確性があれば、具体性まで問わないものと変更になった。しかし、会社法では、不正の目的をもって他の会社と誤認されるような商号を使用することは禁止されている(会社法8条1項・2項)。このため、不正の目的の有無や誤認混同の有無を判断するに際しては、依然として目的の記載が問題となる。したがって、目的については、慎重な判断が必要だと考えられている。

　さて、会社設立する場合には、どのような事業を目的とする会社であるかを明らかにするため、その会社が営もうとする事業は、目的として登記をしておかなければならない。また、通常の会社設立をする場合と同様に、今後行う予定の事業もあらかじめ目的として登記しておくことを勧めている。しかし、あまりに多すぎる目的を登記することは「経営・管理」の在留資格取得・変更手続の際に(事業計画書を含めて)不明確な印象を与えることになるため注意が必要である。どのような会社で、具体的に何をする会社なのかという会社経営について明確な印象を与える必要があるため、そういった観点からも、目的の決定については慎重な判断を要する。本店所在地と同様に、登記申請前に他士業と打合せをするなど、事前の連携が必要である。

　また、目的を決定する際、専門分野の会社設立(医療や科学等の分野)においては、注意が必要である。特に依頼者が、日本語が堪能でないケースでは、その点について詳細な打合せを要する。筆者が実際に受託した医療分野の会社設立のケースでは、依頼者に、①実際にしたい業務を英語で事前に表記してもらい、その後、②専門の医療通訳を介して日本語に翻訳してもらい、③さらに登記上問題がないかの確認を行った。いずれもすでに触れているが(前記3参照)、特に専門分野の会社設立では、その専門通訳(今回は医療通訳)が必要になる。専門外の通訳では全く違ったニュアンスになってしまう

Ⅰ　外国人の日本における会社設立

こともあるため、その点について特に注意が必要である。

　　㈺　**発起人、設立時代表取締役もしくは設立時取締役の印鑑証明書**

　会社を設立する場合には、①発起人（定款認証において発起人につき3カ月以内の印鑑証明書を要する。公証人法62条の3第4項・60条・28条・31条・32条）、②設立時代表取締役もしくは設立時取締役（就任承諾をしたことを証する書面の印鑑につき印鑑証明書を要する。商業登記規則61条2項・3項）については印鑑証明書が必要となる。

　そして、発起人、設立時代表取締役もしくは設立時取締役が外国人の場合、台湾などの印鑑登録制度がある国の場合には、その本国が発行した印鑑証明書を利用することが可能である（本事例とは異なるが、参考として、台湾の例について、【書式9】【書式10】の一式を添付する。【書式9】は法務局から本国等の認証を要求された場合であり、そうでないときは、【書式9】のうち印鑑証明のみ添付することでよい）。

【書式9】　印鑑証明書（台湾の本国認証付き）

```
                    中華民國文件證明専用
                 REPUBLIC OF CHINA（TAIWAN）
                   DOCUMENT LEGALIZATION

          中華民國文件證明書   DOCUMENT AUTHENTICATION
 1．國家／地區：          中華民國（臺灣）
    Country：           Republic of China（Taiwan）
                              此公文書
                         This public document
 2．簽署人               ○○○○○○○
    has been signed by  ○○○○○○○
 3．簽署人職務           法院公證人
    acting in the capacity of  Notary public
 4．用印人／單位         士林地方法院
    bears the seal/stamp of  Shihlin District Court
                              Certified
 5．地點                 台北
    at                   Taipei
 6．日期
    the
```

6 在留資格変更のための会社設立手続

7．由
　　by
8．案號
　　Number
9．章戳
　　Seal/stamp：

外交部
Ministry of Foreign Affairs
○○○○○○○

10．簽署
　　Signature：

Officer, Bureau of Consular Affairs
For The Minister of Foreign Affairs

11．附註：
　　remarks：

本文件證明僅證明所附文書內之簽章屬實，至文書所載內容不在證明之列。
This document authentication only certifies the authenticity of the signature, seal or stamp and the capacity of the person who has signed the attached document. It does not validate the contents of the document for which it was issued.
本文件證明書核驗紀錄可於下列網站查證：
To verify the issuance of this authentication, please peruse the following website:
https://docauth.boca.gov.tw/BOCAWeb/index4.jsp

戶籍證字號：○○○○○○　　　　　　　　　　　　　　番號：○○○○○○

印鑑證明

下列印鑑經查核無誤，○○○○
當事人
國民身分證統一編號：○○○○　　　　生年月日：○○年○○月○○日
姓名：○○○○
戶籍地址：○○○○○○○○○

申請種類：印鑑登記　　　　　　申請目的：不限定用途
印鑑登記日期：民國101年11月27日　申請日期：民國105年6月21日

印　鑑：（印）

上　給：○○○○

主　任：□

77

I　外国人の日本における会社設立

核發機關：○○○○事務所
核發日期／時間：中華民國105年6月21日　12時57分30秒
註：依戶政事務所辦理印鑑登記作業規定第9條第3款規定，遷出戶籍地址，原登記之印鑑當然廢止。但戶籍遷出國外，不在此限。

【書式10】 印鑑証明書（訳文）

戸籍證字号：○○○○○○　　　　　　　　　　　　　　　番号：○○○○○○

印鑑証明

下記印鑑は，登録された印影と相違ないことを証明します。

本人
国民ID番号：○○○○○○　　　　　生年月日：○○○○年○○月○○日
氏名：○○○○○○
戸籍住所：○○○○○○

申請種類：○○○○○○　　　　　　　申請目的：○○○○○○
印鑑登録年月日：○○○○年○○月○○日　申請年月日：○○○○年○○月○○日

印鑑：[印]

受領者：○○○○○○

主任：[　]

発行機関：○○○○○○
発行年月日時間：○○○○○○
註：○○○○○○
上記の訳文は全部原本通り正確に翻訳したことを保証する。
訳者：○○○○○○

　一方、印鑑登録制度がない国である場合には、印鑑証明書に代えて本国官憲の作成したサイン証明書（署名証明書。本事例とは異なるが、参考として中国の例について、【書式11】参照。訳文は省略）で対応することが可能である。[12]
サイン証明書は、署名が本人のものであることを証明するもので、委任状などに添付した形で発行される。また、サイン証明書では、本人の住所、氏名、

生年月日を記載した証明書を発行をする点にも注意が必要である。なお、国外の印鑑証明書、サイン証明書を添付する場合、登記申請書に、訳文の添付も要する。

【書式11】 サイン証明書（中国）

公 証 書

中華人民共和国福建省福清市公証処

Signature ○○○○○○

委 任 状

住所　○○市○○区○○町○丁目○番○号
　　　○○○○司法書士事務所
氏名　○　○　○　○

　上記の者を代理人と定め，次の権限を委任します。
1．○○○○株式会社の設立に際し，電磁的登録であるその原始定款の作成，認証の請求，電子定款受領に関する一切の件
1．原始定款の内容は別紙のとおり
1．電磁的記録の保存，同一情報の提供（謄本）の交付請求及び受領に関する一切の件

　平成○○年○○月○○日

　○○○○株式会社
　発　起　人　中華人民共和国○○○○○○○

Signature 　　　　○○○○○○

12　法務省HP「商業登記の申請書に添付する外国人の署名証明書について」〈http://www.moj.go.jp/MINJI/minji06_00094.html〉（平成29年2月末閲覧）では、平成28年6月28日以降、「当該外国人が居住する国等に所在する当該外国人の本国官憲が作成したものでも差し支えない」（平成28年7月1日公表）としている。

I 外国人の日本における会社設立

公 証 書

(○○○○) ○○○○号

申請人：○○○○，男，○○○○年○○月○○日出生，公民身份号碼：○○○○，現住○○○○。
公証事項：○○○○
○○○○年○○月○○日来到我処，在本公証員的面前，在前面的外文文書上签名。

中华人民共和国福建省福清市公証処
公証員　○○○○

○○○○年○○月○○日

　なお、「登記の申請書に押印すべき者が外国人であり、その者の印鑑につき市町村長の作成した証明書を添付することができない場合等の取扱いについて（通達）」（平28・6・28法務省民商第100号民事局長通達）は以下のとおりである。

第1　商業登記規則第9条関係

1　登記の申請書に押印すべき者が印鑑を提出する場合には、印鑑を明らかにした書面に商業登記規則（昭和39年法務省令第23号。以下「規則」という。）第9条第1項各号に定める事項のほか、氏名、住所、年月日及び登記所の表示を記載し、押印したもの（以下「印鑑届書」という。）をもって行い（同項）、当該印鑑届書に押印した印鑑につき市町村長（特別区の区長を含むものとし、地方自治法（昭和22年法律第67号）第252条の29第1項の指定都市にあっては、市長又は区長若しくは総合区長とする。以下同じ。）の作成した証明書で作成後3月以内のものを添付しなければならないとされている（規則第9条第5項第1号）。

2　外国人（日本の国籍を有しない者をいう。以下同じ。）が申請書に押印して登記の申請をする場合における印鑑の提出についても、1の手続による。この場合において、印鑑届書の署名が本人のものであることの当該外国人の

本国官憲（当該国の領事及び日本における権限がある官憲を含む。以下同じ。）の作成した証明書の添付をもって、市町村長の作成した印鑑証明書の添付に代えることができる。なお、あらかじめ登記所に印鑑を提出していない外国人が登記の申請をする場合（会社の支店の所在地において登記の申請をする場合を除く。）には、当該登記の申請書又は委任状の署名が本人のものであることの本国官憲の証明が必要である。

第2　規則第61条関係

1　株式会社の設立（合併及び組織変更による設立を除く。）の登記の申請書には、設立時取締役又は取締役会設置会社における設立時代表取締役若しくは設立時代表執行役（以下「設立時取締役等」という。）が就任を承諾したことを証する書面の印鑑につき市町村長の作成した証明書を添付しなければならず、取締役又は取締役会設置会社における代表取締役若しくは代表執行役（以下「代表取締役等」という。）の就任（再任を除く。）の登記の申請書に添付すべき代表取締役等が就任を承諾したことを証する書面の印鑑についても、同様とされている（規則第61条第2項及び第3項）。外国人が設立時取締役等又は代表取締役等に就任した場合において、当該設立時取締役等又は代表取締役等が就任を承諾したことを証する書面に署名しているときは、当該就任を承諾したことを証する書面の署名が本人のものであることの本国官憲の作成した証明書の添付をもって、市町村長の作成した印鑑証明書の添付に代えることができる。

2　規則第61条第4項本文の規定により、同項各号に掲げる場合の区分に応じ、それぞれ当該各号に定める印鑑につき市町村長の作成した証明書を添付すべき場合において、当該各号に規定する書面に外国人である議長又は取締役若しくは監査役が署名しているときは、当該書面の署名が本人のものであることの本国官憲の作成した証明書の添付をもって、市町村長の作成した印鑑証明書の添付に代えることができる。

3　規則第61条第6項本文の規定により、代表取締役若しくは代表執行役又は取締役若しくは執行役が辞任を証する書面に押印した印鑑につき市町村長の作成した証明書を添付すべき場合において、当該辞任を証する書面に外国人である代表取締役若しくは代表執行役又は取締役若しくは執行役が署名しているときは、当該辞任を証する書面の署名が本人のものであることの本国官憲の作成した証明書の添付をもって、市町村長の作成した印鑑証明書の添付に代えることができる。

I 外国人の日本における会社設立

> **第3 日本の公証人等の作成した証明書**
> 　外国人の署名につき本国官憲の作成した証明書の添付をもって、市町村長の作成した印鑑証明書の添付に代えることができる場合において、当該外国人の本国の法制上の理由等の真にやむを得ない事情から、当該署名が本人のものであることの本国官憲の作成した証明書を取得することができないときは、その旨の登記の申請書に押印すべき者の作成した上申書及び当該署名が本人のものであることの日本の公証人又は当該外国人が現に居住している国の官憲の作成した証明書の添付をもって、市町村長の作成した証明書に代えることができる。

7　出資金の履行（送金手続）

　出資金の履行については、通常の設立と同様に、発起人は設立時発行株式の引受け後、遅滞なく、その出資に係る金銭の全額を払い込み、またはその出資に係る金銭以外の財産の全部を給付しなければならない（会社法34条1項）。したがって、定款認証後に発起人が定めた銀行等の払込みの取扱い場所（払込取扱機関）に出資金の金銭の払込み、送金手続が必要となる（同条2項）。なお、送金先は、発起人名義（発起人が複数の場合は発起人代表）の銀行口座に送金するが、外国銀行であっても日本における外国銀行の支店がある場合には、当該支店を払込取扱機関とすることが可能である（銀行法47条)[13]。

　さて、外国人の日本における会社設立手続では、繰り返しになるが、「経営・管理」の在留資格取得・変更を伴う手続となるケースが多い。そして、経営・管理への在留資格変更では、依然として「金500万円以上の出資または2名以上の常勤職員」という基準が、その審査における判断基準として援用されている（前記4(1)）。そのため、外国人の日本における会社設立手続においては、資本金500万円以上の送金手続が必要となる（【書式12】参照）。

---

[13]　「留学」の在留資格で日本に滞在している者は、日本の金融機関に口座を取得しているケースが多いが、そうでない者（前記6(1)(イ)のように、初めて「経営・管理」の在留資格を取得する者など）は、日本の金融機関に口座がないことも多いため、この外国銀行の日本支店を利用することが可能である。

7　出資金の履行（送金手続）

【書式12】　払込みがあったことを証する書面

払込みがあったことを証する書面

　当会社の設立により発行する株式につき，次のとおり払込金額全額の払込みがあったことを証明します。

　　　払込みがあった金額の総額　　　金500万円
　　　払込みがあった株数　　　　　　○○○株
　　　１株の払込金額　　　　　　　　金○○万円
　平成○○年○○月○○日
　　　　　　　（本　店）　○○県○○区○○町○丁目○番○号
　　　　　　　（商　号）　○○○○株式会社
　　　　　　　（代表者）　設立時代表取締役　○○○○○○　　　［印］

［通帳イメージ］

Bank of ○○○○○○○○

○○○○○○　様
店番 ○○○　　口座番号 ○○○○○○○

総合口座通帳

○○○○銀行

［印］

I 外国人の日本における会社設立

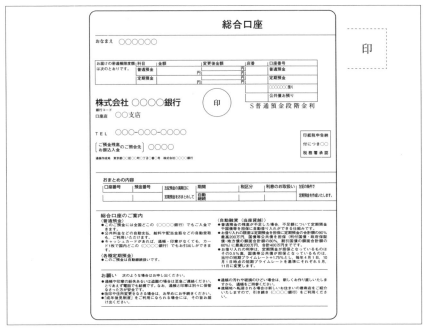

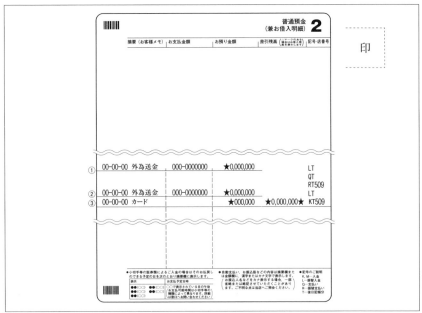

7　出資金の履行（送金手続）

　送金にあたっては、いくつかの問題が発生することがある。本事例では、Aから会社設立手続を受託し、定款を作成し、定款の認証を受けた後、ベトナムに一時帰国中のAに資本金の送金を依頼したが、ベトナムからの日本への資金の送金ができないという問題が発生した。ベトナムでは、多額の資金を送金するには、書面にて利用用途等を証明する必要がある。このため定款認証済みの定款をPDFにて電子メールに添付して証明書類として提出した。しかし、それでも資本金500万円を同じ銀行から一度に送金することができないと言われたため、数回にわたり別々の銀行からの送金を依頼した。1回目の送金は無事に完了したが、数回に分けたとしても、多額の金額を国内から時期を同じくして国外へ送金することが難しく、最終的には、数回にわたり送金をしてもらい、残りの数十万円については、現金を日本に持参してもらい、通帳へ入金してもらう方法で手続を進めることとなった。

　海外送金においては、テロ等の問題も懸念されているため、規制のある国や地域も非常に多い。このため、実際の資本金の送金手続においては、現金を飛行機で直接持ち込む方法が一番早いし、そういったケースも多い。また、海外送金の場合には、振込手数料が通常よりも多くかかるため、振込み手数料を差し引かれた後の実際送金額の残高が500万円にならなくなるケースもあるので、事前にこの点についても、依頼者に説明をしておく必要がある。

　そして、出資金については、「経営・管理」の在留資格の取得の際に、どのようにして出資金を得たのかを説明を要するケースもある。たとえば、「留学」の在留資格で日本に滞在していた場合には、500万円という多額の資金を貯金するのは大変難しいため、両親からの贈与、借金、知人からの支援、アルバイト資金など、いつ、誰から、いくら、どのようにして取得したのかという情報（通帳や振込明細等）の提出が求められる場合もあるので、その点についても事前に明細を取っておくなどの注意が必要である。実際には、在留資格取得の手続は、他士業の業務領域になるので、そのあたりも事前の打合せにおいて、他士業と連携して確認しておく必要がある。

Ⅰ　外国人の日本における会社設立

8　登記費用

　登記費用については、通常の会社設立の場合と同様に登記の受託前に説明をするが、特に注意してもらいたいのが、税金や印紙代等の実費の説明である。海外の地域によっては、費用を値切る習慣がある国もあり、実際にかかる費用・実費（税金や印紙代）については区分けして、しっかり説明しておく必要がある。

　また、会社設立登記手続については、完了書類がなくても困ることもないため、登記申請前に税金を含めてもらうことも心がけておくことが大切である。外国人の日本における会社設立の場合には、文化や習慣の違いがあるため、そのようなことにも配慮しながら、実務を進めることが重要である。

9　会社の印鑑（実印）

　会社を設立する場合、会社の印鑑（実印）を、本店を管轄する法務局に提出する必要がある。登記の申請書に押印すべき者は、あらかじめ、その印鑑を法務局に提出しなければならない（商業登記法20条1項）。したがって、外国人の日本における会社設立においても同様であり、あらかじめ会社の実印をつくってもらうのだが、印鑑登録制度がない国の依頼者の場合には、印鑑に馴染みがないため、印鑑の大きさ（商業登記規則9条3項）、文字などを具体的に伝える必要がある。筆者は、印鑑の見本（捺印したもの）を事前に渡し、その見本を参考につくってもらうようにしている。

　また、法務局に会社の印鑑を提出する際には、会社代表者につき個人の印鑑証登録証明書[14]（3カ月以内）の添付を要するところ（商業登記規則9条1項4号）、代表者が外国人である場合には、設立登記申請書の添付書類と同様に（前記6(4)(オ)参照）、印鑑登録証明書に代えて、サイン証明書（署名証明書）

14　「商業登記規則9条5項の規定により同条1項の書面（印鑑届書）に添付された印鑑証明書については、同規則49条の規定を類推適用し、原本の還付をして差し支えない」（平11・2・24法務省民四第379号民事第四課長通知）。

9　会社の印鑑（実印）

【書式13】　印鑑（改印）届書

印鑑（改印）届書

※太枠の中に書いてください。

(注1)(届出印は鮮明に押印してください。) （印）	商 号・名 称	○○○○株式会社
	本店・主たる事務所	○○市○○区○○町○丁目○番○号
	印鑑提出者　資　格	代表取締役
	氏　名	○○○○○○
	生 年 月 日	昭和○○年○○月○○日
	会社法人等番号	○○○○○○○○○○○○

(注2)
☑印鑑カードは引き継がない。
□印鑑カードを引き継ぐ。

印鑑カード番号 ＿＿＿＿＿＿＿＿＿＿＿＿＿＿＿＿＿
前　任　者　＿＿＿＿＿＿＿＿＿＿＿＿＿＿＿＿＿

届出人(注3)　　□印鑑提出者本人　　☑代理人

(注3)の印
（印）

住　所	○○市○○区○○町○丁目○番○号　○○○○司法書士事務所
フリガナ	
氏　名	○　○　○　○

委　任　状

私は、(住所)○○市○○区○○町○丁目○番○号　○○○○司法書士事務所

　　　　　　(氏名)○○○○

を代理人と定め，印鑑(改印)の届出の権限を委任します。

　　　　○○○○年○○月○○日

　　住　所　○○市○○区○○町○丁目○番○号

　　氏　名　○○○○○○　　　　　　　　　　(印) [市区町村に登録した印鑑]

☑市区町村長作成の印鑑証明書は，登記申請書に添付するものを援用する。（注4）

(注1)印鑑の大きさは，辺の長さが1cmを超え，3cm以内の正方形の中に収まるものでなければなりません。
(注2)印鑑カードを前任者から引き継ぐことができます。該当する□に✓印をつけ，カードを引き継いだ場合には，その印鑑カード番号・前任者の氏名を記載してください。
(注3)本人が届け出るときは，本人の住所・氏名を記載し，市区町村に登録済みの印鑑を押印してください。代理人が届け出るときは，代理人の住所，氏名を記載，押印（認印で可）し，委任状に所要事項を記載し，本人が市区町村に登録済みの印鑑を押印してください。
(注4)この届出書には作成後3ヶ月以内の本人の印鑑証明書を添付してください。登録申請書に添付した印鑑証明書を援用する場合は，□に✓印をつけてください。

印鑑処理年月日				
印鑑処理番号	受付	調査	入力	校合

Ⅰ　外国人の日本における会社設立

【書式14】　印鑑カード交付申請書

印鑑カード交付申請書　　照合印

○○法務局　　支局・出張所○○○○年○○月○○日申請

(注1) 登記所に提出した印鑑の押印欄	商号(名　称)	○○○○株式会社
（印）	本店(事務所)	○○市○○区○○町○丁目○番○号
（印鑑は鮮明に押印してください）	印鑑提出者　資格・氏名	代表取締役　○○○○○○
	生年月日	昭和○○年○○月○○日
	会社法人等番号	○○○○○○○○○○○○

上記の印鑑の印鑑カードの交付を申請します。

申請人(注2)

本人／代理人	ふりがな／氏名		連絡先	①勤務先　2・自宅
	住　所	○○市○○区○○町○丁目○番○号　○○○○司法書士事務所		電話番号 000-000-0000
	ふりがな／氏名	○○○○		

委　任　状

　　私は，(住所)○○市○○区○○町○丁目○番○号　○○○○司法書士事務所

　　　　(氏名)○　○　○　○　　　　　　　　　　　　　　　　　　　を代理

人と定め，印鑑カードの交付申請及び受領の権限を委任します。

　　　　○○○○年○○月○○日

　　商　号（名　称）　　○○○○株式会社

　　本　店（事務所）　　○○市○○区○○町○丁目○番○号

　　資　格・氏　名　　　代表取締役　　○○○○○○　　　　　（印）［登記所に提出した印鑑］

(注1)押印欄には，登記所に提出した印鑑を押印してください。
(注2)代理人が申請するときは，「申請人」の欄に代理人の住所及び氏名を記載してください。その場合，委任状や所要事項を記載し，登記所に提出した印鑑を押印してください。
(注3)太線内の各欄に記載してください。

交付年月日	印鑑カード番号	担当者印

を添付を要する点にも注意が必要である（なお、台湾など印鑑登録制度のある国の場合には、設立登記申請書の添付書類と同様に、その本国が発行した印鑑登録証明書を利用することが可能である。また、印鑑登録証明書等は登記申請書に添付するものを援用することが可能である）。

なお、会社の印鑑を法務局に登録するために、その印鑑、氏名、住所、生年月日等の所定事項を記載して提出する印鑑届書（商業登記規則9条。【書式13】参照）、および会社設立とともに作成される印鑑カードの交付申請書（商業登記規則9条の4。【書式14】参照）は、日本人の日本における会社設立の場合と変わるところはない。

10　登記申請

以上のように、外国人の会社設立について、おおまかな手続の流れに沿って、実務上の留意点を説明してきたが、会社設立をするには、本店を管轄する法務局に、商業登記の申請をする必要がある。

本事例における登記申請書（【書式15】参照）、添付資料のうち発起人決定書（【書式16】参照）、委任状（【書式17】参照）を参考のため紹介する（なお、定款は【書式5】を、払込みがあったことを証する書面は【書式12】を、印鑑証明書は【書式9】【書式10】【書式11】を参照されたい）。

【書式15】　登記申請書（株式会社設立）

```
            株式会社設立登記申請書

  1．商　　　号        ○○○○株式会社

  1．本　　　店        ○○市○○区○○町○丁目○番○号

  1．登記の事由        平成○○年○○月○○日発起設立の手続終了
```

I　外国人の日本における会社設立

　１．登記すべき事項　　別紙のとおり

　１．課税標準金額　　　金500万円

　１．登録免許税　　　　金15万円

　１．添付書類
　　　　定　　　款　　　　　　　　　　　　　　１通
　　　　払込みがあったことを証する書面　　　　１通
　　　　発起人決定書　　　　　　　　　　　　　１通
　　　　設立時取締役就任の承諾を証する書面
　　　　　　発起人決定書の記載を援用する
　　　　印鑑証明書　　　　　　　　　　　　　　１通
　　　　委　任　状　　　　　　　　　　　　　　１通

　上記のとおり登記の申請をする。

　　　　平成○○年○○月○○日

　　　　　　　　○○市○○区○○町○丁目○番○号
　　　　　　　　申　請　人　　○○○○株式会社

　　　　　　　　○○市○○区○○町○丁目○番○号
　　　　　　　　代表取締役　　○○　○○

　　　　　　　　○○市○○区○○町○丁目○番○
　　　　　　　　○○司法書士事務所
　　　　　　　　上記代理人　司法書士　○　○　○　○
　　　　　　　　　　電話番号　○○○－○○○－○○○

　　横浜地方法務局　　御中

（別紙）

「商号」○○○○ 株式会社
「本店」横浜市○区○丁目○番○○号
「公告をする方法」○○に掲載してする。
「目的」
1．○○○輸入販売，○○○輸出手配
2．飲食店経営
3．○○○輸出手配
4．○○○○○○
5．○○○○経営
6．不動産の販売，賃貸，管理，仲介，代理並びにコンサルティング業
7．前各号に附帯関連する一切の事業
　「発行可能株式総数」○○○株
　「発行済株式の総数」○○○株
　「資本金の額」金500万円
　「株式の譲渡制限に関する規定」
当会社の株式を譲渡により取得するには，株主総会の承認を要する。
　「役員に関する事項」
　「資格」取締役
　「氏名」○○○○○○（○○○○○○）
　「役員に関する事項」
　「資格」代表取締役
　「住所」○○市○○区○○町○丁目○番○号
　「氏名」○○○○○○（○○○○○○）
　「登記記録に関する事項」設立

Ⅰ　外国人の日本における会社設立

【書式16】　発起人決定書

（印）　　**発起人決定書**

　平成○○年○○月○○日，○○市○○区○○町○丁目○番○号当会社創立事務所において，発起人○○○○○○は，下記の事項を決定した。

記

1．発起人が割当てを受ける設立時発行株式の数及びその払込金額を次のとおりとする。
　　　　○○○○○○　　普通株式　○○○株　金500万円

1．設立に際して出資される財産の全額を資本金とし，その額を金500万円とする。

1．設立時取締役を次のとおりとする。
　　　○○市○○区○○町○丁目○番○号
　　　設立時取締役　　○○○○○○
　　　なお，被選任者はその就任を承諾した。

1．本店の所在場所を次のとおりとする。
　　　本店　○○市○○区○○町○丁目○番○号

1．払込みを取り扱う場所を次のとおりとする。
　　　（取扱場所）　○○○○銀行　○○支店
　　　　　　　　　　普通預金　○○○○○○
　　　（名　　称）　○○○○○○

　以上の決定事項を明確にするため本決定書を作成し発起人が次に記名押印する。

　　　平成○○年○○月○○日

○○○○株式会社

　　発起人　　○○○○○○　㊞

【書式17】　委任状

　　　　　　　　　㊞　　委　任　状

　　住所　○○市○○区○○町○丁目○番○
　　　　　○○司法書士事務所
　　氏名　○　○　○　○

　私は，上記の者を代理人と定め，次の権限を委任します。

1. 当会社の設立登記の申請に関する一切の件
　　ただし，会社法第46条第１項の規定による調査が終了した日は，平成○○年○○月○○日である。

1. 原本還付請求及び受領に関する一切の件

1. 登記申請の取下げ，登録免許税又は手数料の還付又は再使用証明の手続及びその受領に関する一切の件

1. 登記に係る登録免許税の還付金を受領する件

　　　平成○○年○○月○○日

　　　　○○市○○区○○町○丁目○番○号
　　　　○○○○株式会社
　　　　代表取締役　○○○○○○　　　　　　㊞

I 外国人の日本における会社設立

11 最後に

　筆者は、本事例のような外国人の日本における会社設立手続をはじめ、外国人に関する手続を比較的多く受託しているが、手続を通じて実感することは、国によっておのおの習慣や慣習等があるため、特に費用や手続の進め方については、事前に細かい説明をしておかないと、後で揉めるケースも多いということである。

　説明方法としては、文章で（日本語と母国語の両方。母国語は通訳を通じて）伝え、誤解がないように徹底するため、時間をかけて、しっかり説明する必要がある。また、日本語が堪能でない依頼者も多いため、電話では誤解や勘違いを招くケースも多い。したがって、電話で話す内容は、手続についての大きな枠組みだけにし、詳細や具体的な内容については文章や電子メールで送るようにするなど、間違いが起こらないように徹底する必要がある。

　なお、会社設立の登記手続については、説明してきたようにいくつかの注意点はあるが、基本的には通常の設立登記手続とほとんど変わらないため、依頼者への説明を丁寧にすること、そして要望をしっかり理解することが大切である。細かい点に配慮し、心に寄り添うことで、言語や習慣は違えど、異国の地で起業する外国人の依頼者に、必ず満足してもらえるサポートができると確信している。

　そして、海外の方々は日本でのネットワークを大切にしているため、親身になって相談や手続をすることで、他の友人を紹介してもらったり、業務を広げるきっかけになる。実際に、筆者自身も外国人の日本における会社設立の業務を通じ、他の外国の友人を紹介してもらうことが多く、現在では継続して外国人の手続を受託している状況である。また、日本でのビジネスに希望をもちながらも、不安を抱えている外国人をサポートをすることは、法律家としても大変やりがいを感じる業務でもある。ぜひ一人でも多くの司法書士に、この業務にも積極的に取り組んでもらいたいと思う。

　最後になるが、会社設立手続は、登記実務の専門家である司法書士の本来

業務である。しかし、まだこの分野で司法書士が認知されていないのも事実である（平成27年、28年と全青司全国研修会で本事例を発表した際にも、まだまだ取り組んでいる司法書士が少ない分野だと実感した）。今後、他士業との連携を密にしながら、外国人の会社設立登記についても日本人と同じように、登記のスペシャリストとなる司法書士が増えることを強く望んでいる。また、2020年開催の東京オリンピック・パラリンピックに向けて、海外資本が日本に入ってくることも期待されている。本事例をきっかけに、今後全国の司法書士が、外国人の会社設立手続をはじめ、外国人の手続についても、積極的に受託するようになれば幸いに思う。

> **コラム　会社設立手続に関する摘発・逮捕事例②**
>
> 　会社設立手続に関する摘発・逮捕事例が多くみられるのは、上記のとおり、司法書士がこの分野でまだまだ認知されていないことも原因の一つと考えられる。最後になるが、さらにいくつかの事例を紹介しておきたい（ここでも、一部の情報を「○○」に置き換えている）。
> ●無資格者による会社設立登記手続②（日本経済新聞 Web 版）
> 　○○、○○の両県警と警視庁の合同捜査本部は１日、無資格で会社登記の手続をしたとして、司法書士法違反の疑いで東京都○○区、元税理士 C 容疑者を逮捕した。○○県警によると「間違いない。約15年前から約200件やった」と容疑を認めている。
> 　逮捕容疑は、2009年10月から2010年７月に５回にわたり、韓国人男女４人の依頼を受けて、司法書士の資格がないのに４人が役員を務める会社の本社移転などの登記申請手続を代理し、司法書士の業務をした疑い。
> 　捜査本部は２月８日、別の韓国人の在留資格を期間の長い「投資・経営」ビザに変更するために会社設立登記手続をしたとして、司法書士法違反容疑で行政書士の D を逮捕。○○地方検察庁が同月29日、同法違反罪で起訴した。
> ●無資格者による会社設立登記手続③（京都新聞 Web 版）
> 　中国人に在留資格を得させる目的で会社登記の申請書を無資格で作成したとして、司法書士法違反容疑で行政書士 E 容疑者が逮捕された事件で、E 容疑者が「違法な会社登記の申請を1000件ぐらいやった」と供述していることが○○府警への取材でわかった。○○府警は、風俗店などで働く中国人女性の不法

就労の温床になっていた疑いがあるとみて詳しい実態を調べる。

　○○府警によると、E容疑者は、○○年に行政書士の資格を取得。○○年頃から在留資格を得ようとする中国人らからの会社登記の依頼を受けていたという。E容疑者は、容疑を認め、「儲かると思ってやり始めた。業務の大半が違法な登記申請だった」などと供述しているという。

　○○府警によると、1件あたり35万円の手数料を受け取り、実際の登記手続きにかかる費用20万円を除く15万円の利益をあげていた。2010年6月頃から255件に上る違法な手続を行い、少なくとも9000万円の収益を得ていたとみられる。○○府警は、外国人に在留資格を取得させる目的で違法な会社登記を繰り返していた疑いがあるとみて調べている。

●無資格者による会社設立登記手続④（産経新聞Web版）

　○○県警○○署は16日、中国人の依頼を受け、無資格で会社登記を申請したとして、司法書士法違反の疑いで、東京都○○区行政書士F容疑者と中国籍の東京都○○区G容疑者を逮捕した。逮捕容疑は2012年3月から2014年12月、司法書士の資格がないのに中国人7人の依頼で会社登記を申請した疑い。○○署によると、G容疑者は通訳や書類作成を手伝っており「違法とは知らなかった」と否認しているが、F容疑者は容疑を認めている。

　○○署はF容疑者が約6年前から200件以上を申請、合計約1000万円を得たとみて調べる。7人は都内で飲食店などを設立していた。

（伊藤昌子）

II 外国人の不動産売買（中国人の事例を中心に）

1 はじめに

まず、「渉外不動産登記」とは何かを定義しておきたい。不動産登記の申請人または関係者の少なくとも一部に、外国人、外国法人、外国に居住する日本国民が含まれる場合等、何らかの外国的要素を含む不動産登記事例の総称を指すと理解しておけば十分であろう。

平成27年末現在、在留外国人数は、223万人を超えている（法務省HP「平成27年末現在における在留外国人数について（確定値）」参照）。このすべての人が即座に不動産登記の申請人または関係者になるというわけではないにしても、日本に住所を有しない外国人（外国法人）が、日本の不動産登記手続にかかわる事例も数多く存在する。

さまざまな事件類型がありうる渉外不動産登記のうち、ここでは、筆者が経験した中華人民共和国（中国）の国籍をもつ中長期滞在者同士の不動産売買の事例（内容は適宜変更している）を素材に、手続上の問題と、執務にあたり注意するべきことを概観する。[1]

なお、本事例は、渉外不動産登記であることに加え、相対取引に特有の難しさを感じたものであることから、その点でも何らかのヒントを提供したい。

2 事例の概要

事例の概要は、次のとおりである。

> A（中国国籍で、在留資格は「定住者」）の宅地建物取引業者（以下、「宅建業者」という）である友人が、その知人B（中国国籍で、在留資格は

---

[1] 執筆にあたって、櫻田嘉章『国際私法〔第6版〕』、山北英仁『渉外不動産登記の法律と実務』、日本司法書士会連合会「外国人住民票」検討委員会編『外国人住民票の創設と渉外家族法実務』などを参考にした。

Ⅱ 外国人の不動産売買

> 「永住者」)をAに紹介した。AとBは、この取引までは全く接点のなかった他人同士である。
>   Aの所有する埼玉県川口市内の敷地権付き区分所有建物(本件不動産)につき、A・B間で売買を行うことになり(仲介業者が介在しない相対取引である)、本件不動産の売買契約書の作成と、本件不動産の所有権登記名義人住所変更登記と所有権移転登記の2連件の登記(本件登記)の申請を司法書士に依頼したものである。売主Aと買主Bの間で、売買の目的物および代金の合意はできている。

なお、売主Aが本件不動産を取得してから売却するまでの経緯は、以下のとおりである。

平成19年5月　Aが投資目的で購入(購入時の住所地は東京都三鷹市)
平成21年9月　Aが東京都三鷹市から神奈川県横浜市へ転居
平成27年5月　AがBに売却

3　準拠法の特定

(1)　概　要

　渉外不動産登記事例においては、準拠法、すなわち日本法または当事者の本国法のいずれを事案に適用し、対処するべきであるかの問題がある。具体的には、「人」と「意思」の問題(特に、行為能力、契約(契約の成立)、物権変動(物権の得喪))において、どこの国の法律を基準に対応するべきかを的確に判断する必要がある。

　不動産登記実務における「契約の成立」および「物権の得喪」の準拠法は、通則法の各規定より、結果的に日本法によればよい場合がほとんどである(同法7条・8条・13条)。一方、「行為能力」は、原則として当事者の本国法が準拠法となるため(同法4条1項)、注意が必要である。

　この点につき、まず、本事例のように、「すべての当事者」が日本国内で物権変動の原因となる法律行為をするときは、双方が20歳以上であれば、当

〔図1〕 行為能力に関する準拠法の特定のフローチャート

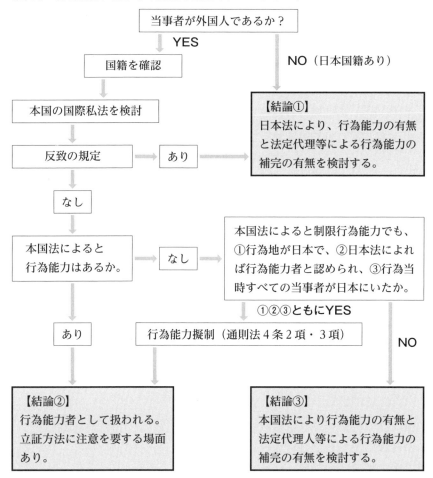

事者の本国法を調査するまでもなく、行為地法、つまり日本の民法により行為能力があるものとみなされる（通則法4条2項）。

　行為能力の準拠法につき注意が必要なのは、当事者のうち一部の者が外国にいたまま契約を締結するような、通則法4条2項が適用できない場合である。そのような取引において、日本国内の不動産に関する売買契約であっても、いずれかの当事者が未成年者らしき場合は、行為能力の有無を慎重に判

断するべきである。行為能力の有無が問題になりそうな事案においては、フローチャートにより（〔図1〕参照）、本国法の規定も含めた検討をするとよい。

(2) 本事例における準拠法

本事例における準拠法を検討する。

まず、「人」の問題において、行為能力の準拠法を特定する必要がある。AとBはいずれも外国人であり、行為能力は本国法により定められる（通則法4条1項）。なお、本事例は、同法4条2項または3項の例外が適用されるケースではない。

そこで、本国法である中華人民共和国渉外民事関係法律適用法をみると、「自然人の行為能力は、常居所地の法律を適用する」とあるところ（同法12条）、AとBは、いずれも日本を常居所地としているため、日本国の民法を適用して行為能力の有無を判断することとなる（反致）。AとBは、いずれも日本の法律によれば成年者であり、後見・保佐・補助開始の決定を受けた者でもないため、日本国の民法により行為能力者であると判断できた。

次に、「意思」の問題において、契約の成立および効力の準拠法を特定する必要がある。筆者は売買契約書の案を作成するにあたり、AとBに確認のうえ、「日本国の法令を準拠法とする」旨の条項を入れた。これにより、契約の成立および効力に関して「当事者が当該法律行為の当時に選択した地の法」（通則法7条）が日本法になった。なお、仮に日本国の法令を準拠法とする条項が契約書に盛り込まれていなかったとしても、同法8条3項により、特段の事情がなければ、日本法を準拠法として考えてよい場合がほとんどであろう。

さらに、「物権」（所有権）の内容と得喪についての準拠法であるが、本事例は日本に所在する不動産に関する物権変動が問題となっているため、日本国の法律が準拠法となる（通則法13条1項・2項）。

以上より、本事例においては、行為能力、契約の成立および効力、物権変動、いずれの単位法律関係においても日本国の法令が準拠法となる。

> **コラム　反致とは**
>
> 　ここで、フローチャート中の「反致(はんち)」という用語について触れておきたい。理論上、反致にはいくつかの類型があるが（直接反致、転致、間接反致、二重反致）、このうち、通則法41条は、直接反致のみを認めている。
>
> 　直接反致（狭義の反致）とは、通則法によれば行為者の本国（P国）の法によるべき場合で、行為者の本国法に日本法を準拠法とする規定がある場合に、日本国の法令を事件に適用して解決する考え方を指す（日本→P国→日本）。
>
> 　一方、直接反致以外の類型は、通則法上は認められていないため現在の実務ではあまり問題にならないと思われるが、間接反致とは、通則法によればP国法が準拠法となり、P国法によればQ国法が準拠法となり、Q国法によれば日本法が準拠法となる場合である（日本→P国→Q国→日本）。転致とは、通則法によればP国法が準拠法となるが、P国の国際私法によれば第三国であるQ国法が準拠法となる場合である（日本→P国→Q国）。

4　在留カード等の確認

　中長期滞在者と面談する際には、在留カードの確認は必須である。在留カードを所持しない短期滞在者にあっては、パスポートを確認するべきである。在留カードの確認作業を決算日よりも前にすることができれば、犯罪収益移転防止法が要求する本人確認の一環であるとともに、登記申請に必要な添付情報が何であるかを予測することもできる。

　在留カードを所持する依頼者（中長期滞在者）であれば、住民票（外国人住民票。後記5(2)(ア)参照）の写しを役所（役場）で請求することができる。また、印鑑登録をすれば、市区町村長が発行する印鑑登録証明書を取得することができる。これら住民票の写しと印鑑登録証明書は、そのまま登記申請の添付情報として使用することができる。

　一方、住民登録がされていない依頼者の場合、日本の行政機関が発行する公文書により住所や印鑑を証明することはできず、添付情報として外国で発行された何らかの書面を検討すべきこととなる（後記8参照）。

5　登記名義人住所変更登記の登記原因証明情報

　まず、登記名義人住所変更登記の原因事実が、平成24年7月9日よりも前であるのか、同日以後であるのかにより、添付すべき登記原因証明情報が異なることに注意を要する。平成24年7月9日よりも前は、外国人登録制度が存在し、平成24年7月9日からは、入管法等改正法（平成21年法律第79号）の施行により外国人住民に係る住民基本台帳（以下、「外国人住民票」という）の制度が開始されたからである。

(1)　平成24年7月9日以前の住所変更

(ア)　外国人登録原票

　かつては、各役所（役場）において外国人登録原票が存在し、外国人の氏名、住所等の情報は外国人登録原票に記録されていた。外国人登録原票は、法務省で保管されている。したがって、平成24年7月9日以前の住所変更（住所変更の原因日付が平成24年7月9日よりも前の場合）については、法務省に対して、外国人登録原票記載事項の開示請求をすることにより、所有権登記名義取得日から平成24年7月8日までの住所の履歴を証明するための外国人登録原票の写しの交付を受け、これを登記名義人住所変更登記の登記原因証明情報として使用することになる。

(イ)　外国人登録原票に係る開示請求

　外国人登録原票記載事項の開示請求の手順は、法務省のホームページに詳しく紹介されている[2]。検索エンジンで「外国人　登録原票　情報開示」などのキーワードで検索すると、上位でヒットすると思われる。

2　法務省HP「外国人登録原票に係る開示請求について」〈http://www.moj.go.jp/hisho/bunsho/hisho02_00016.html〉（平成29年2月末閲覧）。

5　登記名義人住所変更登記の登記原因証明情報

外国人登録原票に係る開示請求について

外国人登録原票は，特定の個人を識別することができる個人情報として，法務省本省において適正に管理しています。
なお、自分の外国人登録原票を確認したい，写しを交付してほしいとする場合、開示請求を行う必要があり、その手続は、次の「開示請求の手続について」の内容をご確認ください。

※ 「開示請求」
開示請求とは、自分に関する個人情報を保有している行政機関等に対し、私の個人情報を見せてほしい，確認させてほしいということを本人が請求する仕組みのことで、その手続は、開示請求書に必要事項を記入し、その個人情報を保有している行政機関等に提出する必要があります（開示請求の流れはこちらをご参考ください。【PDF】）。

外国語についてはこちらをご覧ください（入国管理局のホームページにリンクしています。）。

　このページの指示に従って準備をすれば、開示請求はさほど難しい作業ではない。ページ内に、ワード形式とPDF形式の外国人登録原票用の開示請求書の書式も準備されており、記載例もある。以下、参考までに、登録原票記載事項の情報開示請求書（【書式18】参照）、開示された外国人登録原票の写し（【書式19】参照）を紹介する。

　この情報開示手続は、必ず本人申請によりしなければならない。請求先である法務省庁舎（東京）に郵送で請求する際、請求者本人の住民票の写しを同封し、返信用封筒には請求者本人の住民票上の住所を宛先として書く。開示された外国人登録原票の写しは、外国人住民票上の住所に送られる。

　開示請求は、一般的には2週間前後で開示されることが多いとされる。ただし、案件により、また法務省の繁忙度により最大で30日かかることもある。登記申請予定日までに間に合わせるため、スケジュールにゆとりをもたせる必要があろう。

　なお、開示請求書の1枚目の上部余白に、手書きでもよいので、「急を要する案件であるため至急扱いでお願いします」等の依頼文言を記載しておくと、通常よりも速く対応してくれることがある。銀行振込みの「至急扱いのお願い」に似ている。

Ⅱ 外国人の不動産売買

【書式18】 保有個人情報開示請求書（外国人登録原票記載事項）

保有個人情報開示請求書

平成○○年○○月○○日

法 務 大 臣 殿

(ふりがな)
氏名　　　　○ ○ ○

住所又は居所
〒000-0000
　　○○県○○区○○町○丁目○番○号　　　TEL 000(000)0000

　行政機関の保有する個人情報の保護に関する法律（平成15年法律第58号）第13条第１項の規定に基づき，下記のとおり保有個人情報の開示を請求します。

記

1　開示を請求する保有個人情報（□欄にチェックを入れてください。）

> 開示請求者本人（詳細を別紙に記載してください。）の外国人登録原票
　□2000年１月１日から2012年７月８日まで
　☑○○年○○月○○日から○○年○○月○○日まで

> 開示請求者以外の者（詳細を別紙に記載してください。）の外国人登録原票
　※開示される原票は，開示請求者本人の個人情報が含まれる原票に限られます。
　□2000年１月１日から2012年７月８日まで
　□　　年　　月　　日から　　年　　月　　日まで

※1981年（昭和56年）以前の外国人登録原票を請求する場合，抽出には時間がかかります。

2　求める開示の実施方法等（本欄の記載は任意です。）

ア又はイに○印を付してください。アを選択した場合は，実施の方法及び希望日を記載してください。

　ア　事務所における開示の実施を希望する。
　（実施の方法）□閲覧　□写しの交付　□その他（　　　　　　　　　　　　　）
　（実施の希望日）平成　　年　　月　　日
　㋑　写しの送付を希望する。

3　手数料

開示請求手数料 （１件300円）	ここに収入印紙を貼ってください。	（受付印）

4　本人確認等

　ア　開示請求者　☑本人　□法定代理人

　イ　請求者本人確認書類
　　　☑運転免許証　□健康保険被保険者証
　　　□個人番号カード又は住民基本台帳カード（住所記載のあるもの）
　　　□在留カード，特別永住者証明書又は特別永住者証明書とみなされる外国人登録証明書
　　　□その他
　　　※請求書を送付して請求をする場合には，加えて住民票の写し等（開示請求の前30日以内に作成され，個人番号の記載がないものに限ります。また，コピーによる提出は認められません。）を添付してください。なお，個人番号カードのコピーを提出する場合には，個人番号の記載がない表面のみのコピーを提出してください。

　ウ　本人の状況等（法定代理人が請求する場合にのみ記載してください。）
　　（ア）本人の状況　　□未成年者（　　年　　月　　日生）　□成年被後見人
　　　　　　　　(ふりがな)
　　（イ）本人の氏名　　＿＿＿＿＿＿＿＿＿＿＿＿＿＿＿＿＿＿＿＿＿＿＿＿＿
　　（ウ）本人の住所又は居所＿＿＿＿＿＿＿＿＿＿＿＿＿＿＿＿＿＿＿＿＿＿＿

　エ　法定代理人が請求する場合，次のいずれかの書類を提示又は提出してください。
　　　請求資格確認書類　□戸籍謄本　□登記事項証明書　□その他（　　　　　）

5　登記名義人住所変更登記の登記原因証明情報

(開示請求書別紙)

以下の事項を記載してください。
1　開示請求者本人の外国人登録原票の開示を請求する場合
　　(1)　開示請求者本人の性別　　☑男性　　□女性
　　(2)　開示請求者本人の国籍・地域　　〇〇〇〇
　　(3)　開示請求者本人の外国人登録番号，在留カードの番号又は特別永住者証明書の番号
　　　　ＡＢ〇〇〇〇〇〇ＣＤ
　　　　※番号が不明の場合には，請求期間において，外国人登録を行ったことのある住所又は居所
　　　　　及び時期（複数ある場合には，最終のもの）
　　　　住所又は居所　　〇〇県〇〇区〇〇町〇丁目〇番〇号
　　　　時期　　　　〇〇年頃
　　(4)　請求する外国人登録原票が作成された当時の氏名等が，帰化等により現在の氏名等と異なる
　　　　場合は，当時の氏名等を記載の上変更の経緯が分かる書類（戸籍抄本等）を添付してください。
　　　　　　　　（ふりがな）
　　　　変更前の氏名　　＿＿＿＿＿＿＿＿＿＿＿＿＿＿＿＿＿＿＿＿＿＿＿＿＿＿＿
　　　　変更前の国籍・地域　　＿＿＿＿＿＿＿＿＿　帰化等の年　　＿＿＿＿＿＿　年

2　開示請求者以外の者の外国人登録原票の開示を請求する場合
　　※開示される原票は，開示請求者本人の個人情報が含まれる原票に限られます。
　　　　　　　　　　　　（ふりがな）
　　(1)　開示請求者以外の者の氏名　　＿＿＿＿＿＿＿＿＿＿＿＿＿＿＿
　　(2)　開示請求者以外の者の生年月日　　＿＿＿＿年　＿＿＿月　＿＿＿日生
　　(3)　開示請求者以外の者の性別　　□男性　　□女性
　　(4)　開示請求者以外の者の国籍・地域　　＿＿＿＿＿＿＿＿＿＿＿
　　(5)　開示請求者以外の者の外国人登録番号，在留カードの番号又は特別永住者証明書の番号
　　　　＿＿＿＿＿＿＿＿＿＿＿＿＿＿＿＿＿＿
　　(6)　開示請求者以外の者の住所又は居所
　　(7)　請求する外国人登録原票が作成された当時の開示請求者以外の者の氏名等が，帰化等により
　　　　現在の氏名等と異なる場合は，当時の氏名等を記載してください。
　　　　　　　　（ふりがな）
　　　　変更前の氏名　　＿＿＿＿＿＿＿＿＿＿＿＿＿＿＿＿＿＿＿＿＿＿＿＿＿＿＿
　　　　変更前の国籍・地域　　＿＿＿＿＿＿＿＿＿　帰化等の年　　＿＿＿＿＿＿　年

(注)　写しの送付を希望する場合には，郵便切手（普通郵便の場合は92円分，速達や簡易書留等とする
　　　場合はそれに応じた料金を加算）を貼った返信用封筒（※送付先明記）を添えてください。なお，
　　　記録の枚数により追加の切手をお願いすることがありますので，ご承知置きください。

Ⅱ 外国人の不動産売買

【書式19】 外国人登録原票の写し(イメージ)

(表)

(1)氏　　名		性別	生　年　月　日	(6)登録の年月日
○○○		男 女	○○年○○月○○日	○○年○○月○○日
			(2)国　　籍	(3)職　　業
			○○○○○○	○○○○○○

署名	(7)登録番号	申請年月日	事由	確認の日	次回確認の基準日	登録証明書発行市区町村名	交付予定期間	交付年月日	(4)旅　券　番　号
									(5)旅券発行年月日

(12)出　生　地	○○○○○○	(9)上陸許可年月日
		○○年○○月○○日
(13)国籍に属する国における住所又は居所	○○○○○○	(10)在　留　の　資　格
		○○○○
(14)居　住　地	○○市○○区○○町○丁目○番○号	(11)在　留　期　間
		○○年○○月○○日から○○年○○月○○日まで
(15)世帯主の氏名	○○○○○○○ (16)続柄 ○○	作成年月日・作成事由
		平成○○年○○月○○日 ○○○○により申請受理
(17)勤務所又は事務所の名称及び所在地	○○市○○区○○町○丁目○番○号	作成市区町村
		職印

(18)世　帯　構　成　員				世帯構成員及び本邦にある父・母・配偶者の変更登録欄	
続柄	氏　　名	生年月日	国　籍		
○	○○○○○○○	○○年○○月○○日	○○○○		

(19)本邦にある父・母・配偶者 ((18)欄に記載されている者は除く。)

続柄	氏　　名	生年月日	国　籍		
○	○○○○○○○	○○年○○月○○日	○○○○		

5　登記名義人住所変更登記の登記原因証明情報

(裏)

平成　年　月　日	平成　年　月　日	署名事項記入欄	
署名1	署名6		
平成　年　月　日	平成　年　月　日		
署名2	署名7		
平成　年　月　日	平成　年　月　日		
署名3	署名8		
平成　年　月　日	平成　年　月　日		
署名4	署名9		
平成　年　月　日	平成　年　月　日		
署名5	署名10		

年　月　日	年　月　日	年　月　日	年　月　日	年　月　日	年　月　日	年　月　日
写真1	写真2	写真3	写真4	写真5	写真6	写真7

変　更　登　録　欄		訂　正　事　項　欄	
		備　　考　　欄	

Ⅱ　外国人の不動産売買

　⑵　平成24年7月9日以後の住所変更
　　㋐　外国人住民票
　一方、外国人住民票の制度が開始されてからは、転居等による住所変更は、外国人住民票に記録されることになった。したがって、平成24年7月9日以後の住所変更については、日本国民と同じように、住民票（外国人住民票）の写しをつなぐことにより、登記名義人住所変更登記の登記原因証明情報として使用できる。
　　㋑　外国人住民票の請求
　市区役所・町村役場に対し、平成24年7月9日から登記申請日までの住所の履歴を証明するための住民票の写しを請求する。当然ながら、委任状や職務上請求書による請求も認められる。

6　所有権移転登記の印鑑登録証明書・住所証明情報

　次に、所有権移転登記の添付情報について触れておきたい。
　⑴　日本に住所を有する申請人の場合
　まず、本事例の売主Ａ（定住者）は、日本に住所を有し、印鑑登録もしていた。この場合は、市区町村長が発行する印鑑登録証明書をもって、登記義務者の印鑑登録証明書として用いることができる。一方、買主Ｂ（永住者）もまた、日本に住所を有しているので、その住所証明情報は、日本国民と同様に住民票の写しを用いることができる（ただし、コラム「住民票の写しに記載された発行日と在留期限」の問題に留意されたい）。
　⑵　日本に住所を有しない申請人の場合
　問題は、短期滞在の外国人など、日本に住所を有しない申請人の場合である。この場合、印鑑登録証明書に代えて、事前に登記義務者に押印を求める委任状等の書面を準備し、当該外国人の所属する国の公証人の面前で署名し、公証人に「サイン証明書」を作成してもらう方法が一般的である。また、国によっては、当事者が用いる「印鑑の型」に関する宣誓供述の内容が真正である旨の公正証書や、「印鑑の型」と「署名」の双方が認証される公正証書

6 所有権移転登記の印鑑登録証明書・住所証明情報

をつくれる場合もある（中国のサイン証明書は本章Ⅰ【書式11】参照）。

　日本に住所を有しない申請人の住所証明情報については、当該外国人の所属する国の公証人の認証がある住所に関する宣誓供述書であれば、所有権移転の際の住所証明情報としての適格性が認められる。具体的には、本人の特定事項と、本人がその本国のどこに住所を有しているのかが記載されていれば足りる（【書式20】【書式21】参照）。必ずしも以下の様式のとおりでなくとも、登記の審査に必要な事項が記載され、公証人による公証がなされていれば、不動産登記手続の添付情報として使用することができる。以下の公正証書の例の場合、少なくとも東京法務局管内の登記所では、住所証明情報としても、印鑑登録証明書としても利用することができる（平成29年2月末現在）。なお、中国における「戸籍」は、世帯の全員が生活の拠点として常に居住している場所、すなわち住所を指し、日本国の「戸籍」や「本籍」とは異なる概念である。

【書式20】　日本に住所を有しない申請人の住所に関する宣誓供述書（中国）

声　明　書

声明人：〇〇〇
性別：男
出生日期：〇〇〇〇年〇〇月〇〇日
公民身份証号碼：〇〇〇〇〇〇〇〇〇〇〇〇〇〇〇
户籍地址：北京市朝南区徳胜路〇〇号

我声明我的印鉴样式如下；

本声明真实无讹，如有虚假，我愿意承担由此产生的全部法律责任

声明人：（署名）

Ⅱ　外国人の不動産売買

〇〇〇〇年〇〇月〇〇日

公　証　書

（〇〇〇〇）京外証字第〇〇号

申請人：〇〇〇，男，〇〇〇〇年〇〇月〇〇日出生，公民身份証号碼：〇〇〇〇〇〇〇〇〇〇〇〇〇〇。

公証事項：签名

　　兹証明〇〇〇于〇〇〇〇年〇〇月〇〇日来到我处，在本公証員的面前，在前面的《声明书》上签署。

中华人民共和国北京市朝南公証处

公証員　〇〇

〇〇〇〇年〇〇月〇〇日

【書式21】　日本に住所を有しない申請人の住所に関する宣誓供述書（訳文）

宣　誓　書

宣誓者：〇〇〇
性別：男
生年月日：〇〇〇〇年〇〇月〇〇日
国民身分証番号：〇〇〇〇〇〇〇〇〇〇〇〇〇〇
世帯の所在地（住所）：朝南区徳勝路〇〇号

私は，私の印鑑の型が以下のとおりであることを宣誓します；
（印影）
この宣誓は真実であり誤りはない。もし虚偽があれば，私はこれにより生じるあらゆる法的責任を負う用意がある。

宣誓者：（署名）
〇〇〇〇年〇〇月〇〇日

公正証書

　　　　　　　　　　　　　　　　　　　（○○○○）京外証字第○○号
　申請人の○○○は，男性であり，○○○○年○○月○○日に出生したものである。国民身分証番号は○○○○○○○○○○○○○○○○○である。
　公証する事項：署名
　ここに，○○が○○○○年○○月○○日において当職公証処を訪れ，当公証人の面前で，前のページの《宣誓書》に署名したことを証明する。

　　　　　　　　　　　　　　　　　　中華人民共和国北京市朝南公証処

　　　　　　　　　　　　　　　　　　公証員：○○

　　　　　　　　　　　　　　　　　　○○○○年○○月○○日

コラム　住民票の写しに記載された発行日と在留期限

　在留外国人が当事者となる渉外登記を数多く取り扱っている、ある司法書士の経験談を紹介する。「技能（1年）」の在留資格で日本に住所を有する買主のケースで、1カ月前に在留資格の更新を済ませて決算日を迎えたが、数カ月前に取得してあった外国人住民票の写しを用いて所有権移転登記を申請した。申請日の翌日、法務局から電話がかかってきた。「この住民票からすると在留期間が満了していて、買主は日本にいられないことになっています。これでは登記を実行できません。現在も有効な在留資格があることがわかる住民票と差し替えてください」という補正の連絡であった。

　「外国人住民票は、日本人の住民票と同じように住所証明情報として所有権移転登記の添付情報になる」と固定的に理解してしまうと、このような落とし穴にはまるリスクがある。

　登記義務者の印鑑登録証明書や固定資産評価証明書など、有効期限が定められている添付情報と比べ、登記権利者の住所証明情報は有効期限の定めがないため、住民票の写しに記載された発行日などの日付をそれほど気にしない司法書士も多いと思われる（登記名義人住所変更登記の登記原因証明情報として使う場合の住所移転日は別として）。しかし、中長期滞在者の外国人住民票の場合、「在留期間の満了の日」も記載されるため、この日付にはくれぐれも気をつけたいものである。

7　相対取引であることによる実務上の留意点

　ここで紹介した宅建業者による仲介がない相対取引（売買）の事例は、開業から間もない時期に筆者が初めて受任した売買による所有権移転登記の申請であった。外国人のかかわりの有無にかかわらず、相対取引では、事実関係の確認、作成・保存すべき書類、当事者との信頼関係のつくり方など、特有の難しさがある。当時の筆者にとっては、対応がかなり困難な案件であった。それゆえ、いくつか重要な教訓も得ることができ、その後、司法書士として成長していくヒントを得たように思う。

　そこで、本事例の対応を通じて得た教訓と成果について、触れておきたい。相対取引においては、「仲介業者が介在するいつもどおりの取引」と同じようには進まないものと考えておいたほうがよいのである。

(1)　当事者に期待されていることと司法書士ができることの説明

　本事例の買主Bと打合せをしていた際、「なぜ登記しかやってくれないのですか」と言われたことは、とても印象的であった。宅建業者が仲介する案件であれば、かなりの部分を宅建業者が説明しているので、司法書士は基本的には登記業務にのみ気を配ればよい状況ができあがっていることが多い。しかし、相対取引の場合には、その取引の流れの中で最初に接する専門家が司法書士であるため、事情が異なる。

　本事例のBに限らず、相対取引の外国人依頼者から、ひとたび「法律の専門家」と認識されると、難解で面倒なことはワンストップですべてやってくれるものと期待されてしまうことがある。

　たとえば、司法書士は宅建業者と同様に物件調査を尽くし、物件に関する重要事項説明をしてくれるものと期待している人もいる。そのほか、契約書の作成、登記申請、買主の不動産取得税の申告と納税、売主に譲渡所得が発生する場合の申告と納税など、何から何まで面倒をみてくれるものと期待されてしまいがちである。期待はしないまでも、とりあえず質問されることは、想定しておいたほうがよいであろう。他の窓口を紹介すると、また初期費用

がかかってしまうのではないかと警戒されることもあるかもしれない。

　しかし、依頼者から、「なぜ登記しかやってくれないのですか」と言われ、難解で面倒なことすべてをやってもらえるものと期待されていたときは、各分野それぞれに高度な専門性が必要で、だからこそ、司法書士のほかにも宅地建物取引士や税理士などの専門職がいて、問題解決にはそれぞれの専門家の役割分担が必要であることを説明することは重要である。依頼者が、過分な期待をしているとわかった時点で、司法書士としては、何ができて何ができないのかを明確に伝えたほうが、依頼者にとってもメリットがあり、依頼者と司法書士との間の後日のトラブルを避けられるであろう。

　中には、仲介手数料を省きたいがために相対取引をする人もいる（コラム「買主を騙そうとした売主」参照）。しかし、物件調査の専門家である宅建業者が調査を尽くすか否かで、その取引の安全性がかなり異なることはいうまでもない。相対取引の登記申請を依頼された際は、念のため、両当事者に、宅建業者による物件調査を依頼するメリットと依頼しない場合にありうるリスクを説明し、納得を得たうえで受任するべきであろう。

> **コラム　買主を騙そうとした売主**
> 　ある日、筆者と付き合いのある宅建業者から登記依頼の電話があった。すでに当事者間で売買がまとまっているため、その宅建業者の仲介業務はなく、当事者を筆者につなぐだけの電話であった。
> 　目的物は、長野県内の投資物件（ペンション）で、売主は東京在住の中国人投資家、買主は中国吉林省在住で日本に来ることは困難な人であった。そこで、買主の代理人が契約をするとのことである。
> 　売主に電話をすると、「買主とはよい友達」とのことで、トラブルは絶対にあり得ないと言い張っていた。筆者は、せっかく売主が宅建業者とつながっているのに、物件調査を依頼しないといかにリスクが高いかを説明した。再建築ができない地域に変わっているかもしれないこと、実は近年殺人事件等があり地元では有名な瑕疵物件だったらどうするか、などである。
> 　すると、売主は、後日、宅建業者に物件調査と重要事項説明を依頼することにしたとのことである。買主はすでに決まっているため、仲介手数料は通常よ

りも安くしてもらえたとのことであるが、リスク回避のための必要経費として納得していた。

　このように、当事者の双方または一方が日本に来られない案件は、まず、司法書士が本人のところに赴き、何とか本人に会って確認できないかを検討するべきである。やむを得ず対面がかなわない場合でも、本人確認・意思確認をより慎重に進めるべきであることはいうまでもない。委任状などの必要書類を郵送し、本人が受け取って返信するプロセスを履践することはもちろん、少なくとも双方の顔が見える通信ソフトや電話で直接話し、本人確認・意思確認をするべきである。そこで、筆者は、売主に買主の連絡先を聞こうとした。

　ところが、ここから問題が発生した。

　売主は、「買主は忙しい人だから電話には出られない」と言って、電話番号も住所も教えようとしない。これに対して、筆者は「本人確認と意思確認も兼ねているからこのプロセスがないと登記を申請できない」旨を伝えるも、売主は「買主の代理人が日本にいるじゃないか。司法書士さん、あなたと私は考え方が違うね」と言われ、その電話を切ってからは音信不通となった。その後、あえて筆者から連絡することもしていない。

　長野県の山中の古いペンション、この物件を2億円で売買とは、宅建業者の感覚では相場より高いようであった。売主の態度もあわせ考えると、売主は買主代理人と結託し、「いい友達」である買主に物件を高値で売り付けて大金をとろうと企てていたのかもしれない。売主の言いなりになって安易な申請をしなくてよかった案件だと受け止めている。気の毒なのは、物件がある長野の別荘地まで出向いて物件調査をしてきた宅建業者の担当者である。

(2) 適正な登記費用（実費・報酬）の見積りと説明

　不動産取引の立会と登記申請を通じて、その取引を安全に遂行し、権利を保全するという業務は、目に見えない価値を創る仕事である。目に見えないがゆえ、依頼者からその重要さが理解されないことが往々にしてあることは、多くの司法書士が感じているところであろう。

　宅建業者が仲介する案件であれば、当事者は不動産売買を完了させることがいかに大変か、仲介業者とのやりとりを通じて感じていることが多いと思われ、登記の重要性についても自然と理解できていることが多いであろう。

しかし、相対取引のサポートを依頼してくる外国人の中には、所有権の移転登記を非常に単純に考えているケースがある。本事例のBについていうと、「当事者が自分で書類をそろえて法務局で申請してもできる、市役所での転出・転入届けみたいなもの」程度のイメージをもっていた。登記申請の価値をなかなか理解できない方に、適正で妥当な報酬の額を理解させることもまた、なかなか骨が折れる。

依頼者から「登記費用を教えてほしい」と問われることは当然である。そこで、司法書士は費用見積りのため「いつもの3点セット」（①売買契約書、②登記事項証明書、③固定資産評価証明書）の提供を求めるわけである。しかし、本事例では、①は当然つくっておらず、②は請求の仕方すら知らず、③は見たこともなく、何のことかもわからない当事者であった。登記費用がいくらかを聞かれても、売買対象不動産が何であるのかすら、特定できない。①②③のいずれもないため、売主がもっているであろうと思われた固定資産税納税通知書の画像の提供を求めた。これにより物件を特定でき、不動産の評価額も記載されていると思われたからである。

もちろん、当事者と面談し事実関係を確認し、公文書取得に関する委任状をもらってから固定資産評価証明書を役所で取得し、そのうえで見積りをすることもできる。そのような段取りで進めることができれば、当然そうするべきであろう。しかし、資料がなければ登記費用を計算できるわけがないのであるが、そのことを理解させるだけでも骨が折れるケースであった。

また、依頼者の中には、法律家も含め、ある分野の専門家をなかなか信頼しない人もいる。忙しい（面倒くさい）ため、司法書士の事務所になかなか来たがらず、電話だけで済ませようとする人もいる。そのような依頼者に対しては、依頼者の手元にある資料から何とか物件と評価額を特定し、できるだけ早く登記費用の見積りを伝えなければ、受任につながらないこともあろう。無理に受任することもなかろうという意見もあるかもしれないが、多様な個性をもつ市民で構成されるこの社会の中における登記の専門家としての司法書士が果たすべき役割を思えば、かなり個性的な依頼者であっても、反

Ⅱ 外国人の不動産売買

社会的勢力等といった特殊事情がなければ、まずは受け入れ、積極的に受任したいところである。

当事者間で、ある程度の信頼関係があったとしても、有償双務契約の対立当事者として利益相反の関係である。その間に立って、公平・中立な立場で安全な取引を進める司法書士の役割、お金は支払ったものの書類の不備があり登記が実行されなかった場合のリスクなどを説明することも、相対取引では必要となることが多いように思われる。

なお、筆者が受任したことがある相対取引の依頼者の中には、携帯電話に付属するカメラで撮影した画像を送信し、物件情報を提供してくれる人も多い。その際、ピントがぼけていて全く読めなかったり、肝心の情報が写真の枠外に出ていたり、登記費用の見積りのための資料として意味がなく、鮮明な全体の画像を送るよう再依頼することが、意外と多い。そのような写真を送ってくる依頼者も相当数いるものだと、心の準備をしたうえで執務にあたることも必要であろう。

(3) 相対取引における信頼関係の構築

言うまでもなく、人と人の信頼関係は、複数回会ったり話したりし、誠実に、友好的に接する中で徐々に築かれるものである。

宅建業者が仲介する取引の場合は、宅建業者と契約当事者は、最初は当然ながら面識がない他人同士である。最初の電話または電子メールによる問合せへの対応、複数回の物件紹介、度重なる電話連絡、重要事項説明、契約締結という一連の流れの中で、宅建業者と当事者は何度も接し、徐々に信頼関係が構築されているものと思われる。宅建業者からの紹介で決済に立ち会う取引がスムーズに進みやすいのは、このような宅建業者と契約当事者が築いてきた信頼関係が前提にあることが多い。依頼者が「あれだけ誠実でよくしてくれた仲介さんが紹介する司法書士だからきっと大丈夫だ」と最初から思ってくれている状態で、登記業務に入れるのである。

一方、宅建業者が仲介しない相対取引においては、「他人同士の関係」から「重要な取引を安全に進めることを任せられる人」にまで、信頼関係をゼ

ロからつくっていくことが求められる。依頼者が信頼している人からの紹介により司法書士にたどりつく場合や、読者各位の業務の積み重ねにより築いてきた社会的信頼があればあるほど、個別の信頼関係もつくりやすいと思われるが、宅建業者が仲介する取引に比べると、相対取引ではやはり信頼関係のつくり方を意識すべき比重が高いように思われる。

　本事例をとおして、相対取引では宅建業者が仲介する案件よりも当事者からの信頼感がない段階からスタートせざるを得ないということを知った。慣れるまでは困難であるが、依頼者の話を丁寧に聞く、手続上の重要事項について言葉を選んでできるだけわかりやすく説明する、1回で済ませようとせず何回か会うなどの工夫をし、信頼関係をつくる努力をすることが有効であろう。

　また、案件によって、依頼者とのやりとりの方法は変わるであろう。本事例は、AとBの間で、すでに売買の合意ができており、所有権移転登記等の手続のみをBの知人である宅建業者に相談したところ、宅建業者にとっては仲介業務が発生しないため、登記申請を支援させるべく、Bに司法書士を紹介したものであったため、A・Bと筆者は、最初の打合せで一度顔を合わせた後は、決済当日に会っただけであった。そのほかのやりとりは、すべて電話、電子メール、通信アプリの文字チャットであった。

　単位司法書士会などの新人研修では、宅建業者との接し方の注意点など、司法書士が身を守る術に力点をおいた研修は盛んに行われているように記憶している。確かに、それはそれで重要である。しかし、関係者の信頼関係をつくり、取引を遂行するにあたり、宅建業者の存在がいかにありがたいものであるかも、心にとどめておくべきであろう。

8　日本の不動産登記の添付情報として使用することができる外国発行の公文書の例

　A・B間の不動産の相対取引の事例はここまでとし、外国で発行される公文書のうち、日本の不動産登記の添付情報として使用することができる特殊

Ⅱ 外国人の不動産売買

な例を一つ紹介しておきたい。

東京法務局管内では、中華民国（台湾）の戸政事務所が発行する戸籍謄本と印鑑証明書については、台湾の公証人等の認証がなくても、日本語の訳文さえ添付すれば、原則として、そのまま不動産登記の添付情報として利用できる。[11] 戸政事務所とは、自然人の戸籍と不動産の登記事務を管轄する台湾の行政機関である。

台湾と日本との間には正式な国交がないことから、台湾の戸籍謄本等は、①台湾地方裁判所の公証員による認証、②台湾外務省の認証、③台北駐日経済文化代表処の奥書という3段階の認証がされて、初めて日本の不動産登記における添付情報として利用できる取扱いがされてきた。

しかし、平成27年3月24日からは、少なくとも東京法務局管内では、①②③いずれの認証も不要とする取扱いとなった。今では、東京以外の法務局・地方法務局・支局・出張所においても同様の取扱いが浸透していることと思われるが、東京以外で台湾人買主の住所証明情報、売主・担保設定者の印鑑登録証明書が必要な場合は、念のため、管轄法務局に事前照会をし、東京法務局と同じ取扱いであるか、確認してから申請の準備を進めるのが無難である。

そこで、東京以外の登録所に台湾人が登記申請人となる申請の事前相談をする場合の参考として、登記相談票の記載例（【書式22】参照）、申請の根拠として提示する資料（添付資料。【書式23】参照）を紹介する。

---

11 「登記簿」登記研究804号325頁〜330頁。

8　日本の不動産登記の添付情報として使用することができる外国発行の公文書の例

【書式22】　登記相談票（記載例）

平成○○年○○月○○日提出

登記相談票(権利登記)・表示登記・商業法人登記）
No.○○○○

①	ふりがな	○○○○○○○○	連絡先電話番号	000-0000-0000
	お名前	○○○○		
②	登記申請管轄法務局　　○○地方法務局　　○○支局			
	登記申請予定年月日　　平成○○年○○月○○日			

【相談の要旨】

③　中華民国（以下「台湾」という。）の国籍を有し日本に住所を有しない者が所有権移転登記の登記権利者となり、台湾における住所を所有者の住所として登記する内容の申請をするにあたり添付すべき住所証明情報は、台湾の戸政事務所より発行された戸籍謄本とその訳文でよろしいか（地方裁判所公証処の公証人による認証、台湾外交部の奥書、台北駐日経済文化代表処の奥書は、いずれも不要であるか）、貴庁の見解を伺う。

【相談者の意見】括弧内に根拠を示した。

④　従来、台湾の自然人を登記権利者とする所有権移転登記の申請においては、台湾の戸政事務所にて発行された戸籍謄本につき、①台湾の公証人による認証、②台湾外交部の奥書、③台北駐日経済文化代表処の奥書を得たものを訳文とともに添付することが求められていた。
　しかし、日本は日中国交回復以前は、台湾を国家として承認し、正式な外交関係が存在した。また、台湾との正式な国交が途絶えた時から現在まで継続して台湾は国家としての実態を有している（公知の事実）。現在の日本と台湾においても、事実上の大使館や領事館の機能を有する施設を相互に設置し、事実上の外交関係も存在する（公益財団法人交流協会、台北駐日経済文化代表処）。
　また、出入国管理及び難民認定法2条5号の「旅券」に関し、台湾の権限ある機関が発行した旅券は、日本国政府が承認した外国政府の発行した旅券に「相当する文書」として定められていることからしても（出入国管理及び難民認定法2条5号イ・ロ、同法施行令1条）、台湾の戸籍謄本についても、外国政府の権限ある機関が真正に作成・発行した公文書に「相当する文書」として扱われるべきである。
　よって、台湾の戸政事務所が発行した台湾の戸籍謄本は、台湾地方裁判所公証人の認証、台湾外交部の奥書及び台北駐日経済文化代表処の奥書がなくとも、登記官が審査した限りにおいて、他に偽造を疑うべき特段の事情が存在しなければ、真正に作成されたものとして住所証明情報としての適格性を有し、他に却下すべき事由がなければ当該登記申請は受理されるべきものであると考える。
　なお、東京法務局においては、台湾の戸籍謄本については、上記小職の見解と同じ取り扱いがされている（平成27年3月24日付東京法務局不動産登記担当主席登記官による事務連絡）。

⑤	資料（複数可）	
資料	1	東京法務局平成27年3月24日付事務連絡の内容
	回答希望日　平成○○年○○月○○日まで	

【法務局回答】

⑥

法務局回答日　平成　　　年　　　月　　　日

119

Ⅱ　外国人の不動産売買

【書式23】　登記相談票の添付資料

> 平成27年3月24日付で，東京法務局主席登記官（不動産登記担当）から東京法務局管内の支局長及び出張所長宛に，下記内容の事務連絡が発出されました。
>
> 記
>
> **台湾の戸政事務所発行の戸籍謄本及び印鑑証明書について**
>
> 標記戸籍謄本及び印鑑証明書（以下「戸政事務所発行文書」という。）については，真正なものであることについての登記官の心証を形成することができるようにすることを目的として，台北駐日経済文化代表処（亜東関係協会）の奥書を求める取り扱いをしてきたところですが，今後は，台北駐日経済文化代表処（亜東関係協会）の奥書がされていなかったとしても，登記官が審査した限りにおいて，他に偽造等を疑うべき特段の事情が存在しない限り，当該戸政事務所発行文書について真正に作成されたものとして取り扱って差し支えありませんので，その旨，貴下職員に周知願います。
>
> なお，現在，戸政事務所発行文書には，台北駐日経済文化代表処（亜東関係協会）の奥書とともに，中華民国外交部の奥書及び訳文に対する公証人の認証が付されているところですが，これら奥書及び認証についても求める必要はありませんので，念のため申し添えます。
>
> おって，登記相談の際に，戸政事務所発行文書に奥書等を求めることのないよう登記相談員への周知にも配慮願います。
>
> 【参考】
> 登記研究第800号109頁「実務の視点」
> 登記研究第804号325頁「登記簿」

9　最後に

　2010年代前半にマスコミを賑わせた中国系投資家による「爆買い」の波は，本書発行時点（平成29年2月末）ではかなり落ち着いている。しかし，多様な渉外不動産登記事例のすべてがなくなることはない。むしろ，在留外国人

や在外邦人の増加に伴い、売買や贈与等の共同申請の登記案件はもちろん、外国的要素を含む相続の登記案件も増えていくものと思われる。

　登記の専門家たる司法書士は、今後も外国人・在外邦人等のための不動産上の権利保全の担い手としての役割を果たしていくべきである。

　ここで紹介した本事例は、仲介業者が介在せず、一つひとつを当事者に辛抱強く説明しなければならず、当時、新人司法書士であった筆者にとっては困難な案件であった。しかし、この経験が、その後のさまざまな案件の対応に役立ったことはいうまでもない。

　外国人同士の相対取引の案件を受任する機会があれば、若手司法書士は、ぜひともチャレンジしてみるよう、心からお勧めしたい。

（山口岳彦）

Ⅲ 外国人の帰化申請（中国人の事例を中心に）

1 はじめに

　帰化の申請者は年間1万数千人で推移しているが、その多くを「特別永住者」の在留資格をもつ韓国人、朝鮮人、中国人が占めている。また、帰化申請に対する不許可数の割合はおおむね4.8％となっている[1]。帰化申請は、「永住者」の在留資格の申請（後記5(3)参照）に比較して要件や提出書類も多く、審査期間も長期となり、ハードルが高いといえる。申請件数に対して、不許可数の割合が非常に低いのは、申請前に行われる法務局での事前相談において帰化申請の要件を満たさないと判断されたものは、申請書さえ渡されず、門前払いをされるためである。逆にいえば、事前相談時に申請書を受け取ることができた場合は、申請後に帰化許可を得る可能性が高いといえる。

　ここでは、筆者が経験した外国人の帰化申請の事例（内容は適宜変更している）を素材に、帰化申請書類の作成について、手続上の問題と、執務にあたり注意するべきことを概観する。以下の内容を参照すれば、依頼の受託から申請までの手続をおおむね理解することができ、シンプルな事件であれば書式を活用して申請書類の作成業務を行うことができるであろう。

2 事例の概要

　事例の概要は、次のとおりである。

> 　中国国籍をもつＡは、平成16年に本国の高校を卒業し、同年、神戸の日本語学校に留学した。1校目の卒業後、就職が難しかったため、再度日本語学校に入学し、平成21年にアルバイト先で知り合った日本人の

---

[1] 法務省HP「帰化許可申請者数等の推移」〈http://www.moj.go.jp/MINJI/toukei_t_minj03.html〉（平成29年2月末閲覧）のうち「帰化許可申請者数、帰化許可者数及び帰化不許可者数の推移」ほか参照。

Bと結婚した。現在は、「日本人の配偶者等」の在留資格をもち、内装業関係の仕事をしている。帰化申請を希望して、司法書士事務所に相談に来た。

なお、日本での滞在期間はおよそ12年であり、長期間の帰省などの帰化申請の阻害要件は特にない。

3 司法書士法上の帰化申請書類の作成業務の根拠規定

まず、帰化申請書類の作成を司法書士が行うことができるとする根拠を述べたい。帰化申請は、申請をしようとする者の住所地を管轄する法務局または地方法務局に対して申請を行う（国籍法施行規則2条）。

また、司法書士法3条2項に、「法務局又は地方法務局に提出し、又は提供する書類又は電磁的記録……を作成すること」とあることから、司法書士は、業として帰化申請に関する書類を作成することができる。なお、諸説として司法書士法3条の規定は、主に不動産登記、商業登記、動産譲渡登記および債権譲渡登記、後見登記または任意後見契約の登記に関する申請書、その他の附属書類についてのものをいい、帰化申請については、法務大臣に対して行うものであり、法務局は窓口にすぎないため帰化申請書類の作成は業務に含まれないとするものがあるが、本書においては司法書士法の規定どおり、これを業務として行うことができるという立場をとっている。

4 国籍と帰化申請の意義

帰化申請手続の解説に入る前に、国籍と帰化申請の意義についても触れておこう。

国籍法4条には、「日本国民でない者……は、帰化によつて、日本の国籍を取得することができる」と規定されている。つまり、外国人を「日本国民でない者」と定義し、帰化による国籍の取得を定めているということである。

では、そもそも国籍とは何であろうか。

Ⅲ　外国人の帰化申請

　国籍とは、「人が特定の国の構成員（国民）であるための資格」と定義できる。日本において、この資格は同じく国籍法に定められており（同法1条）、日本国民とは、①出生の時に父または母が日本国民であるとき、②出生前に死亡した父が死亡の時に日本国民であったとき、③日本で生まれた場合において、父母が共に知れないとき、または国籍を有しないとき（同法2条1号～3号・1条）をいう。

　このように日本においては、第一義に血統主義、それが採用されない事情があるときに第二義として出生地主義がとられている。つまり、日本においては、出生の時に父もしくは母のどちらかが日本国籍を有していれば、その子は日本国籍を取得するということになる。

> **コラム　血統主義と出生地主義**
> 　諸外国においては、国籍の取得につき、血統主義を取っている国と出生地主義をとっている国に分かれる。多くの国では日本と同様に血統主義を採用しており、その割合は全体の8割を超える。
> 　血統主義を採用している国は、日本をはじめ、アイスランド、イスラエル、イタリア、エチオピア、エルサルバドル、オーストリア、オランダ、ガーナ、ギリシャ、スウェーデン、スペイン、スロバキア、タイ、中国、韓国、デンマーク、トルコ、ナイジェリア、ノルウェー、ハンガリー、フィリピン、フィンランド、チェコ、スロヴァキア、ブルガリア、ポーランド、ルーマニアなどとされ、一方、出生地主義を採用している国は、アルゼンチン、カナダ、アメリカ合衆国、ブラジル、アイルランド、グレナダ、ザンビア、タンザニア、パキスタン、バングラデシュ、フィジーなどとされている。

　なお、帰化申請、出生以外に、国籍法には、①認知された子の国籍の取得（同法3条）、②国籍の再取得（同法17条）の二つの国籍取得が規定されている。

　認知された子の国籍の取得については、「父又は母が認知した子で20歳未

2　法務省HP「国籍Q&A」〈http://www.moj.go.jp/MINJI/minji78.html〉（平成29年2月末閲覧）参照。

満のもの（日本国民であつた者を除く。）は、認知をした父又は母が子の出生の時に日本国民であつた場合において、その父又は母が現に日本国民であるとき、又はその死亡の時に日本国民であつたときは、法務大臣に届け出ることによつて、日本の国籍を取得することができる」と規定されている（国籍法3条1項）。たとえば、母が本国でシングルマザーとして出産し、日本人の父が後に認知したような場合があげられる。

また、国籍の再取得については、①国籍留保の届出（国籍法12条）をしなかったために、日本国籍を失ったもので20歳未満のもの（同法17条1項）、②官報催告により日本国籍を失ったもの（同条2項）は、法務大臣に届け出ることによって、日本の国籍を取得することができる（②の場合は、日本の国籍を失ったことを知った時から1年以内）。たとえば、母が本国に里帰り出産して、日本でも出生届を出したが、3カ月以内に国籍留保の届出をしなかったために、出生にさかのぼって日本国籍を失ってしまったような場合があげられる。

5　帰化の要件

(1)　帰化制度を利用する理由

さて、外国人はどのような理由から帰化制度を利用するのであろうか。その理由は、次の①～③の三つに大きく分類されるであろう。

① 生活基盤からくるもの
   ⓐ 日本で出生し、本国にはほとんど帰ったこともなく、本国の言葉も話せない。
   ⓑ 夫も子供も日本国籍で、自分だけが外国国籍である。家族旅行で外国に渡航する際、自分だけビザが必要なことがあり、疎外感を感じる。
   ⓒ 日本で、より安定した生活基盤を構築したい（就職、結婚、住宅ローンなど）。

② 外国人特有の制限からくるもの（警察官、公務員などになれない、選挙権がない）

③　自己実現の手段として（日本を愛し、日本国民となることを強く望んでいる）

帰化申請の多くは、これらの目的を達成するための一つの手段であり、自己のアイデンティティの中核たる原国籍を喪失するという重大な結果を伴うものである。帰化申請の相談を受けたときは、本人の日本における活動の背景を十分に理解し、本当に帰化申請によることが本人の意思に沿い、目的を達成することができるのかを検討し、制度選択を行う必要がある。

(2)　帰化の要件

主な帰化の許可要件は、次の(ア)～(カ)のとおりである。このほか、一定の条件を満たす方は簡易帰化（国籍法6条～8条）が認められている。帰化申請の相談を受けたときは、これら要件を満たすかどうかをまず確認する。

(ア)　住所条件

帰化の申請をする時まで、引き続き5年以上日本に住んでいることが必要である（国籍法5条1項1号）。なお、住所は、適法なものでなければならず、正当な在留資格を有していなければならない（100日以上、出国した場合は「引き続き」とは認められない）。

また、「5年」の要件が緩和される場合として、①日本人の配偶者等の在留資格を有し、継続して日本に滞在している者は3年となり、②外国人夫婦の一方または親が帰化申請する場合は本人の帰化申請と同時申請が可能であり、③実親が日本人または本人が過去日本人で日本に住所がある場合は期間が不問となるなどがある。

(イ)　能力条件

年齢が20歳以上であって、かつ、本国の法律によっても成人の年齢に達していることが必要である（国籍法5条1項2号）。

(ウ)　素行条件

素行が善良であることが必要である（国籍法5条1項3号）。素行が善良であるかどうかは、犯罪歴の有無や態様、納税状況や社会への迷惑の有無等を総合的に考慮し、通常人を基準として、社会通念によって判断されることと

なる。たとえば、過去5年に交通違反（駐車違反などの軽微なものも含む）があった者は申請ができない。

　　㈤　**生計条件**

　生活に困るようなことがなく、独力で日本で暮らしていけることが必要である（国籍法5条1項4号）。この条件は生計を一つにする親族単位で判断されるので、申請者自身に収入がなくても、配偶者やその他の親族の資産または技能によって安定した生活を送ることができれば、この条件を満たすこととなる。

　　㈥　**重国籍防止条件**

　帰化しようとする者は、無国籍であるか、原則として帰化によってそれまでの国籍を喪失することが必要となる（国籍法5条1項5号）。例外として、本人の意思によってその国の国籍を喪失することができない場合については、この条件を備えていなくても帰化が許可になる場合がある（同条2項）。

　　㈦　**憲法遵守条件**

　日本の政府を暴力で破壊することを企てたり、主張するような者、あるいはそのような団体を結成したり、加入しているような者は帰化が許可されない（国籍法5条1項6号）。

(3) 永住者の在留資格の取得との違い

　帰化申請を検討する際に、「永住者」の在留資格の取得を検討することがある。

　よくある誤解に、帰化申請をする前提として永住者の在留資格を取得しなければならないというものがある（審査上、考慮されることはありうる）。帰化申請は、前述のとおり、国籍の取得に関する制度であり、在留資格の一つである永住者の取得申請とは、その根本的な性質が異なる。

　また、審査を行う機関も違う（永住者の在留資格の申請等は入国管理局であるが、帰化の審査機関は法務大臣（法務局）である）。ただし、得られる効果には共通する部分があり、依頼者のおかれている状況によっては永住申請が適している場合もあるため、比較検討するのがよい（〈表2〉参照）。

〈表2〉 永住者の在留資格の取得と帰化による国籍取得との比較

	永住者の在留資格の取得	帰化による国籍取得
原国籍の喪失	喪失しない	喪失する
審査機関	法務省入国管理局	法務大臣（法務局）
審査期間	約6カ月	約1年
在日期間	原則10年の在留実績（在留資格により緩和あり）	原則5年の住所条件（生活の本拠が日本にあること）
能力条件	要求されない	要求される
生計条件	要求される	要求される
素行条件	要求される（交通違反は職権調査対象）	要求される（交通違反もNG）
日本語能力	確認されない	確認される（小学生程度の読み書き）
選挙権・被選挙権	取得しない	取得する
納税・社会保険加入義務	有する	有する
在留資格の変更や喪失	あり	対象外

6　帰化申請手続の流れ

帰化申請手続の流れは、次の(1)～(6)のとおりである。

(1)　相談と方向性の確認

相談者の在留状況を聞き取り、帰化申請の要否を確認する。ヒアリングシートなどを活用しながら丁寧に情報収集する。あらかじめ、在留カード、パスポートを持参するように依頼者にお願いをしておく。住民票、家族の戸籍、本国の戸籍等、身分関係を証する書面があればなおよい。

(2)　帰化条件の確認

帰化の要件（国籍法5条。前記5(2)参照）を満たしているか、順次確認していく。一つでも条件を満たしていなければ、帰化申請をすることはできない。

確認に際しては、簡易帰化が適用される場合についても検討する（国籍法6条～8条）。

(3) **事前相談**

すべての帰化の要件を満たしていることが確認でき、申請が可能であると思われたら、次は法務局に事前相談の予約をとる。神奈川県においては、おおむね相談時の司法書士の同席が認められている。相談の結果、許可されるであろう場合にのみ、申請の手引きが渡される。

(4) **申請準備**

帰化申請に必要な書類（後記7参照）の収集を行う。法務局がこれらの書類を受理した後、本人のみに呼出の連絡があり、インタビューを受けることになる（他者は同席できない）。

(5) **申請と法務局による審査**

申請は本人申請であり、代理は不可である。審査期間は6カ月から1年である。審査に時間がかかることをあらかじめ依頼者に対して説明しておくことが必要である。なお、この間に通常どおり出国することもできる。

不許可となった場合でも、現に保有する在留資格に影響はない。

(6) **国籍取得と原国籍の喪失手続**

帰化の許可が下りると官報に告示され、本人へ通知がなされる。原国籍国の法によれば自動的には原国籍を喪失しない場合は、告示後、本国の在日大使館もしくは領事館にて、国籍喪失届出を行う。

7　帰化申請に必要な書類と作成上の留意点

帰化申請の審査においては、原則として書面審査となるため、帰化の要件（前記5(2)参照）を満たすことを証する書面の提出が求められる。審査の経過によっては、実際に住居や職場を訪れ、近隣や関係者へのインタビューが行われることがある（前記6(5)参照）。書類は申請時にすべての書類が揃っていることが望ましい。

なお、国籍証明書をはじめとして、本国の言語で記述されている文書が多

数あるため、これら外国語の文書は日本語訳を添付する必要がある。翻訳者は特に規定されていないが、業者に依頼して行うことが望ましい。また、申請者の国籍によって提出書類が異なる場合があるため、事前相談で確認をしておくことが必要となる（前記6(3)参照）。

　以下では、実際の書式を紹介しながら帰化申請の書類作成について解説していく。帰化申請において、司法書士が作成するべき書類は、次のとおりである。なお、紹介した書式は、平成29年2月末現在、横浜地方法務局にて配布されている形式である。管轄によって多少、書式の細部が異なる。

(1) 帰化許可申請書

　帰化許可申請書（【書式24】参照）は、正・副2通を作成し、2通とも写真（5 cm×5 cm）を貼付する。

　「出生地」欄については、本人において、出生地の記載のある本国の政府、官憲が発行した国籍証明書、または出生証明書を取得してもらい、出生地を正確に記入する。パスポート等に記載されている出生地では足りない。

　「住所（居所）」欄については、在留カードを参照して、日本における住所を正確に記入する。

　「通称名」欄については、通称を届け出ている場合は、住民票に通称が記載されるため、住民票を参照して記入する。

　「父母の本籍又は国籍」欄については、父母の婚姻証明書を参照し、本籍、国籍を記入する。

　「帰化後の本籍」「帰化後の氏名」欄については、戸籍が作成される際、この欄に記入したものが戸籍に記載される。本人が自由に設定することができる。

　「申請者の署名」欄については、申請時、担当官の面前で記入するため、空欄にしておく。

(2) 親族の概要を記載した書面

　親族の概要を記載した書面（【書式25】参照）は、本人よりヒアリングして作成する。

7 帰化申請に必要な書類と作成上の留意点

【書式24】 帰化許可申請書

帰化許可申請書

平成○○年○○月○○日

法務大臣　殿

日本国に帰化をしたいので、関係書類を添えて申請します。

帰化をしようとする者	国籍	○○○○○○	帰化をしようとする者の写真（申請日の前6か月以内に撮影した5cm正法の単身、無帽、正面上半身のもの） 15歳未満の場合には、法定代理人と一緒に撮影した写真 （平成○○年○○月○○日撮影）		
	出生地	○○○○○○			
	住所 (居所)	○○県○○区○○町○○丁目○番○号			
	（ふりがな）	○○○○　　　　○○○○	通称名	○○	○○
	氏名	氏　○　　　名　○○			
	生年月日	大・昭・㊙○○年○○月○○日生	父母との続柄	○	㊚女

父母の氏名	父		母	
	氏　○	名　○○	氏　○	名　○○

父母の本籍又は国籍	○○○○○○	○○○○○○

養父母の氏名	養父		養母	
	氏　○	名　○○	氏　○	名　○○

養父母の本籍又は国籍	○○○○○○	○○○○○○

帰化後の本籍	○○○○○○

帰化後の氏名	氏　○○	名　○○
	（　の氏）	

申請者の署名又は法定代理人の住所、資格及び署名	○○○

上記署名は自筆したものであり、申請者は写真等と相違ないことを確認した。
受付担当官

電話連絡先	自宅	000 (000) 000	勤務先	000 (000) 000	携帯	000 (000) 000

(注)　1　「申請年月日」及び「申請者の署名又は法定代理人の住所、資格及び署名」欄については、申請の受付の際に記載するので、あらかじめ記載しない。
　　　2　申請者が15歳未満である場合には、その法定代理人が署名する。
　　　3　確認欄については、記載しない。

Ⅲ 外国人の帰化申請

【書式25】 親族の概要を記載した書面

親族の概要 （居住地区分／□日本　□外国）					交際状況等
続柄	氏　名 生年月日	年齢	職　業	住　所 ※死亡している場合は、住所の記載に代え、死亡日を記載	①交際の有無、②帰化意思の有無、③申請者の帰化に対する意見、④その他（電話番号、帰化申請日、帰化日など）
	年　月　日生			（□　　年　月　日亡）	①交際　　／□有　□無 ②帰化意思／□有　□無 ③意見／□賛成　□反対 　　　　□特になし TEL　　　－　　　－ 　年　月　日帰化・申請
	年　月　日生			（□　　年　月　日亡）	①交際　　／□有　□無 ②帰化意思／□有　□無 ③意見／□賛成　□反対 　　　　□特になし TEL　　　－　　　－ 　年　月　日帰化・申請
	年　月　日生			（□　　年　月　日亡）	①交際　　／□有　□無 ②帰化意思／□有　□無 ③意見／□賛成　□反対 　　　　□特になし TEL　　　－　　　－ 　年　月　日帰化・申請
	年　月　日生			（□　　年　月　日亡）	①交際　　／□有　□無 ②帰化意思／□有　□無 ③意見／□賛成　□反対 　　　　□特になし TEL　　　－　　　－ 　年　月　日帰化・申請
	年　月　日生			（□　　年　月　日亡）	①交際　　／□有　□無 ②帰化意思／□有　□無 ③意見／□賛成　□反対 　　　　□特になし TEL　　　－　　　－ 　年　月　日帰化・申請
	年　月　日生			（□　　年　月　日亡）	①交際　　／□有　□無 ②帰化意思／□有　□無 ③意見／□賛成　□反対 　　　　□特になし TEL　　　－　　　－ 　年　月　日帰化・申請

（注）　1　原則として、申請者を除いて記載する。
　　　　2　この書面に記載する親族の範囲は、申請をしていない「同居の親族」のほか、申請者の「配偶者（元配偶者を含む。）」、「親（養親を含む。）」、「子（養子を含む。）」、「兄弟姉妹」、「配偶者の両親」、「内縁の夫（妻）」及び「婚約者」である。
　　　　　なお、これらの親族については、死亡者についても記載する。
　　　　3　この書面は、<u>日本在住</u>の親族と<u>外国在住</u>の親族とに<u>用紙を分けて</u>作成する。

「居住地区分」欄については、各親族の居住地が日本国内か外国かを確認し、国内と外国を分けて作成する。たとえば、日本人の配偶者がいて、その配偶者と日本で居住しており、両親や兄弟が本国にいる場合は、本人と日本人の配偶者を1枚目に記入し、両親と兄弟を2枚目に記入する。その際、居住地区分が日本、外国のいずれであるかを記入する。

「住所」欄については、日本もしくは外国における住所を記入する。同居の親族がいる場合、次の行に同居している親族の名前を書き、住所欄には「同居」とすれば足りる。

「死亡した家族」欄については、家族関係証明書（後記(5)の【書式32】【書式33】参照）を確認し、死亡した者がいれば名前、死亡年月日も記載する。

(3) 履歴書

履歴書（【書式26】参照）は、本人よりヒアリングして作成する。申請者が15歳未満である場合には不要である。

「履歴書（その1）」については、出生から現在に至るまでの学歴、職歴、身分関係（婚姻、離婚、事実婚、父母の死亡）をすべて記載する。収集した資料およびヒアリングの結果により、時系列で記載をしていくが、下書きとして、本人の記憶から粗い略年表を作成したうえで資料を参照していくのが効率的である。ちなみに、略年表の作成時、本人の記憶があいまいな場合は現時点からさかのぼったり、卒業年度を書き出して、前後を埋めていくようにするとよい。記載した最終学歴については卒業証明書を添付する。

「履歴書（その2）」については、出入国履歴を記載する。記載にあたっては、パスポート（発行済みのものすべて）、外国人登録原票、外国人登録証、在留カードを確認し、日本に初めて上陸した時点から、現在に至るまでの事実関係を確認しながらつなげていくようにする。相続手続において、被相続人の出生から死亡に至るまでの戸籍を収集する作業があるが、これによく似ている。履歴書に記載するのは法定住所期間のものをすべて記入する。つまり、簡易帰化に該当しない場合は過去5年である。賞罰は過去から現在のものをすべて記入する必要がある。

Ⅲ 外国人の帰化申請

【書式26】 履歴書

履 歴 書 (その1)	氏名			
年 月 日	居 住 関 係		学歴・職歴	身分関係
				出生

(注) 1 「年」については，日本の元号で記載する。
　　 2 履歴事項については，古い年代のものから漏れなく記載する。例えば，学歴については，転校，中途退学，卒業の学部等についても記載し，職歴（本国での職歴や日本に入国した後に行ったアルバイト歴も含む。）については，勤務先だけでなく，担当した職種についても記載する。
　　　　また，身分関係については，父母の死亡及び事実婚についても記載する。
　　 3 用紙が不足する場合には，同一用紙を用いて記載する。
　　 4 この書面は，申請者ごとに作成するが，15歳未満のものについては，作成することを要しない。

7　帰化申請に必要な書類と作成上の留意点

履　歴　書 (その2)		氏名						
	回数	期　　間				日数	渡　航　先	目的，同行者等
出入国歴 (最近　年間)	1	平　　　年 ～　　　年		月月	日日			
	2	平　　　年 ～　　　年		月月	日日			
	3	平　　　年 ～　　　年		月月	日日			
	4	平　　　年 ～　　　年		月月	日日			
	5	平　　　年 ～　　　年		月月	日日			
	6	平　　　年 ～　　　年		月月	日日			
	7	平　　　年 ～　　　年		月月	日日			
	8	平　　　年 ～　　　年		月月	日日			
	9	平　　　年 ～　　　年		月月	日日			
	10	平　　　年 ～　　　年		月月	日日			
		総　出　国　日　数						
技　能 資　格		年　　月　　日第1種普通自動車運転免許取得 (免許証番号第　　　　　　号)						
賞　罰								
確認欄								

(注)　1　「年」については，日本の元号で記載する。
　　　2　出入国歴については，法定住所期間におけるものを記載する。ただし，最短でも最近1年間の出入国歴を記載する。
　　　3　賞罰欄については，過去から現在までの全てのものを記載する。
　　　4　確認欄については，記載しない。

(4) 帰化の動機書

帰化の動機書（【書式27】参照）は、必ず本人が自筆で書き、ワープロは使用不可である。申請者が15歳未満である場合には不要である。小学校3年生以上の漢字が書けることを確認される。内容は帰化を申請する動機について書かれていれば、厳密な説明や証明は要求されていないようである。動機について書くことが少なければ、筆者の場合は上陸前後の経緯や、家族のこと、仕事のことなどを紹介するように勧めている。おおよそ紙面の70％から80％は埋めることが求められる。

(5) 国籍・身分関係を証する書面

国籍・身分関係を証する書面は、本国政府、官憲により発行されるものを準備してもらう。

具体的には、①出生証明書（本人のもの。【書式28】【書式29】参照）、②国籍証明書（本人のもの。【書式30】【書式31】参照）、③家族関係証明書（本人を含む家族全員（両親、兄弟姉妹）のもの。【書式32】【書式33】参照）、④婚姻証明書（本人、配偶者、両親のもの。一方配偶者が日本人である場合、配偶者の証明分は日本の戸籍で足りる。【書式34】【書式35】参照）、⑤申述書（両親が作成した、本人が自分の子であることを申述した書面。【書式36】【書式37】参照）である。

(6) 外国人登録原票の写し

法務省に対して、本人が開示請求をする（本章Ⅱ5(1)(イ)参照）。

(7) 住所証明書（住民票）

本人を含めた日本にいる家族全員の住民票を添付する。

必要な記載事項は、氏名、生年月日、性別、国籍、在留資格、在留期間の満了日、在留カード番号、過去5年間の居住歴、氏名・生年月日を訂正しているときは訂正前の事項とその年月日である。

(8) 宣誓書

宣誓書（【書式38】参照）は、申請時に担当官の面前で本人が署名する。

7　帰化申請に必要な書類と作成上の留意点

【書式27】　帰化の動機書

帰　化　の　動　機　書
平成　　年　　月　　日
申請者

(注)　1　帰化をしたい理由（例えば，日本に入国するに至った経緯及び動機，日本での生活についての感想，日本に入国した後に行った社会貢献，本国に対する思い，帰化が許可された後において行うことを予定している社会貢献，帰化が許可された後における日本での生活の予定等）を具体的に記載し，末尾に作成年月日を記載し，署名する。
　　　2　原則として，申請者が自筆（ワープロは不可）する。
　　　3　この書面は，申請者ごとに作成するが，15歳未満のものについては，作成することを要しない。

Ⅲ　外国人の帰化申請

【書式28】　出生証明書（原文）

公　証　書

（○○○○）閩融証字第○○号

申請人：○○○○，男，○○○○年○○月○○日出生，現住日本国。
公証事項：出生
　茲証明○○○○于○○○○年○○月○○日在福建省○○○○出生。○○○○的父亲是○○○○（公民身份号碼○○○○），○○○○的母亲是○○○○（公民身份号碼：○○○○）。

中华人民共和国福建省○○公证处

公证员　○○○○

○○○○年○○月○○日

【書式29】　出生証明書（訳文）

公　　証　　書（訳文）

（○○○○）閩融証字第○○号

申請人：○○○○，男性，○○○○年○○月○○日生，日本国に在住している。

公証事項：出生

　○○○○は，○○○○年○○月○○日に福建省○○○○市に生まれた。○○○○の父親は○○○○（公民身分証番号：○○○○）であり，○○○○の母親は○○○○（公民身分証番号：○○○○）であることを証明する。

中華人民共和国
福建省○○市公証処（公印）
公証人：○○○○　㊞

○○○○年○○月○○日

7　帰化申請に必要な書類と作成上の留意点

【書式30】　国籍証明書（原文）

公　証　書

（〇〇〇〇）閩融証字第〇〇号

申請人：〇〇〇〇，男，〇〇〇〇年〇〇月〇〇日出生，护照号码：〇〇〇〇，现住日本国。
公证事项：国籍
兹证明〇〇〇〇原户籍所在地在中华人民共和国福建省〇〇市〇〇〇〇　具有中华人民共和国国籍。

中华人民共和国福建省〇〇市公证处

公证员　〇〇〇〇

〇〇〇〇年〇〇月〇〇日

【書式31】　国籍証明書（訳文）

公　証　書（訳文）

（〇〇〇〇）閩融証字第〇〇号

申請人：〇〇〇〇，男性，〇〇〇〇年〇〇月〇〇日生，旅券証番号：〇〇〇〇，日本国に在住している。

公証事項：国籍

〇〇〇〇は，元戸籍は中華人民共和国福建省〇〇〇〇にあり，よって，上記者は中華人民共和国の国籍を有することを証明する。

中華人民共和国
福建省〇〇市公証処（公印）
公証人：〇〇〇〇　㊞

〇〇〇〇年〇〇月〇〇日

Ⅲ　外国人の帰化申請

【書式32】　家族関係証明書（原文）

　　　　　　　　　　公　証　書

　　　　　　　　　　　　　　　　　（〇〇〇〇）閩融証字第〇〇号

　　申請人：〇〇〇〇，男，〇〇〇〇年〇〇月〇〇日出生，現住日本国。
　　关系人：〇〇〇〇，男，〇〇〇〇年〇〇月〇〇日出生，公民身份号码：〇〇〇〇，現住福建省〇〇〇〇。
　　〇〇〇〇，女，〇〇〇〇年〇〇月〇〇日出生，公民身份号码：〇〇〇〇，現住福建省〇〇〇〇。
　　〇〇〇〇，男，〇〇〇〇年〇〇月〇〇日出生，公民身份号码：〇〇〇〇，現住福建省〇〇〇〇。
　　公証事項：亲属关系
　　兹证明〇〇〇〇是〇〇〇〇，〇〇〇〇的儿子；〇〇〇〇是〇〇〇〇的弟弟。

　　　　　　　　　　　　　　　中华人民共和国福建省〇〇市公证处

　　　　　　　　　　　　　　　　　　公証員　〇〇〇〇

　　　　　　　　　　　　　　　　〇〇〇〇年〇〇月〇〇日

【書式33】　家族関係証明書（訳文）

　　　　　　　　　　公　　証　　書（訳文）

　　　　　　　　　　　　　　　　　（〇〇〇〇）閩融証字第〇〇号

　　申請人：〇〇〇〇〇〇，男性，〇〇〇〇年〇〇月〇〇日生，日本国に在住している。

　　関係人：〇〇〇〇，男性，〇〇年〇〇月〇〇日，公民身分証番号：〇〇〇〇，現住所：福建省〇〇〇〇。
　　〇〇〇〇，女性，〇〇〇〇年〇〇月〇〇日生，公民身分証番号：〇〇〇〇，現住所：福建省〇〇〇〇。
　　〇〇〇〇，男性，〇〇〇〇年〇〇月〇〇日生，公民身分証番号：〇〇〇〇，現住所：福建省〇〇〇〇。

　　公証事項：親族関係

7　帰化申請に必要な書類と作成上の留意点

　　上記者らの間柄について、〇〇〇〇は〇〇〇〇と〇〇〇〇の息子であり、〇〇〇〇は〇〇〇〇の弟であることを証明する。

中華人民共和国
福建省〇〇市公証処（公印）
公証人：〇〇〇〇　㊞

〇〇〇〇年〇〇月〇〇日

【書式34】　婚姻証明書（原文）

公　証　書

（〇〇〇〇）閩融証字第〇〇号

　申請人：〇〇〇〇，男，〇〇〇〇年〇〇月〇〇日出生，公民身份号码：〇〇〇〇，現住福建省〇〇〇〇市〇〇〇〇。
　关系人：〇〇〇〇，女，〇〇〇〇年〇〇月〇〇日出生，公民身份号码：〇〇〇〇，現住福建省〇〇市〇〇〇〇。
　公证事项：已婚
兹证明〇〇〇〇与〇〇〇〇于〇〇〇〇年〇〇月〇〇日在中华人民共和国福建省〇〇市〇〇人民政府登记结婚。

中華人民共和国福建省〇〇市公証処

公証員　〇〇〇〇

〇〇〇〇年〇〇月〇〇日

【書式35】　婚姻証明書（訳文）

公　証　書（訳文）

（〇〇〇〇）閩融証字第〇〇号

　申請人：〇〇〇〇，男性，〇〇〇〇年〇〇月〇〇日生，公民身分証番号：〇〇〇〇，現住所：福建省〇〇〇〇。

141

Ⅲ　外国人の帰化申請

```
　関係人：○○○○，女性，○○○○年○○月○○日生，公民身分証番号：○○○○，
現住所：福建省○○○○。

　公証事項：既婚

　○○○○年○○月○○日をもって，○○○○と○○○○は中華人民共和国福建省○
○市○○○○鎮人民政府において結婚届出済みのことを証明する。

　　　　　　　　　　　　　　　　　　中華人民共和国
　　　　　　　　　　　　　　　　　　福建省○○市公証処（公印）
　　　　　　　　　　　　　　　　　　公証人：○○○○　㊞

（写真）　　　　　　　　　　　　　　　　　　　　○○○○年○○月○○日
```

【書式36】　申述書（原文）

```
　　　　　　　　　　　　申　述　書

　○○○○と○○○○とは，○○○○年○○月○○日に婚姻し，下記の子を儲けまし
たことを証明いたします。
（死亡した子についても記載願います。その場合は，死亡年月日も記載願います。）
　　　　　　　　　　　　　　記
　　続柄（長男）氏　　名　○○○○_____
　　　　　　　　出 生 地　福建省○○○○_____
　　　　　　　　生年月日　○○○○年○○月○○日_____
　　続柄（次男）氏　　名　○○○○_____
　　　　　　　　出 生 地　福建省○○○○_____
　　　　　　　　生年月日　○○○○年○○月○○日_____
　　続柄（　　）氏　　名　_____
　　　　　　　　出 生 地　_____
　　　　　　　　生年月日　_____
　　続柄（　　）氏　　名　_____
　　　　　　　　出 生 地　_____
　　　　　　　　生年月日　_____
　　続柄（　　）氏　　名　_____
　　　　　　　　出 生 地　_____
　　　　　　　　生年月日　_____
　　続柄（　　）氏　　名　_____
　　　　　　　　出 生 地　_____
　　　　　　　　生年月日　_____
　　続柄（　　）氏　　名　_____
　　　　　　　　出 生 地　_____
```

7　帰化申請に必要な書類と作成上の留意点

```
　　　　　　　生年月日＿＿＿＿＿＿＿＿＿＿＿＿＿＿＿＿＿＿＿＿
　　続柄（　）氏　　名＿＿＿＿＿＿＿＿＿＿＿＿＿＿＿＿＿＿＿＿
　　　　　　　出 生 地＿＿＿＿＿＿＿＿＿＿＿＿＿＿＿＿＿＿＿＿
　　　　　　　生年月日＿＿＿＿＿＿＿＿＿＿＿＿＿＿＿＿＿＿＿＿

平成〇〇年〇〇月〇〇日
　　　　　　　　　　　　　申述者　　住所　福建省〇〇〇〇
　　　　　　　　　　　　　父　氏名　〇〇〇〇　㊞
　　　　　　　　　　　　　　　　　　住所　福建省〇〇〇〇
　　　　　　　　　　　　　母　氏名　〇〇〇〇　㊞
```

【書式37】　申述書（訳文）

申　述　書

　〇〇〇〇と〇〇〇〇とは，〇〇〇〇年〇〇月〇〇日に婚姻し，下記の子を儲けましたことを証明いたします。
（死亡した子についても記載願います。その場合は，死亡年月日も記載願います。）

記

```
　続柄（長男）氏　　名　〇〇〇〇＿＿＿＿＿＿＿＿＿＿＿＿＿＿＿
　　　　　　　出 生 地　福建省〇〇〇〇＿＿＿＿＿＿＿＿＿＿＿＿
　　　　　　　生年月日　〇〇〇〇年〇〇月〇〇日＿＿＿＿＿＿＿＿
　続柄（次男）氏　　名　〇〇〇〇＿＿＿＿＿＿＿＿＿＿＿＿＿＿＿
　　　　　　　出 生 地　福建省〇〇〇〇＿＿＿＿＿＿＿＿＿＿＿＿
　　　　　　　生年月日　〇〇〇〇＿＿＿＿＿＿＿＿＿＿＿＿＿＿＿
　続柄（　　）氏　　名＿＿＿＿＿＿＿＿＿＿＿＿＿＿＿＿＿＿＿＿
　　　　　　　出 生 地＿＿＿＿＿＿＿＿＿＿＿＿＿＿＿＿＿＿＿＿
　　　　　　　生年月日＿＿＿＿＿＿＿＿＿＿＿＿＿＿＿＿＿＿＿＿
　続柄（　　）氏　　名＿＿＿＿＿＿＿＿＿＿＿＿＿＿＿＿＿＿＿＿
　　　　　　　出 生 地＿＿＿＿＿＿＿＿＿＿＿＿＿＿＿＿＿＿＿＿
　　　　　　　生年月日＿＿＿＿＿＿＿＿＿＿＿＿＿＿＿＿＿＿＿＿
　続柄（　　）氏　　名＿＿＿＿＿＿＿＿＿＿＿＿＿＿＿＿＿＿＿＿
　　　　　　　出 生 地＿＿＿＿＿＿＿＿＿＿＿＿＿＿＿＿＿＿＿＿
　　　　　　　生年月日＿＿＿＿＿＿＿＿＿＿＿＿＿＿＿＿＿＿＿＿
　続柄（　　）氏　　名＿＿＿＿＿＿＿＿＿＿＿＿＿＿＿＿＿＿＿＿
　　　　　　　出 生 地＿＿＿＿＿＿＿＿＿＿＿＿＿＿＿＿＿＿＿＿
　　　　　　　生年月日＿＿＿＿＿＿＿＿＿＿＿＿＿＿＿＿＿＿＿＿
　続柄（　　）氏　　名＿＿＿＿＿＿＿＿＿＿＿＿＿＿＿＿＿＿＿＿
　　　　　　　出 生 地＿＿＿＿＿＿＿＿＿＿＿＿＿＿＿＿＿＿＿＿
　　　　　　　生年月日＿＿＿＿＿＿＿＿＿＿＿＿＿＿＿＿＿＿＿＿
　続柄（　　）氏　　名＿＿＿＿＿＿＿＿＿＿＿＿＿＿＿＿＿＿＿＿
　　　　　　　出 生 地＿＿＿＿＿＿＿＿＿＿＿＿＿＿＿＿＿＿＿＿
```

Ⅲ　外国人の帰化申請

```
            生年月日＿＿＿＿＿＿＿＿＿＿＿＿＿＿＿＿＿＿＿＿
平成○○（○○○○）年○○月○○日
                            申述者
                                    住址：福建省○○○○
                              父親　姓名：○○○○　㊞
                                    住址：福建省○○○○
                              母親　姓名：○○○○　㊞
```

【書式38】　宣誓書

宣　誓　書

　私は，日本国憲法及び法令を守り，定められた義務を履行し，善良な国民となることを誓います。

平成○○年○○月○○日
氏名　　○○○○

(注)　1　氏名については，申請の受付の際に記載するので，あらかじめ記載しない。
　　　2　この書面は，申請者ごとに作成するが，15歳未満のものについては，作成することを要しない。

(9)　生計の概要を記載した書面

　生計の概要を記載した書面（【書式39】参照）は、本人よりヒアリングして作成する。生計を同じくする世帯ごとに、用紙を分けて記入する。

　「生計の概要（その1）」については、月収は「給与」「事業収入」「年金」「仕送り」などの種目を明記したうえで、申請の前月分の金額を記載する。「仕送り」に関しては、備考欄に本人と仕送人との続柄と仕送人の住所氏名を記載することが求められる。

　「生計の概要（その2）」については、資産の概要を記入する。所有する不動産、預貯金、有価証券、高価な動産を記入する。金額が大きいほど、安定性が高いと判断される傾向があるため、プラス材料として積極的に記載する。不動産については本国に所有する本人名義のものがあれば、そちらも記入する。

【書式39】 生計の概要を記載した書面

生 計 の 概 要 （その1）			（平成　年　月　日作成）	
収入	氏　　　名	月　収（円）	種　　目	備　　考
	合　　　計			
支出	支 出 科 目	金　額（円）	備　　　　　考	
	食　　　費			
	住　居　費			
	教　育　費			
	返　済　金			
	生命保険等掛金			
	預　貯　金			
	そ　の　他			
	合　　　計			
主な負債	借入の目的	借　入　先	残　　額	完済予定

(注) 1　世帯を同じくする家族ごとに作成する。
　　 2　月収額については，申請等の前月分について，その手取額を記載する。
　　 3　収入の種目欄については，給与，事業収入，年金等の別を記載する。
　　 4　収入が世帯を異にする親族等からの仕送りによる場合には，月収欄に送金額を，種目欄に仕送りである旨を，備考欄に仕送人の氏名及び申請者との関係を，それぞれ記載する。

Ⅲ 外国人の帰化申請

生 計 の 概 要 (その2)

	種　類	面　積	時　価　等	名　義　人
不動産				

	預　入　先	名　義　人	金　額（円）
預貯金			

	種　類	評　価　額	名　義　人　等
株券・社債等			

	種　類	評　価　額	名　義　人　等
高価な動産			

(注) 1　高価な動産欄については，おおむね100万円以上のものを記載する。
　　 2　不動産については，外国にあるものも記載する。

⑽ 事業の概要を記載した書面

事業の概要を記載した書面（個人事業主、会社経営者等。【書式40】参照）は、本人よりヒアリングして作成する。

⑾ 在籍および給与証明書

在籍および給与証明書は、過去3年間の勤務先より取得する。過去に勤務した会社が解散している場合は、閉鎖登記簿等を添付し、おおよその給与について上申する。

⑿ 卒業証明書・在学証明書

卒業証明書（【書式41】参照）、在学証明書（または成績表の写し）は、通学先の学校より取得する。

⒀ 源泉徴収票・納税証明書

源泉徴収票・納税証明書は、日本の所管の税務署にて取得する。

⒁ 確定申告書・決算報告書・許認可書等

確定申告書・決算報告書・許認可書等（個人事業主、会社経営者等）は、所轄の税務署、会社の顧問会計士等から取得する。宅地建物取引業、産業廃棄物処理業、建築業など事業に伴って許認可が必要な業種の場合、許可証、免許証の写しを添付する。

⒂ 運転記録証明書

運転記録証明書（5年間）は、各都道府県の自動車安全運転センターにて取得する。

⒃ 技能・資格を証する書面

技能・資格を証する書面（運転免許書の写し（裏表）等）は、審査の際に日本への定着性の観点から加点されることがあるため、積極的に添付する。代表的なものとして運転免許証、日本語検定、英語検定、TOEIC等の語学検定、医師免許、弁護士・司法書士の資格を証する書面等がある。

⒄ 自宅・勤務先・事業所附近の略図

自宅・勤務先・事業所附近の略図（【書式42】【書式43】参照）は、審査担当により訪問される場合があるため、自宅附近の略図、過去3年間の勤務先、

III 外国人の帰化申請

【書式40】 事業の概要を記載した書面

事業 の 概 要			対象となる期間	平成　年　月～ 平成　年　月		
商　号　等			所　　在			
開業年月日	年　　月　　日		経　営　者	申請者との関係（　　）		
営業の内容			許認可の年月日番号等			（確認欄）
			営 業 資 本			万円
			従業員数	名（内専従者　名）		
事業用財産						
売　上　高	万円		営業外費用			万円
売上原価	万円		特別利益			万円
販売費等	万円		特別損失			万円
営業外収益	万円		利　　益	万円（利益率　%）		

負債	借入年月	借入先	借入額（万円）	期末残額（万円）	返済の方法
	昭・平				
	昭・平				
	昭・平				
	昭・平				
借入の理由及び返済状況					

取引先	名称又は代表者名	所　在	電話番号	年間取引額（万円）	取引の内容	取引期間

備考	

(注)　1　「年」は，日本の元号で記載する。
　　　2　複数の事業を営んでいる場合には，1事業ごとに作成する。
　　　3　個人事業者は前年分について，法人は直前の決算期について，それぞれ作成する。
　　　4　確認欄には，記載しない。

【書式41】 卒業証明書

```
                                        愛甲証第○○号

            卒 業 証 明 書

                              氏名　○○○○
                              平成○○年○○月○○日

　上記の者は、本校文化教養課程・法文化学科昼間部2年間の課程を修め、平成○○年○○月に卒業したことを証明する。

平成○○年○○月○○日

                              学校法人　○○学院
                                    ○○専門学校
                              校長　○○○○　㊞
```

もしくは事業を営んでいる場合は事業所附近の略図を添付する。

　過去3年間に移動があれば、すべての略図について用紙を分けて記載する。

　住所または勤務先が同じ申請人については、一人について提出すればよい。

　目標となるものまたは最寄りの交通機関からの経路、所要時間を記入することが求められる。自宅以外の場所で事業を営んでいる場合は、営業所ごとに所在図を作成する。

　⒅　**家族のスナップ写真**

　家族のスナップ写真（2～3種類）は、結婚式、家族旅行等の写真を添付する。

　⒆　**その他の疎明資料**

　法務局から指示があった場合に添付する。通帳の写し（または預金残高証明書）、感謝状、所有不動産があれば登記事項証明書などを、任意に提出してよい。審査の際のプラス要素になりうる。

III 外国人の帰化申請

【書式42】 居宅附近の略図等

居宅附近の略図等

国　籍		(ふりがな) 氏　名	

前々住所 前　住　所 現　住　所	住み始めた年月日　平成　　年　　月　　日～　　年　　月　　日 　　　　　　　　　　　　　　　　　　　　[電話　　　（　　　）　　　]

あなたの国籍を　近所の人は知っているか
　　　　□知っている　　　□知らない

特に親しく付き合っている人があればその人の住所，氏名，電話

住所 氏名 電話	住所 氏名 電話

居宅附近の略図

※目標，最寄りの交通機関，駅名，停留所からの所要時間，経路等を記載すること。

【書式43】 勤務先附近の略図等

勤務先附近の略図等

国　　籍		(ふりがな) 氏　　名	
前々勤務先 前　勤　務　先 現　勤　務　先	勤務期間　平成　　年　　月　　日～　　年　　月　　日 　　　　　　　　　　　　　　　　　［電話　　（　　　）　　　］		

あなたの国籍を　勤務先（取引先）の人は知っているか
□知っている　　　□知らない

勤務先での上司，同僚等の役職・氏名	
あなたとの関係　　雇主・上司・同僚・部下 氏名 役職	あなたとの関係　　雇主・上司・同僚・部下 氏名 役職

勤務先附近の略図
             ※目標，最寄りの交通機関，駅名，停留所からの所要時間，経路等を記載すること。

8 帰化に関する処分

(1) 帰化に関する処分に対する不服申立て

　帰化に関する処分は、国家主権に関することであり、行政手続法や行政不服審査法における一部規定の適用除外を受けている。すなわち、処分理由の開示請求や、処分に対する不服申立てとしての審査請求をすることができない（行政手続法3条10項、行政不服審査法7条10項）。仮に申請が不許可となった場合でも、不服申立てを行うには訴訟を提起するほかない。

(2) 裁判例

　帰化許可は、法務大臣の裁量により決定するとされている。東京地判平成19・7・3 WLJ は、特別永住者であった者が帰化申請を行ったところ、国籍法に定められている帰化の要件はすべて満たしているにもかかわらず、不許可とされた事件について、帰化不許可処分取消しを求めた訴訟である。主な争点は、次のとおりである。

㋐ 裁量権の濫用の有無

　一つ目の争点は、国籍法5条の条件を満たしているにもかかわらず、不許可となったことにつき裁量権の濫用があったかである。本件では、「処分行政庁が外国人の帰化を許可するか否かを決するに当たって、国籍法5条1項所定の条件を備える者に対しても、なおその帰化を不許可とすることができる広範な裁量権を有しているものと解されるのであり、このことからすれば、原告らにつき上記のような事実関係があったとしても、処分行政庁が、諸般の事情を考慮して、現時点においては今しばらく原告らの生活状況を観察する必要があると判断したとしても、そのことをもって、その裁量権を濫用又は逸脱した違法があるとまでいうことはできない」と判示した。

㋑ 不許可の理由の不提示

　二つ目の争点は、具体的な理由が提示されないことによって、本件各決定が違法となるかどうかである。本件では、「帰化に関する処分は、基本的に国家の主権に関する事項であることから、行政手続法の適用除外とされてお

り（同法〔執筆注・行政手続法〕3条1項10号）、ほかに、帰化の不許可の処分の際に、理由を示さなければならないとする法の定めはない。実質的にみても、前述のとおり、行政庁は、帰化の許可について広範な裁量権を有しており、帰化の不許可の理由も国籍法5条1項各号の要件を具備していないことに限られないのであり、そうした場合には、不許可の理由を具体的に提示することが相当でないことも考えられる。このように考えると、帰化の不許可の処分について、理由が提示されないことによって、申請者の上記便宜がほかの処分の場合に比べて制限されたとしても、当該処分に違法があるということはできない」と判示した。

9　最後に

帰化申請書類を作成するうえでの要点は、申請人の情報収集と分析を、丁寧に行うことである。法務局の事前相談では、ここで紹介した書類を可能な限り持参し、どのような書類を補足すればよいのか、担当官と意識合わせを行っておくとよい。申請人によっては、事情により必要な書類を提出できない場合があり、どのような代替書類、代替手段によって、要件を満たしていることを立証するのかが重要である。また、審査期間が半年から1年程度の長期にわたるため、依頼者に、素行に留意することや、急激な経済事情の変化を避けることも伝えておくようにする。

（文元貴弘）

Ⅳ　外国人の相続登記（韓国人の事例を中心に）

1　はじめに

　司法書士の本来業務において、外国人の相続登記（被相続人が外国人である場合の不動産の所有権移転登記）を受託する可能性は比較的高いであろう。

　相続を原因とした所有権移転登記を申請する場合において、必要とされる添付情報については、不動産登記令7条1項5号において明定されているところであり、被相続人が外国人の場合においても、「相続その他の一般承継があったことを証する市町村長、登記官その他の公務員が職務上作成した情報（公務員が職務上作成した情報がない場合にあっては、これに代わるべき情報）」（同号イ）を添付する必要があるところには変わりはない。

　ただし、被相続人が外国人の場合の具体的な事件処理において、どのような書類が必要となるかは、それぞれの国の実情に応じて異なっているため、個々のケースに応じて、法務局や各国大使館等に相談しながら、事件処理を進めることが求められる。

　ここでは、筆者が経験した外国人の相続に伴う不動産の所有権移転の事例（内容は適宜変更している）を素材に、その前段となる準拠法の確定や外国法による相続人の確定の具体的方法などの事件処理の過程を中心に、手続上の問題と、執務にあたり注意するべきことを概観する。[1]

---

[1]　執筆にあたって、「定住外国人と家族法」研究会編著『在日の家族法Q&A〔第3版〕』、李春熙「在日コリアンの相続処理を巡る実務上の諸問題」（韓国人研究者フォーラム第43回定例研究会報告）、チョン・ヒョンス「戸籍制度の変遷と新たな身分登録制度に関する考察」家族法研究（韓国家族法学会）20巻2号1頁以下などを参考にした。

2 事例の概要

事例の概要は、次のとおりである。

相談者A（72歳、女性、日本人）は、在日韓国人の男性Bと婚姻し、東京都内でBといっしょに暮らしていたが、1年前にBが死亡した。Bの死亡から1年経ち、生活も落ち着いたので、Bの名義となっている不動産の相続手続について、司法書士に相談したものである。なお、A・Bの間に子はいない。

---

3 準拠法の確定

(1) 問題の所在

外国人が当事者となる法律関係の判断においては、準拠法、すなわち、いずれの国の法律を適用すべきかが問題となる。

わが国の通則法36条は、相続について、「被相続人の本国法による」と定めている。二重国籍者[2]や無国籍者[3]についての本国法の定め方については、同法38条に規定があるが、朝鮮半島には、朝鮮民主主義人民共和国（以下、「共和国」という）と、大韓民国（以下、「韓国」という）の二つの政権が存在しており、朝鮮半島出身者（とりわけ、いわゆる「在日コリアン」）にとって、いずれの政権の定めた法律によるかが問題となる。

日本政府は、韓国との国交を正常化した日韓基本条約において、韓国政府を「朝鮮にある唯一の合法的な政府である」（同条約3条）としており、共和

---

[2] 二重国籍者については、①その国籍を有する国のうちに当事者が常居所を有する国があるときはその国の法、②その国籍を有する国のうちに当事者が常居所を有する国がないときは当事者に最も密接な関係がある国の法を当事者の本国法、③その国籍のうちのいずれかが日本の国籍であるときは、日本法を当事者の本国法とする（通則法38条1項）。

[3] 無国籍者については、その常居所地法による（通則法38条2項）。

国政府を国家承認していない。そのため、法務局においては、当事者が韓国法を適用すべきでないと積極的に主張しない限り、朝鮮半島出身者に対しては、一律に韓国法を本国法として取り扱うとの運用がなされている。しかし、これは、朝鮮半島の南北を異なる政権がそれぞれ統治しているという現実や当事者の帰属意識を無視した非合理的な取扱いであって、長年、論争となってきた。

判例や学説に対立があるものの、現在は、「当事者が地域により法を異にする国の国籍を有する場合」（通則法38条3項）の規定を踏まえ、当事者の住所や居所、過去の住所暦、親族が南北のいずれにいるか、当事者は南北のどちらに帰属意識をもっているかなどの要素を総合的に勘案し、最も密接な関係のある地域を本国法とすべきであるとする説が有力である[4]。

(2) 被相続人の本国法が韓国法である場合

被相続人の本国法が韓国法である場合、韓国の国際私法の該当条項を検討する必要がある。同法49条1項は、「相続は死亡当時の被相続人の本国法による」と定めている[5]。しかし、同条2項では、被相続人が遺言により、準拠法を変更することができる旨の規定が設けられており、①常居所地法、②不動産の相続に関してはその不動産の所在地法のいずれかを選択することができる。

したがって、相続の際の準拠法として、不動産の所在地法を適用する旨の遺言を残していれば、反致の問題となり、通則法41条の規定により、日本法に基づいて相続手続を行うことになる。

日本に常居所を有する韓国人が、日本民法の方式により、日本法を準拠法とする遺言をした場合については、日本民法所定の相続があったとして、所有権移転登記ができるという登記先例がある[6]。

---

4 本棚照一監修『「在日」の家族法 Q&A〔第2版〕』5頁。
5 2001年法律第6465号。また、条文の訳文は、筆者の翻訳による。
6 「カウンター相談131」登記研究643号153頁。

(3) 被相続人の本国法が共和国法である場合

被相続人の本国法が共和国法である場合、共和国の対外民事関係法[7]の該当条項を検討する必要がある。同法18条により、原則として本国法が適用されることになる。しかし、同法45条は、「不動産相続には、相続財産の所在する国の法、動産相続には被相続人の本国法を適用する。但し、外国に住所を有する共和国公民の動産相続には、被相続人が最後に住所を有していた国の法を適用する」との規定をおいているため、相続財産が日本国内の不動産で、被相続人が死亡直前に日本に住んでいた場合には、日本法に基づき、手続を進めることになる。

(4) 本国法の確定にあたっての留意点

(ア) 国籍欄に「朝鮮」と記載されている場合

朝鮮半島出身者の本国法の確定にあたって、住民票や特別永住者証明書、外国人登録原票の写しに記載された「国籍」を参考にするには、注意が必要である。

1910年（明治43年）の朝鮮併合により、日本の植民地となった朝鮮半島から来日し、日本国内に居住していた朝鮮半島出身者は、「日本人」であったが、終戦後の1947年（昭和22年）、外国人登録令により、「外国人とみなす」こととされ、1952年（昭和27年）のサンフランシスコ講話条約を機に、日本国籍を喪失させられた。

かつての外国人登録令およびその後身の外国人登録法[8]に基づく外国人登録制度上の「朝鮮」という記載は、登録制度が導入された当時、朝鮮半島の南北いずれも政権がなかったため、一律に「朝鮮」として記載されたものであって、国籍を表すものではない。

過去の法務省の国会答弁に照らしても、「『朝鮮』という記載は、かつて日本の領土であった朝鮮半島から来日した朝鮮人を示す用語であって、何らの国籍を示すものではない」（昭和41年2月24日付け法務省入国管理局長答弁）、

7　1995年最高人民会議常設会議決定第62号。また、条文の訳文は、筆者の翻訳による。
8　入管法等改正法（平成21年法律第79号）の施行により平成24年7月9日廃止された。

Ⅳ 外国人の相続登記

「朝鮮の記載は、何らの国籍を表示するものではなく、もとより、いわゆる北朝鮮あるいは北朝鮮籍を意味するものでもございません」（平成22年3月26日付け法務省入国管理局長答弁）と、「朝鮮」の記載が「国籍」でないとの説明は一貫している。

(イ) 国籍欄に「韓国」と記載されている場合

一方、「韓国」とする記載については、日本政府は1940年（昭和25年）以後、韓国政府の求めにより、希望者に対して「朝鮮」から「韓国」へと変更することを認めてきた。この「韓国」への記載変更について、政府の見解は当初、「実質的な国籍の問題や国家の承認の問題とは全然関係なく、朝鮮人、韓国人のいずれを用いるかによってその人の法律上の取扱いを異にすることはない」（昭和25年2月24日付け法務総裁談話）というものであった。

1965年（昭和40年）の韓国との国交正常化以後においては、「本人の自由意思に基づく申し立てと、その大部分には韓国代表部発行の国民登録証を提示させた上、『韓国』への書きかえを認めた。このような経過によって『韓国』と書きかえたものであるので、現時点から見ればその記載は大韓民国の国籍を示すものと考えざるを得ない」（昭和41年2月24日付け法務省入国管理局長答弁）として、「国籍」として取り扱う方向へと転換した。

しかし、「韓国」との記載を「国籍」として取り扱う一方で、「韓国」から「朝鮮民主主義人民共和国」ないし「朝鮮」へと記載を変えることについては、「本人の希望だけで再書きかえをすることはできない」（昭和41年2月24日付け法務省入国管理局長答弁）として認めてこなかった。

(ウ) 小 括

したがって、①「朝鮮」という記載には、朝鮮半島出身者のうち、「韓国」へと記載を変更しなかった者という意味しかなく、②「韓国」という記載には、ⓐ積極的に「韓国」へと変更した者、ⓑ「韓国」から「朝鮮」への記載の変更を希望したが認められなかった者の両者が含まれることとなる。こうした経過を踏まえると、国籍欄の記載のみを根拠に、本国法を確定するのは、危険であると考える。あくまでも、当事者とそれぞれの地域の関係性、帰属

意識などから判断する必要があろう。

本事例では、Bは韓国への帰属意識を有し、韓国が本国であると認識していたことが明白であったため、遺言の有無を確認し、遺言がないことから、韓国法を適用すべきという判断に至った。

4　相続人の確定

前述のとおり、本事例のBについては、本国法として韓国法を適用するという判断をしたので、相続人の確定にあたっては、韓国民法に基づくことになる。

韓国民法1000条では、法定相続人の順位は、次の①～④のとおりとされている。

① 被相続人の直系卑属（子、孫など）　子と孫がいる場合、子が優先する。
② 被相続人の直系尊属（父母、祖父母など）　父母と祖父母がいる場合、父母が優先する。
③ 被相続人の兄弟姉妹
④ 被相続人の4親等内の傍系血族

配偶者については、韓国民法1003条にて、直系卑属または直系尊属が相続人である場合は、それらの相続人と共同相続人となり、その相続人がいない場合は、単独相続人となるとされている。

本事例では、子、孫がおらず、直系尊属が死亡しているため、日本法に基づけば、配偶者が兄弟姉妹と共同相続となるが、韓国法に基づけば、配偶者の単独相続となることになる。

なお、韓国の相続法と日本の相続法では、ほかにも、配偶者が代襲相続人となること等の違いがある。たとえば、本事例とは異なり、A・Bの間に子Cがいて、Bの相続開始前にCが死亡していたというケースでは、Cの配偶者、直系卑属がBの相続において代襲相続人となることになる。韓国の相続法についての解説が主題ではないうえ、紙数の都合もあるため、詳しい

Ⅳ 外国人の相続登記

解説は割愛するが、日本の相続法との差異について、意識することが求められよう。

5 相続登記の申請に必要な資料の収集

(1) 被相続人の身分関係についての資料の収集

Ａからの情報を基に、Ｂの相続人はＡのみであるという判断をしたが、それを確定するためには、Ｂの身分関係について証する書類の収集が必要となる。

日本に不動産を有する外国人の死亡による相続を登記原因とする所有権の移転の登記の申請手続については、日本人が当事者である場合と特に異なるところはない。[9] 日本人の相続登記の場合と同様に考えるのであれば、必要なのは、「相続……を証する市町村長、登記官その他の公務員が職務上作成した情報（公務員が職務上作成した情報がない場合にあっては、これに代わるべき情報）及びその他の登記原因を証する情報」（不動産登記令別表22）である。「登記原因を証する情報」をより具体的に列挙すると、次の①～⑤の情報が必要と考えられる。

① Ｂの死亡を証する情報
② Ｂの出生から死亡までの身分関係についての情報
③ ＢとＡの婚姻関係を証する情報
④ ＡがＢの死亡当時、生存していることを証する情報
⑤ Ｂの直系尊属全員について、Ｂの死亡当時、存在していなかったことを証する情報

(2) 在留カード、特別永住者証

入管法等改正法（平成21年法律第79号）の施行により、平成24年7月9日から、外国人も住民基本台帳制度の対象となり、居住する市区町村により、外国人に対して住民票の写しが発行されるようになった一方、外国人登録法

---

9 「実務の視点(77)」登記研究811号205頁。

が廃止され、それまでの外国人登録証明証に代わって、「在留カード」「特別永住者証」が交付されることとなった。在留カード、特別永住者証については、カードに記載された「国籍・地域」、特別永住者なのか他の資格に基づき入国した外国人なのかを確認することで、準拠法を確定するための基礎資料となる。

なお、平成24年7月9日以後の住所の変遷については、在留カードや特別永住者証の住所地欄の変遷により調査が可能であるが、それ以前の住所地の変遷については、外国人登録原票の写しを確認する必要がある（後記(3)参照）。

(3) 外国人登録原票の写し

外国人登録制度の廃止に伴い、これまで市区町村に保管されていた外国人登録原票はすべて法務省に保管されることとなった。また、かつて市区町村で交付されていた外国人登録原票の記載事項に関する証明書の制度もなくなった。

しかし、相続手続において、相続人の調査をするためには、外国人登録原票の情報を確認する必要があることから、法務省入国管理局では、死亡した被相続人の外国人登録原票について、同居の親族や配偶者（内縁関係を含む）、直系尊属、直系卑属、兄弟姉妹の請求があった場合に限り、その写しを交付することとしている[10]。被相続人の登記簿上の住所と死亡時の住所が異なる場合において、平成24年7月9日以前に住所移転があった場合には、住民票除票だけでは、その変遷をたどることができないため、外国人登録原票の写しによって確認する必要がある点も要注意である。

死亡した外国人の外国人登録原票の写しの交付を請求する方法は、次のとおりである。

(ア) 交付請求できる者

交付請求できる者は、①請求に係る死亡した外国人の死亡の当時における

---

10 入国管理局HP「死亡した外国人に係る外国人登録原票の写しの交付請求について」〈http://www.immi-moj.go.jp/news-list/120628_01.html〉（平成29年2月末閲覧）参照。

Ⅳ　外国人の相続登記

同居の親族、②請求に係る死亡した外国人の死亡の当時における配偶者（婚姻の届出をしていないが、事実上婚姻関係と同様の事情にあった者を含む）、直系尊属、直系卑属または兄弟姉妹、③上記①または②が未成年者または成年被後見人の場合には、その法定代理人（親権者、成年後見人が該当する）である。なお、委任状により、代理人を選んで請求することはできない。

　(ｲ)　**交付請求に必要な書類**

　交付請求に必要な書類は、交付請求書（【書式44】参照）、請求者の本人等確認書類、返信用封筒（送付先である「〒100-8977　東京都千代田区霞が関1-1-1　法務省入国管理局出入国管理情報官出入国情報開示係」を明記し、郵便切手を貼付する。手数料は不要）である。

　請求者の本人等確認書類は、①同居の親族または配偶者等（前記(ｱ)①②に該当する者）が請求する場合には、ⓐ請求者の本人確認ができる書類の写し[11]、ⓑ請求者の住民票の写し等[12]、②同居の親族または配偶者等の法定代理人（前記(ｱ)③に該当する者）が請求する場合には、ⓐ法定代理人の本人確認ができる書類の写し、ⓑ法定代理人の住民票の写し等、ⓒ法定代理人の資格を証明する書類[13]である。なお、必要となる書類等に記載されている氏名および住所が婚姻や転居等によって請求書に記載している氏名および住所と異なる場合、請求書と同一の氏名および住所が記載されているほかの必要となる書類等を用意する。

11　本人であることが確認できる書類とは、運転免許証、健康保険被保険者証、個人番号カードまたは住民基本台帳カード（住所記載のあるもの）、在留カード、特別永住者証明書または特別永住者証明書とみなされる外国人登録証明書等である。なお、個人番号カードのコピーを提出する場合には、個人番号の記載がない表面のみのコピーを提出する。

12　30日以内に作成され、個人番号の記載がないものに限る（コピーは認められない）。やむを得ない理由により住民票の写しが提出できない場合、出入国情報開示係に事前に相談する。

13　法定代理人の資格を証明する書類とは、戸籍謄本、戸籍抄本、家庭裁判所の証明書、後見登記の登記事項証明書等である。30日以内に作成され、個人番号の記載がないものに限る（コピーは認められない）。

【書式44】 死亡した外国人に係る外国人登録原票の写し交付請求書

死亡した外国人に係る外国人登録原票の写し交付請求書

平成○○年○○月○○日

法務省入国管理局出入国管理情報官　殿

1　請求者（□にチェックを入れてください。）　☑本人　□法定代理人
　　（ふりがな）　○○○○○○
　　氏　名　　○○○○

　　住所又は居所
　　〒000-0000
　　　○○県○○区○○町○番○号　　　　　　TEL 000（000）0000

2　死亡した方について，以下の事項を記載してください。
　(1)　どなたの外国人登録原票を請求されますか。（□にチェックを入れてください。）
　　　□祖父　□祖母　□父　□母　□兄弟姉妹　□子　□孫
　　　□死亡の当時における同居親族（　　　）
　　　☑死亡の当時における配偶者（婚姻の届出をしていないが，事実上婚姻関係と同様の事情にあった者を含む。）
　　　　（ふりがな）　　　　○○　○○
　(2)　氏名・性別＿＿＿＿○　○＿＿＿＿＿＿＿＿＿＿☑男性　□女性
　(3)　生 年 月 日○○○○年○○月○○日生　　(4)　国籍・地域　○○○○
　(5)　死亡した年＿＿＿○○○○年
　　※　当局において死亡事実が確認できない場合（帰化や日本から出国した後に死亡した場合等）は，死亡したことが確認できる書類（戸籍謄本，死亡届写し等）の送付をお願いすることがあります。
　(6)　死亡当時の住所又は居所　　○○県○○区○○町○番○号
　(7)　外国人登録番号，在留カードの番号又は特別永住者証明書の番号　AB○○○○○○○○CD
　(8)　氏名等を変更されたことがある場合は，次の事項を記載してください。
　　　（ふりがな）
　　　変更前の氏名＿＿＿＿＿＿＿＿＿＿
　　　変更前の国籍・地域＿＿＿＿＿＿＿　変更又は帰化した年＿＿＿＿＿＿＿年
　　※　氏名等を変更したことがある場合（帰化や婚姻等）は，その事実が確認できる書類（戸籍謄本等）の送付をお願いすることがあります。
　(9)　交付を請求する外国人登録原票（□にチェックを入れ指定してください。）
　　　☑2000年1月1日から2012年7月8日まで
　　　□　　　年　　　月　　　日から　　　年　　　月　　　日まで
　　※　1981年（昭和56年）以前の外国人登録原票を請求する場合は，抽出に時間がかかります。

3　求める交付の実施方法（□にチェックを入れ指定してください。）
　　□事務所における写しの交付を希望する。

Ⅳ　外国人の相続登記

　　　　☑写しの送付を希望する。
　　　　※　写しの送付を希望する場合は，郵便切手（普通郵便の場合は92円分，速達や簡易書留等とする場合はそれに応じた料金を加算）を貼り，送付先を記載した返信用封筒を添えてください。
　　　　　なお，記録の枚数により追加の切手の送付をお願いすることがあります。

　4　交付請求において必要となる本人確認書類等
　(1)　請求者本人確認書類（氏名，住所が明記されているもの）
　　　□運転免許証　　　　　□健康保険被保険者証
　　　□個人番号カード又は住民基本台帳カード（住所記載のあるもの）
　　　☑在留カード，特別永住者証明書又は特別永住者証明書とみなされる外国人登録証明書
　　　□その他（　　　　　　　　　　　　　　　　　　　　　　）
　　　※　個人番号カードのコピーを提出する場合には，個人番号の記載がない表面のみのコピーを提出してください。
　(2)　住民票の写し等
　　　※　交付請求の前30日以内に作成され，個人番号の記載がないものに限ります。また，コピーによる提出は認められません。
　(3)　本人が氏名等を変更されたことがある場合は，次の事項を記載してください。
　　　　　　　　（ふりがな）
　　　変更前の氏名＿＿＿＿＿＿＿＿＿＿＿＿＿＿＿＿＿＿＿＿＿＿＿＿＿＿＿＿＿
　　　変更前の国籍・地域＿＿＿＿＿＿＿＿＿＿＿＿＿＿＿＿
　　　※　氏名等を変更したことがある場合（帰化や婚姻等）は，その事実が確認できる書類（戸籍謄本等）の送付をお願いすることがあります。
　　　※　未成年者又は成年被後見人の法定代理人が本人に代わって交付請求する場合は，本人の情報を記載してください。
　(4)　法定代理人が請求する場合は，以下の事項を記載の上請求資格を確認できる書類を提出してください。
　　　ア　本人の状況
　　　　　□未成年者（　　　　年　　　月　　　日生）　□成年被後見人
　　　　　　　　（ふりがな）
　　　イ　本人の氏名＿＿＿＿＿＿＿＿＿＿＿＿＿＿＿＿＿＿＿＿＿＿＿＿＿＿
　　　ウ　本人の住所又は居所＿＿＿＿＿＿＿＿＿＿＿＿＿＿＿＿＿＿＿＿＿
　　　エ　請求資格確認書類
　　　　　□戸籍謄本　□登記事項証明書　□その他（　　　　　　　　　　）
　　　　※　交付請求の前30日以内に作成されたものに限ります。また，コピーによる提出は認められません。

(4)　韓国の家族関係登録簿および除籍謄本

　本事例において、「相続……を証する……公務員が職務上作成した情報……及びその他の登記原因を証する情報」の中心をなすのは、韓国政府発行の身分関係に関する証明書である。

韓国政府発行の身分関係に関する証明書は、①基本証明書、②家族関係証明書、③婚姻関係証明書、④入養関係証明書、⑤親養子入養関係証明書の5種類である（後記(ア)〜(オ)参照）。これらは、韓国の家族関係の登録等に関する法律に基づき、駐日本国大韓民国大使館領事部や総領事館において、韓国の家族関係登録簿等に関する証明書および除籍謄本の交付申請手続をすることにより、収集することが可能である。家族関係登録簿等の証明書交付申請書（【書式45】参照）および委任状の様式については、駐日本国大韓民国大使館のウェブサイトで配布されている。[14]

　あくまで韓国法に基づく証明書の交付なので、各士業の職務上請求書では取得することはできない。たまに弁護士法23条の2による弁護士会照会について聞かれることがあるが、法に規定がない以上、応じる在外公館はないのではと思料する。

　大使館領事部や総領事館では、申請書の登録基準地や氏名、生年月日の記載から過去の戸籍記録を検索し、プリントアウトされた認証文付きの謄本が交付されるが、古い除籍については、「戸」単位で編成され、「戸主」が変わるたびに、新戸籍が編成されるため、出生から死亡まで過不足なく集めるためには、その場での確認作業を要する。また、せっかく集めた戸籍資料が日本における資料と相違しているため、疑問点を解消するための調査や追加の手続が必要となる場合があるので留意が必要である。

　家族関係登録簿等に関する証明書によって、「登記原因を証する情報」のうち、Bの死亡を証する情報（前記(1)①）、BとAの婚姻関係を証する情報（前記(1)③）、AがBの死亡当時、生存していることを証する情報（前記(1)④）は判断できるものと思われる。

　一方、Bの出生から死亡までの身分関係についての情報（前記(1)②）、Bの直系尊属全員について、Bの死亡当時、存在していなかったことを証する情報（前記(1)⑤）については、除籍謄本または直系尊属についての家族関係登

14　駐日本国大韓民国大使館HP「家族関係登録」〈http://jpn-tokyo.mofa.go.kr/worldlanguage/asia/jpn-tokyo/visa/family/index.jsp〉（平成29年2月末閲覧）参照。

Ⅳ 外国人の相続登記

【書式45】 家族関係登録簿等の証明書交付申請書（韓国）

家族関係登録簿等の証明書交付申請書			
申請対象	□対象者	姓　名	○○○　　　（漢字:　　　　　）
^	^	登録基準地（本籍地）	○○県○○区○○町○番
^	^	住民登録番号（生年月日）	○○○○○○　―　○○○○○○ ○○○○年○○月○○日生
申請内容	1．一般証明書　①家族関係証明書（　）通　②基本証明書（　）通 　　　　　　　　③婚姻関係証明書（　）通　④入養関係証明書（　）通 　　　　　　　　⑤親養子入養関係証明書（　　　）通 2．詳細証明書　①家族関係証明書（1）通　②基本証明書（1）通 　　　　　　　　③婚姻関係証明書（1）通　④入養関係証明書（1）通 　　　　　　　　⑤親養子入養関係証明書（1）通 3．特定証明書　①基本証明書（特定-親権・後見）（　）通 4．従前「戸籍法」による除籍・本籍地：＿＿＿＿＿＿＿＿＿＿＿＿＿ 　　　　　　　　戸主：＿＿＿＿＿＿＿＿　対象者：＿＿＿＿＿＿＿＿ 　　　除籍謄本（　）通			
住民登録番号（後部分6数字）公開申請与否	□公開申請 □申請対象者のみ　公開	公開申請事由	□1．申請対象者の住民登録番号を正確に記載した場合 ☑2．申請人が申請対象者本人または本人の父母，養父母，配偶者，子女，その代理人の場合 □3．家族関係登録官署出席申請人が裁判上で必要を釈明 □4．公務員等が公用目的を釈明した場合
※手数料	1通110円		
請求事由	○○○○○○○○○○		
釈名資料			
申請人	姓名	○○○○（印／署名）	生年月日		申請人資格	の
^	住所	○○県○○区○○町○番○号 ||| 携帯電話番号	000-0000-0000
^	^	^ ||| 電話番号	000-0000-0000
受付番号	○○○○年○○月○○日　　　　　　駐日本大韓民国大使館　貴下			

※法第117条3号：第14条第1項・第2項及び第42条を違反して虚偽や，その他の不正な方法より他人の申告書類を閲覧したり申告書類に記載されている事項又は登録簿などの記録事項に関する証明書の交付を受けた者は3年以下の懲役又は1千万ウォン以下の罰金に処されます。法第11条第6項に違反して発給対象でない者に固意をもって発給した者も同等の処罰を受けます。
※発給官署が"市"である場合は"区"が設置されていない市を指します。

録簿等に関する証明書を取得することで確認することが可能である。

また、BとAの婚姻関係を証する情報（前記(1)③）、AがBの死亡当時、生存していることを証する情報（前記(1)④）は、Aが日本人であることから、Aの戸籍謄本の配偶者欄の記載により確認することも可能である。

㈦ 基本証明書

基本証明書（【書式46】参照）には、本人の氏名、出生年月日、住民登録番号のほか、国籍の得喪、氏名の訂正に関する事項が記載される。2008年（平成20年）より前の身分関係については、従前の戸籍法に基づき編成され、新制度への移行により除籍された戸籍記録の謄本をすべて取得する必要があるが、過去の除籍謄本とのつながりを付けるために、必ず基本証明書の確認が必要となる。

㈣ 家族関係証明書

家族関係証明書（【書式47】参照）については、本人・父母・子女の3代について、氏名、出生年月日、住民登録番号が記載される。配偶者欄には、現在の配偶者のみが記載される。養子となった場合は、実父母が記載されないため、直系尊属が相続人となる場合には、入養関係証明書により、養父母を確認する必要がある。

㈦ 婚姻関係証明書

婚姻関係証明書（【書式48】参照）には、配偶者の氏名、出生年月日、住民登録番号のほか、婚姻や離婚に関する事項が記載される。離婚した元配偶者の氏名等も記載されるため、取扱いに注意を要する。相続人の特定にはほかの証明書類で足りると考えられるが、他の証明書と合わせて提出を求める法務局もある。

㈣ 入養関係証明書

入養関係証明書（【書式49】参照）には、養父母、養子の氏名、出生年月日、住民登録番号のほか、縁組・離縁に関する事項が記載される。当初は家族関係証明書に、実親と養親の両方が記載されていたが、2010年（平成22年）6月30日以後は、養子縁組をした場合、家族関係証明書には養父母のみが「父

Ⅳ 外国人の相続登記

【書式46】 基本証明書（詳細）

基本	基本証明書（詳細）

駐日本国大韓民国大使館

登録基準地	慶尚北道　○○郡　○○邑　○○路　1の2

区分	詳細内容
作成	[家族関係登録簿作成] 2008年1月1日 [作成事由] 家族関係の登録簿に関する法律附則第3条第1項
訂正	[道路名住所記録日（住居表示実施日）] 2011年12月12日 [更正前] 慶尚北道○○郡○○邑○○里1234番地 [更正後] 慶尚北道○○郡○○邑○○路1の2 [更正事由] 道路名住所法　第20条項

区分	氏名	出生年月日	住所登録番号	性別	本貫
本人	洪吉童	○○○○年○○月○○日		男	

一般登録事項

区分	詳細内容
出生	[出生場所]　日本国東京都○○○○ [申告日]　○○○○年○○月○○日 [申告人]　父
改名	[改名許可日]　○○○○年○○月○○日 [許可法院]　○○地方裁判所 [申告日]　○○○○年○○月○○日 [記載日]　○○○○年○○月○○日 [改名内容]　"吉男"を"吉童"に改名 [改名前の名]　吉男 [改正後の名]　吉童

上記基本証明書(詳細)は家族関係登録簿の記録事項と相違ないことを証明する。

| 1000 ウォン | 2017年1月5日
電算情報中央管理所　電算運営責任官　○○・○○ | 電算情報中央
管理所電算
運営責任官印 |

※上の証明書は「家族関係の登録等に関する法律」第15条第3項に基づく
　登録事項を記載した詳細証明書である。

　　　　　　　　　　　　　発行時間：○○時○○分
　　　　　　　　　　　　　担当者：○○・○○
　　　　　　　　　　　　　電話：00-0000-0000
　　　　　　　　　　　　　申請者：○○○○

(裏面)

この証明書(除籍　謄抄本を含む)は，家族関係登録等電算情報処理組織により作成されました。

　　　　　　　西暦　　○○○○年○○月○○日
　　　　　　　駐日本国大韓民国大使

　　　　　　　　　　　　　　　　　　　駐日本国大韓民国
　　　　　　　　　　　　　　　　　　　特命全権大使印・
　　　　　　　　　　　　　　　　　　　戸籍謄抄本発給用

Ⅳ 外国人の相続登記

【書式47】 家族関係証明書(詳細)

家族	家族関係証明書(詳細)

駐日本国大韓民国大使館

登録基準地	慶尚北道　○○郡　○○邑　○○路　1の2

区分	氏名	出生年月日	住所登録番号	性別	本貫
本人	洪吉童	○○○○年○○月○○日		男	

家族事項

区分	氏名	出生年月日	住所登録番号	性別	本貫
父	洪尙直	○○○○年○○月○○日		男	
母	玉英香	○○○○年○○月○○日		女	
配偶者	山田　花子	○○○○年○○月○○日		女	

区分	詳　細　内　容
訂正	[訂正日]　○○○○年○○月○○日 [訂正事由]　大法院家族関係登録例規第324号 [訂正内容] [処理官署]

上記家族関係証明書(詳細)は家族関係登録簿の記録事項と相違ないことを証明する。

　　　　　　　　　　○○○○年○○月○○日

| 1000ウォン | 電算情報中央管理所　電算運営責任官　○○・○○ | 電算情報中央管理所電算運営責任官印 |

※上の証明書は「家族関係の登録等に関する法律」第15条第3項に基づく
　登録事項を記載した詳細証明書である。

発行時間：○○時○○分
担当者：○○・○○
電話：00-0000-0000
申請者：○○○○

5　相続登記の申請に必要な資料の収集

【書式48】　婚姻関係証明書（詳細）

| 婚姻 | 婚姻関係証明書（詳細） |

駐日本国大韓民国大使館

| 登録基準地 | 慶尚北道　○○郡　○○邑　○○路　1の2 |

区分	氏名	出生年月日	住所登録番号	性別	本貫
本人	洪吉童	○○○○年○○月○○日		男	

婚姻事項

区分	氏名	出生年月日	住所登録番号	性別	本貫
配偶者	山田 花子	○○○○年○○月○○日		女	

区分	詳　細　内　容
婚姻	[婚姻日]　　○○○○年○○月○○日 [配偶者]　　山田花子 [婚姻証明書作成者]　　日本国東京都○○区長 [証書謄本提出日] [送付日] [送付者]　　駐日大使

上記家族関係証明書（詳細）は家族関係登録簿の記録事項と相違ないことを証明する。

　　　　　　　　　　○○○○年○○月○○日
1000ウォン　　電算情報中央管理所　電算運営責任官　○○・○○

電算情報中央管理所電算運営責任官印

※上の証明書は「家族関係の登録等に関する法律」第15条第3項に基づく登録事項を記載した詳細証明書である。

　　　　　　　　　　　　　　　　　発行時間：○○時○○分
　　　　　　　　　　　　　　　　　担当者：○○・○○
　　　　　　　　　　　　　　　　　電話：00-0000-0000
　　　　　　　　　　　　　　　　　申請者：○○○○

母」として記載され、実親は記載されなくなり、入養関係証明書に記載されることとなった。このため、第2順位以下（直系尊属、兄弟姉妹等）が法定相続人となる場合には、必ず、入養関係証明書が必要となる。

(オ) 親養子入養関係証明書

親養子入養関係証明書（【書式50】参照）は、日本でいう特別養子縁組に関する証明書である。日本の特別養子縁組と同様、縁組によって実親との関係が断ち切られるため、親養子縁組が行われると実親の家族関係証明書欄から、親養子縁組をした子の記録は削除され、親養子入養関係証明書を確認しない限り、親養子縁組をした子の存在を把握することができなくなる。

ただし、被相続人の死亡後に、親養子の縁組をした子がいた場合、その子は相続人としての地位を失わない。そのため、相続人を確定するためには、親養子入養関係証明書が必要となる。ただし、本人以外が、この証明書の交付を申請することは厳しく制限されている。相続人が被相続人の親養子入養関係証明書を取得するためには、「財産権の相続に関して相続人を確定するために必要な場合」であって、「法律上の利害関係を疎明する書類」が添付された場合に限るとされている（登録事項別証明書等の発給に関する事務処理指針3条1項9号）。利害関係を疎明する書類としては、申請者が相続人であることを証する除籍謄本等、被相続人名義の財産が存在していることを証する不動産の登記事項証明書等が考えられる。

5 相続登記の申請に必要な資料の収集

【書式49】 入養（縁組）関係証明書（詳細）

入養	入養（縁組）関係証明書（詳細）

駐日本国大韓民国大使館

登録基準地	慶尚北道　〇〇郡　〇〇邑　〇〇路　1の2

区分	氏名	出生年月日	住所登録番号	性別	本貫
本人	洪吉童	〇〇〇〇年〇〇月〇〇日		男	

養子縁組事項

区分	氏名	出生年月日	住所登録番号	性別	本貫
記録事項はありません					

区分	詳　細　内　容
記録事項はありません	

上記入養関係証明書は家族関係登録簿の記録事項と相違ないことを証明する。
但し，親養子入養（特別養子縁組）関係は，親養子入養関係証明書にのみ，表示する。

1000ウォン	〇〇〇〇年〇〇月〇〇日 電算情報中央管理所　電算運営責任官　〇〇・〇〇	電算情報中央管理所電算運営責任官印

※上の証明書は「家族関係の登録等に関する法律」第15条第3項に基づく
　登録事項を記載した詳細証明書である。

発行時間：〇〇時〇〇分
担当者：〇〇・〇〇
電話：00-0000-0000
申請者：〇〇〇〇

Ⅳ　外国人の相続登記

【書式50】　親養子入養（特別養子縁組）関係証明書

| 親養 | 親養子入養（特別養子縁組）関係証明書 |

駐日本国大韓民国大使館

| 登録基準地 | 慶尚北道　〇〇郡　〇〇邑　〇〇路　1の2 |

区分	氏名	出生年月日	住所登録番号	性別	本貫
本人	洪吉童	〇〇〇〇年〇〇月〇〇日		男	

特別養子縁組事項

区分	氏名	出生年月日	住所登録番号	性別	本貫
記録事項はありません					

区分	詳　細　内　容
記録事項はありません	

上記親養子入養関係証明書は家族関係登録簿の記録事項と相違ないことを証明する。

　　　　　　　　　　　　〇〇〇〇年〇〇月〇〇日

| 収入印紙 | 電算情報中央管理所　電算運営責任官　〇〇・〇〇 | 電算情報中央管理所電算運営責任官印 |

※上の証明書は「家族関係の登録等に関する法律」第15条第3項に基づく
　登録事項を記載した詳細証明書である。

発行時間：〇〇時〇〇分
担当者：〇〇・〇〇
電話：00-0000-0000
申請者：〇〇〇〇

コラム　戸籍・除籍謄抄本から証明書へ

　韓国では、日本が植民地支配した時期の1922年、朝鮮戸籍令により、日本式の戸籍制度が移植され、1948年の韓国政府樹立後も、「現行法令は、憲法に抵触しない限り、その効力を有する」（韓国憲法100条）としてそのまま維持された。1958年の民法制定と1960年の戸籍法制定によって、形式的には独自の法制度をもつに至ったが、民法自体が日本の戸主制度・家制度の影響を色濃く受けたうえ、戸籍法も日本統治時代の制度を、ほぼそのまま取り込んだものとなった。そのため、韓国においては身分関係を証する書面として、戸籍・除籍謄抄本が広く用いられてきた。しかし、2005年2月、憲法裁判所が「両性の平等と個人の尊厳を規定した『憲法』に反し……存置する理由がない」として違憲であるとの判断を示したため、同年3月、民法から戸主制度に関する規定が削除された。これを受けて従前の戸籍法は廃止され、2008年1月から家族関係の登録等に関する法律に基づき、国民一人ひとりについて個別に身分関係を証する書面を発行する新制度へと移行した。

コラム　証明書の取得が困難に？

　2016年6月の韓国の憲法裁判所の決定により、被相続人の複数の子が相続人である場合において、相続人の一人から他の兄弟姉妹の証明書を交付請求することを認めた規定が違憲とされ、原則として他の相続人である兄弟姉妹から委任を受けた場合を除いて、取得することができなくなった。

　ただし、家族関係の登録に関する規則19条2項には、相続人の範囲を確認するために証明書の交付が必要な者も「正当な利害関係を有する者」に該当するとの規定があるため、家族関係の登録等に関する法律14条1項ただし書の適用により、取得できる余地がある。この場合においては、その根拠と事由を記載した申請書と正当な利害関係を疎明する資料の添付が必要となる。いずれにしても、憲法裁判所の決定より、期間があまり経っていないため、韓国国内でも経験が蓄積・共有されておらず、証明書の取得が困難なケースが予想される。

6　相続関係の再確認と翻訳

　書類の収集が完了した時点で、あらためて相続関係を再確認する。問題がなければ、家族関係登録簿等に関する証明書および除籍謄本、認証文などを翻訳し、相続関係図を作成する。翻訳文についての規定はないが、翻訳者を記名し、押印するのが相当とされる[15]。

　準拠法の判断および適用する具体的な外国法の内容については、「公知の事実」ではないため、上申書の形式で主張する必要がある。そのほかの添付書類については、日本人が被相続人である場合の登記と同一である。

　ただし、戸籍については、日本の戸籍であれば相続関係図を添付すれば戸籍自体の写しを添付せずとも原本が還付されるが、外国政府が発行した戸籍謄本等については、書面の写しを添付しなければ、原本が還付されない点は、注意を要する[16]。

7　最後に

　ここでは、外国人の相続登記（被相続人が外国人である場合の不動産の所有権移転登記）について、事例を基に解説した。紹介した事例は比較的シンプルなものであり、実際には、相続人の中に海外居住者がいる場合や相続人が日本以外の複数の外国籍を有している場合など、複雑なケースが多々ある。読者が外国人の相続事件に出会ったときに、本事例を参照して事件処理にあたっていただければ幸いである。

（中村圭吾）

---

[15] 「質疑応答」登記研究161号46頁。
[16] 「質疑応答」登記研究778号147頁。

V 外国人との離婚（相手方がフィリピン人の事例を中心に）

1 はじめに

ここでは、筆者が経験した外国人との離婚の事例（内容は適宜変更している）を素材に、手続上の問題と、執務にあたり注意するべきことを概観する。本事例においては、訴状等の送達される書類の英訳文を作成したが（後記 8 参照）、紙数の都合上割愛する。

なお、紹介する事例は、本章のほかの事例と違い、依頼者は日本人で、相手方が外国人である。本書は「外国人の法的支援」をうたっているところ、その趣旨には沿わないことになるが、外国人が関与する事件に携わっていれば、取り組むことがありうるケースということで、取り上げることにした。

2 事例の概要

事例の概要は、次のとおりである。

> 依頼者 A（30歳代前半、男性、日本人）は、職場の同僚の紹介でフィリピン人である相手方女性 B と出会った。間もなくして二人は恋人の関係となり、それから 1 年後に結婚をした。しかし、婚姻届を出した 3 日後、B は入国管理局に拘束・収容された。女性は、偽造パスポートにより不法に入国した者であった。
>
> A は何とかしなければと考え、弁護士に相談したが、結局、それから 2 カ月後に、女性は本国へ強制送還された。日本とフィリピンとの遠距離結婚となってしまったのである。
>
> B の強制送還から約 2 カ月間は電話で連絡がとれたが、B は徐々に電話に出なくなった。その後、約 1 年間は連絡を試みたが、やがて A も電話機を替えるなどして、B の連絡先がわからなくなり、完全に連絡が

V 外国人との離婚

とれなくなった。

　それから4年が経ち、Aは入所していた神奈川県内某所の無料低額宿泊所で司法書士と出会い、Bと離婚をするため、Aは裁判書類作成業務を依頼し、司法書士は受託した。なお、A・B間に子はなく、また、Aは離婚だけを望み、財産分与や慰謝料などの請求は望まなかった。

　筆者は、神奈川県司法書士会において貧困問題を取り扱う委員会に所属していたこともあり、俗に「ドヤ街」と呼ばれている寿町や、更生施設、無料低額宿泊所（社会福祉法2条3項8号）等に出入りすることが多かった。ここで紹介する依頼者Aとも、神奈川県内某所の無料低額宿泊所で出会ったのである。Aは当時30歳代前半だった。この無料低額宿泊所の入所者の年齢層は、一見したところ50歳代から60歳代が中心だったので、Aはかなりの若手であった。彼がどのような事情でその無料低額宿泊所に入所するに至ったかは失念してしまったが、離婚の問題を含め、身辺を整理し、一日も早く社会復帰をしたいという強い意志を、当時の筆者はAから感じたのである。

　Aの主訴は、離婚をして独身となることだった。筆者は、当時、家事事件に興味はあったものの、特に経験が豊富というわけではなかったが、Aの強い意志から、依頼を受けることとなった。

コラム　まずは事件を受けよう！

　本会や青年会などでたびたび取り上げられる課題として、司法書士による簡裁訴訟代理等関係業務（司法書士法3条1項6号～8号に規定する業務。以下、「簡裁代理業務」という）や、裁判書類作成関係業務（同項4号・5号。以下、「裁判書類作成業務」という）の受託件数が伸びないということがある。各会は、対策としてさまざまな研修会を企画する。そのような研修会は有意義で、筆者もよく利用し、参加する。しかし、効果はどうか。客観的なデータはもっていないが、今でも事件数が伸びていないという話を聞くので、これら業務の担い手は期待するほどは増えていないかもしれない。

　筆者の想像であるが、司法書士の目の前にはきっと事件はたくさんあって、

実際に相談を受けたりもしているはずである。結局のところ、事件がないのではなく、断っているである（正直、筆者もその経験がないわけではないからそう思うのであるが）。

思うに、研修を受けて知識を備え、これにより経験値の少なさを埋めて自信をつけて、そして簡裁代理業務を受託するという効果はあまりないのではないか。まずは目の前の事件を受けてみることが重要である。

事件を1件受託すれば、その後に受ける研修はきっと理解が深まる。それは簡裁代理業務や裁判書類作成業務に限らず、すべての業務にいえる。

3　裁判書類作成業務としての受託

前述のとおり、本事例は、離婚のみを請求する事件であり、財産分与や慰謝料などの請求はない。そして、離婚訴訟における訴額は、160万円となる（民事訴訟費用等に関する法律4条2項）。したがって、裁判書類作成業務として受託することになる。

4　離婚訴訟の事前準備

(1)　公示送達を想定した郵便物の送付

本事例においては、Bは、4年前にフィリピンに強制送還され、その後しばらくして音信不通となったことから、訴状の送達は、公示送達になるであろうと考えた。

まずは、Bに（届かないであろう）郵便物を出すこととした。Bは、フィリピンのどこに住んでいるのか。4年前の強制送還の直後、フィリピンのどこに居を構えたのか。

Aが持っていた手帳に、Bの本国での住所らしきメモが残っていた。これが、Bが強制送還後に生活をしている住所なのか、あるいは日本へ入国する直前に住んでいた場所なのか、定かではなかったが、これ以外に手がかりはなかったので、ここに郵便物を送ることとした。

どのような方法で送るか。国内であれば書留にするところであるが、外国

V 外国人との離婚

に郵便を出すにあたり、書留に代わる方法はあるのかを検討し、EMS（国際スピード郵便）を利用することにした。そこに宛名の人物がいなければ郵便物は届かずに戻ってくるし、これが記録として残る。公示送達の準備として、材料の一つにはなる。しかし、このEMSの追跡サービスが世界のどの国でも利用できるとは限らないし、一つの国の中でも利用できる地域が限られている場合もあるとのことだった。Aの手帳に残されていた住所のメモを確認したところ、どうやらEMSの追跡サービスが利用できる地域のようだった。

　手紙の内容は、「あなたの日本での夫があなたとの離婚を決意した」「依頼者はあなたとの連絡がとれなくて困っている」「離婚の手続に協力してほしい」などといった簡単なものである。

　ところで、Bは、日本語が得意ではない。筆者が作文した手紙について、翻訳業者に翻訳を依頼した。なお、翻訳にかかる費用についても、金額の上限などの制限はあるが、法テラスを利用することができる。離婚訴訟において、この手紙は甲号証として提出することになったが、この英文に翻訳したものが被告に送付した手紙の原文であり、最初に筆者が作成した文案が日本語訳となる。

　手紙の発送から10日も経たない頃、フィリピンのBから筆者の事務所に電話があった。手紙が届いてしまったのである。すんなり公示送達とはいかなくなったが、女性が離婚に協力してくれるのであれば、訴訟をするまでもなく、郵送で書類のやりとりをすれば離婚はできるかもしれないと期待をした。そして、AとBとで直接電話で話をすることになった。しかし、Bは離婚の手続には協力しないとのことだった。もちろんAの気持は変わらないため、予定どおり訴訟を提起することにし、準備に取りかかった。

(2) **離婚訴訟にかかる費用**

(ア) **法テラスの利用**

　無料低額宿泊所の入所者は、その多くが生活保護の被保護者（生活保護を現に受けている者）であって、Aも例外ではなかった。司法書士報酬を含む、

本事例にかかる費用については、法テラスの民事法律扶助制度を利用することとした（第1章Ⅲ1参照）。

なお、本事例は渉外事件であるため、諸々の文書の翻訳が必要となる（第1章Ⅲ2参照）。この翻訳にかかる費用についても、上限はあるものの、法テラスを利用することができる。

> **コラム　法テラスを利用するメリット**
>
> 　胸を張って言うことではないだろうが、筆者の事務所の売上の中で法テラス利用が占める割合は一般的な司法書士事務所と比べ、おそらくかなり高い。法テラスを利用することにより、司法書士としては早い段階で着手金を受け取り、事件に着手することができるし、つまりは依頼者としてもメリットがある。さらに、法テラスの利用者が生活保護の被保護者である場合は、原則として法テラスへの立替金償還が免除されるため、多くの場合、結果として、依頼者は自己負担なく法律家によるサービスを受けることができるのである。

　(イ)　訴訟救助付与の申立て

また、依頼者が生活保護の被保護者である場合には、訴状の提出と同時に訴訟救助付与の申立てをすることが検討されよう（【書式51】参照）。

本事例では、Aが生活保護の被保護者であることから、訴訟救助付与の申立てをしたところ、これが認められ（訴訟救助付与決定は、【書式52】参照。被害への送達のため、英訳文も作成する）、印紙による訴訟費用の納付は不要となった。訴訟救助付与の申立ての疎明資料としては、法テラス利用に係る扶助決定書の写しと、生活保護受給証明書の写しを提出した。

【書式51】　訴訟救助付与申立書

```
申立人（原告）　〇〇〇〇
相手方（被告）　〇〇〇〇

             訴訟救助付与申立書
```

Ⅴ　外国人との離婚

平成〇〇年〇〇月〇〇日
〇〇家庭裁判所　御中
原　告　〇　〇　〇　〇　㊞

　上記当事者間の〇〇家庭裁判所平成〇〇年（家〇）第〇〇号離婚請求事件について，申立人は貧困のため訴訟費用の支払いにより生活に著しい支障を生じ，かつ，本件は原告に勝訴の見込みがあると思慮されるので，訴訟上の救助を付与されるよう申し立てます。

疎　明　方　法

疎甲第1号証　　扶助決定書の写し
疎甲第2号証　　生活保護受給証明書の写し

【書式52】　訴訟救助付与決定

平成〇〇年（家〇）第〇〇号

決　　　定

申立人（原告）　〇　〇　〇
相手方（被告）　〇　〇　〇
本件訴訟上の救助申立事件につき，当裁判所は，次のとおり決定する。

主　　文

　当庁平成〇〇年（家〇）第〇〇号離婚請求事件について，申立人（原告）に対し，訴え提起手数料1万3000円につき，訴訟上の救助を付与する。
　　平成〇〇年〇〇月〇〇日
　　　〇〇家庭裁判所家事部
　　　　裁判官　〇　〇　〇　〇

5　離婚訴訟の訴状の作成

(1)　離婚訴訟の要件事実

　離婚訴訟の要件事実は、①原告と被告が夫婦であること、②離婚原因があることである。

　裁判上の離婚ができるのは、ⓐ配偶者の不貞行為、ⓑ配偶者からの悪意の遺棄、ⓒ配偶者の3年以上生死不分明、ⓓ配偶者の回復の見込みのない強度

の精神病、ⓔその他婚姻を継続しがたい重大な事由があるときである（民法770条1項1号～5号）。本事例では、Bは4年以上もの間、音信不通であったので、前記ⓑまたはⓔに該当する可能性があると考えた。

訴状（【書式53】参照。被告への送達のため、英訳文も作成する）の請求原因として、最低限、前記①②だけを記載すると、2行で済んでしまうかもしれない。実務的には、婚姻や離婚に至る詳細な事情を記載するべきであろう。本事例においては、前述のとおり、公示送達にはならなかったものの、Bが出頭する可能性は極めて低いと考え、A側からの主張・立証のみで、裁判官に「離婚やむなし」という印象を与えたい。訴状やAの陳述書には、AとBとの出会いから、婚姻後、わずか3日でBが拘束され強制送還されたこと、そして音信不通となった経緯などを事細かに記載した。

【書式53】　離婚請求の訴状

訴　　状

平成○○年○○月○○日

○○家庭裁判所　御中

原　告　○　○　○　○　㊞

当事者の表示　当事者目録記載のとおり

離婚請求事件
　訴訟物の価額　金160万円
　貼用印紙額　　金1万3000円（訴訟救助付与の申立あり）

第1　請求の趣旨
　1　原告と被告とを離婚する。
　2　訴訟費用は被告の負担とする。
　　との判決を求める。

第2　請求の原因
1　管轄及び準拠法について
　本件は渉外事件であるが，以下の2及び3に述べる一連の事情によれば，「被告が行方不明である場合その他これに準ずる場合」（最高裁大法廷昭和39年3月25日判決）に該当し，日本国の裁判所に国際裁判管轄が認められる。
　準拠法については，法の適用に関する通則法27条ただし書により，原告の本国法である日本法が適用される。
2　婚姻の成立
(1)　平成○○年○○月○○日，原告は，当時原告が勤めていた職場の同僚の紹介によりフィリピン人である被告と出会い，その約1か月後に交際が始まった。そして平成○○年○○月○○日，原告と被告は，婚姻届を○○市役所に提出し，婚姻が成立した（甲1）。
(2)　婚姻から3日後，被告は入国管理局に捕まり拘束された。被告は，偽造パスポートによる入国をしていたということであった。
(3)　そしてその約2か月後の平成○○年○○月○○日，被告はフィリピンへの強制送還により日本を出国した。
　その後2か月間ほどは，原告は，被告と携帯電話により連絡をとることができたが，やがて被告は原告からの電話に出なくなった。さらにその後約1年間，原告は，電話により被告と連絡をとることを試みたが，被告は電話に出なかった（甲6）。
3　離婚原因
　原告が被告と連絡をとれなくなり，すでに4年が経過したが，この間，被告から原告への連絡も，電話や手紙など含めて一切なかった（甲6）。
　そして平成○○年○○月○○日，被告のフィリピンの住所と思しき住所地に手紙を送り，この手紙が被告に届いた（甲2，3—1，3—2，4及び5）。これにより，フィリピンにいる被告から原告へ電話があり，原告は，被告に対し，被告と離婚をしたい旨，及び離婚手続に協力してほしい旨伝えたところ，被告はこれを拒否した（甲6）。
　原告と被告との婚姻期間が実質的にはたった3日間にすぎなかったことに比べ，被告と音信不通になってからの期間約4年間ははるかに長く，原告と被告の婚姻関係は事実上すでに破綻しているといえ，「婚姻を継続し

難い重大な事由」がある。
　　また，被告は離婚手続に協力する意思がなく，原告が海外にいる被告に対しこれを説得することは極めて困難である。
4　よって，民法770条1項5号の離婚原因に基づき，請求の趣旨記載の判決を求める。

証 拠 方 法

甲第1号証　　全部事項証明（戸籍謄本）
甲第2号証　　原告の手帳
甲第3号証―1　手紙（原文）
甲第3号証―2　手紙（日本語訳）
甲第4号証　　国際郵便物受領証
甲第5号証　　国際郵便物検索結果詳細
甲第6号証　　陳述書（原告作成）

付 属 書 類

1．甲号証の写し　各1通

当事者目録

本　　籍　○○県○○市○○町○丁目○番地
住　　所　〒000-0000　○○県○○市○○町○丁目○番○号
　　　　　　　　　　　○○○○○○館○○○号室
　　　　　　原　　　　告　○　○　○　○
　　　　　　　　電　話　000-0000-0000

送達場所及び送達受取人
　　　　　〒000-0000　○○県○○市○○町○丁目○番○号
　　　　　　送達受取人司法書士　○　○　○　○
　　　　　　　　電　話　000-0000-0000
　　　　　　　　ＦＡＸ　000-0000-0000

Ⅴ 外国人との離婚

```
国   籍  フィリピン共和国
住 居 所  ○○○○ ST. ○○○○ CITY ○○○○
         被      告  ○ ○ ○ ○
                  (○○○○○  ○○○○○)
```

(2) 調停前置主義の例外

　繰り返しになるが、本事例での目標は、ＡとＢの離婚である。離婚には大きく分けて、協議による離婚と裁判による離婚（調停・審判・判決）がある。

　裁判による離婚では、調停前置主義が採用されている（家事事件手続法257条1項・244条）。原則として、まずは調停を申し立てる必要があり、初めから離婚訴訟を起すことができないのである。

　しかし、これには例外があり、相手方が行方不明の場合や、相手方に強度の精神障害がある場合、その他個別の事情により、「裁判所が事件を調停に付することが相当でないと認めるとき」は、前提として調停を申し立てることなく、初めから訴訟となる（家事事件手続法257条2項ただし書）。

　本事例においては、調停の申立てをせず、初めから離婚訴訟となることを想定して準備を進めた。

(3) 管　轄

　離婚訴訟の管轄は、当事者（夫または妻）が普通裁判籍を有する地を管轄する家庭裁判所である（人事訴訟法4条1項）。本事例においては、原告であるＡが日本に住所を有する者であるので、日本の家庭裁判所に管轄権があると解釈できるが、被告となる妻が外国に住む外国人であるため、念のため検討した。

　離婚訴訟の国際裁判管轄について、最大判昭和39・3・25民集18巻3号486頁は、原則としては被告の住所地に管轄があるとしつつも、例外として、「原告が遺棄された場合、被告が行方不明である場合その他これに準ずる場

合」には、被告の住所が日本になくても、原告の住所が日本にあるときは、日本の家庭裁判所が管轄権を有するとしている。

(4) 準拠法

通則法は、離婚の効力について、①夫婦の本国法が同一であるときはその法による、②その法がない場合において夫婦の常居所地法が同一であるときはその法による、③そのいずれの法もないときは夫婦に最も密接な関係がある地の法によるとしている（通則法27条・25条）。

本事例においては、「夫婦にとって最も密接な関係がある地」は日本であり、離婚については日本の法律によると解釈できる。

6 立証の方法

甲号証として提出した証拠は、次のとおりである。

(1) 戸籍謄本

AとBが婚姻をした事実、つまりAとBが戸籍法上の夫婦であることを証明するために戸籍謄本（【書式54】参照。被告への送達のため、英訳文も作成する）を提出する。なお、日本人同士の婚姻の場合とは、戸籍の記載のされ方が違う。

---

1 もっとも、原告・被告共に外国人であり、外国で婚姻をし、離婚訴訟を提起する時点で原告のみが日本に住所のあった事案であるところ、最判平成8・6・24民集50巻7号1451頁は、原告は日本に住所のある日本人であり、被告が外国に住所のある外国人であった事案につき、同様に原則としては被告の住所地に管轄があるとしつつも、「原告が被告の住所地国に離婚請求訴訟を提起することにつき法律上又は事実上の障害があるかどうか及びその程度をも考慮し、離婚を求める原告の権利の保護に欠けることのないよう留意しなければならない」と判示し、例外として、原告の住所地に管轄を認めている。

Ⅴ 外国人との離婚

【書式54】 戸籍謄本

	（1の1） 全部事項証明
本　　籍 氏　　名	○○県○○市○○町○丁目○○番地 ○○　○○
戸籍事項 　　戸籍編成	【編成日】平成○○年○○月○○日
戸籍に記録されている者	【名】○○ 【生年月日】昭和○○年○○月○○日　【配偶者区分】夫 【父】○○○○ 【母】○○○○ 【続柄】長男
身分事項 出生	【出生日】昭和○○年○○月○○日 【出生地】○○県○○市 【届出日】昭和○○年○○月○○日 【届出人】父
婚姻	【婚姻日】平成○○年○○月○○日 【配偶者氏名】○○○○○○○，○○○○ 【配偶者の国籍】フィリピン共和国 【配偶者の生年月日】西暦○○○○年○○月○○日 【従前戸籍】○○県○○市○○町○○番地　○○○○
	以下余白

　発行番号　　0000000000000000・0000000-000（○○県○○市）
これは，戸籍に記録されている事項の全部を証明した書面である。

　　　　　　平成○○年○○月○○日
　　　　　　　　　　　○○県○○市長　○　　○　　○　　　○○県○○市長之印

(2) 手紙・郵便物受領証・検索結果

手紙とは、筆者がAの代理でBにあてて送った手紙である。前述のとおり、追跡サービスを利用できるEMS（国際スピード郵便）を利用して送った。英文である原文と日本語訳とを提出した。郵便物受領証と検索結果（ブラウザを印刷したもの）をあわせて、手紙が被告のもとに届いたことを証明する。

(3) 陳述書

陳述書では、主に、AとBとの間に離婚原因があることを証明する。AとBの出会いから婚姻、入国管理局による拘束、そして強制送還、その後にBが音信不通となったこと、Bが離婚の手続に協力しないことなど、離婚訴訟の提起に至るまでの一連の事実を記載する。

7 当事者尋問

訴状を家庭裁判所へ提出すると、間もなくして、家庭裁判所より連絡があり、書記官との打合せの結果、Aの当事者尋問をすることとなった。筆者は、証拠申出書（【書式55】参照。被告への送達のため、英訳文も作成する）を作成し、提出した。尋問事項は、基本的には、陳述書や訴状に記載されていることである。

【書式55】 証拠申出書

```
平成○○年（家○）第○○号　離婚請求事件
原告　○○○○
被告　○○○○

                    証拠申出書

                                   平成○○年○○月○○日
○○家庭裁判所　人事訴訟係　御中
                              原告　○　○　○　○　㊞

本人尋問の申出
  1　本人の表示
         ○○県○○区○○町○○番○○号
                          ○○号室
```

V 外国人との離婚

```
                 ○○○○                    （主尋問20分）

 2  立証の趣旨
    原告と被告との間に婚姻を継続し難い重大な事由があること。

 3  尋問事項
  (1) 被告と結婚したのはいつか
  (2) 被告との暮らしが終わったのはいつか
  (3) それはどのような事情によってか
  (4) 被告が帰国する前，被告と最後に会ったのはいつか
  (5) 被告が帰国した後も，被告とは連絡を取り合ったか
  (6) 被告との連絡が取れなくなったのはいつか
  (7) その後も被告と連絡を取ることを試みたか
  (8) それをいつまで続けたか
  (9) 再び被告と連絡を取れたのはいつで，どのような経緯か
  (10) なぜ離婚の手続きをしたいと考えたか
```

8 送 達

　被告へ訴状等を送付することになるが、これは、日本の家庭裁判所から、本国の管轄裁判所へ送達を嘱託することによる。送達される書類（訴状、証拠説明書、甲号証、証拠申出書、訴訟救助付与申立書、呼出状）は、すべて英訳文を作成した。

　家庭裁判所からフィリピンの裁判所へあてた送達嘱託書（【書式56】参照）には、口頭弁論期日の日時も記載されるが、そのつど呼出をかけるのは煩わしいということなのか、あらかじめ期日を第3回まで決めてしまい、これが呼出状に記載された。

　なお、送達の手続に時間がかかるとのことで、送達嘱託書の日付から第1回期日までは約9カ月の期間が設けられた。訴状の提出からは約10カ月後となる。

【書式56】 送達嘱託書

送達嘱託書

フィリピン共和国管轄裁判所　御中

　　　　　　　　　　　　　　　　　　　　　　平成〇〇年〇〇月〇〇日
　　　　　　　　　　　　　　　　　　　　　　〇〇家庭裁判所
　　　　　　　　　　　　　　　　　　　　　　裁判官　〇　〇　〇　〇

住所　神奈川県〇〇区〇〇町〇〇番〇〇号〇〇号室
　　　　　　原告　〇　〇　〇　〇
住所　〇〇〇〇 ST.〇〇〇〇 CITY 〇〇〇〇
　　　　　　被告　〇　〇　〇　〇

上記の当事者間の平成〇〇年（家〇）第〇〇号事件について，下記のとおり文書を送達されたく，嘱託します。
記

1　受送達者
　　氏名　〇〇〇〇
　　住所　〇〇〇〇 ST.〇〇〇〇 CITY 〇〇〇〇
2　送達すべき文書
　(1)　口頭弁論期日呼出状（平成〇〇年〇〇月〇〇日午前11時00分，平成〇〇年〇〇月〇〇日午前11時00分及び平成〇〇年〇〇月〇〇日午前11時00分）及び答弁書催告状（訳文付き）　　1通
　(2)　訴状副本（訳文付き）　　　　　　　　　　　　　　　　　　1通
　(3)　証拠説明書副本（訳文付き）　　　　　　　　　　　　　　　1通
　(4)　甲第1号証ないし第6号証写し（甲第3号証を除き訳文付き）　1通
　(5)　証拠申出書副本（訳文付き）　　　　　　　　　　　　　　　1通
　(6)　訴訟上救助決定正本（訳文付き）　　　　　　　　　　　　　1通
　　　　　　　　　　　　　　　　　　　　　　　　　　　　以　上

9　期日そして判決言渡し

　第1回期日では、予想どおり、Bの出頭はなかった。そして、第2回期日には、Aの当事者尋問が行われた。第2回期日で口頭弁論は集結し、予定では第3回期日だった日程に、離婚を認める判決が言い渡された。その後、判決は確定した。

10　離婚の手続

　離婚の判決は、形成判決であり、離婚の効力は判決の確定によって直ちに生じる。しかし、これによって自動的に離婚の手続がなされるわけではなく、当事者が市役所などで戸籍上の届出をする必要がある（戸籍法63条・77条。協議離婚の場合は創設的届出であり、届出によってその効力が生じる）。

　届出に必要な書類等は、離婚届、判決謄本（【書式57】参照）、確定証明書（【書式58】参照）などであるが、ここでの判決謄本は、「事実及び理由」などが省略された簡易な形式のものを使用することができる。

【書式57】　簡易な形式の判決謄本

```
平成○○年○○月○○日判決言渡　同日原本領収　裁判所書記官
平成○○年（家○）第○○号　離婚請求事件
口頭弁論終結日　平成○○年○○月○○日

                    判　　　　決

    本籍　　○○県○○区○○町○番
    住所　　○○県○○区○○町○○番○○号
            原　　　告　　○　○　○　○
    国籍　　フィリピン
    住所　　フィリピン共和国○○市○○通り○○
            被　　　告　　○　○　○　○
                    主　　　　文
 1　原告と被告とを離婚する。
```

【書式58】 確定証明書

```
事件番号　平成○○年（家○）第○○号
　　　　　離婚請求事件
原告　○○○○
被告　○○○○

              確　定　証　明　書

　上記当事者間の事件は，平成○○年○○月○○日に確定したことを証明する。

                    平成○○年○○月○○日
                     ○○家庭裁判所人事訴訟係
                         裁判所書記官　○○○○
```

11　最後に

　冒頭でも述べたとおり、この事例における依頼者は日本人で、事件の相手方が外国人である。しかし、当事者の双方が外国人であったとしても、管轄権が日本の家庭裁判所にあり、準拠法が日本の法律となるケースはありうる。

　また、当事者とのコミュニケーションや書類を作成するうえでの言語の壁や、裁判所の管轄権や準拠法の検討など、多少の手間がかかる部分はあるが、基本的には、当事者が日本人である場合と大きな違いはない。みなさんもぜひチャレンジしてほしい。

（三門俊文）

Ⅵ 外国人の債務整理（在日韓国人の事例に中心に）

1 はじめに

日本で生活する外国人の中には、生活に困窮し生活保護を申請する者や、消費者金融などからの借入れで何とか生計を維持している者も少なくない。

ここでは、筆者が経験した外国人（在留資格は「特別永住者」）の債務整理の事例（内容は適宜変更している）を素材に、手続上の問題と、執務にあたり注意するべきことを概観する。

2 事例の概要

事例の概要は、次のとおりである。

> A（42歳、女性、在日韓国人）から、ある年の4月9日に司法書士事務所に電話があり、最初の相談に応じた。
> 相談内容は、「裁判所から訴状が届いた。答弁書を裁判所に提出しないといけないが、どうすればよいのかわからない」とのことだった。
> 電話で聞き取ったところ、貸金返還請求事件の被告になっているようであり、Aは、債務を認めている。訴状が届いたのは3月22日で、第1回口頭弁論期日は4月19日とのことであった。答弁書の提出期日は、口頭弁論期日の1週間前（4月12日）までに提出する必要があることから、翌日、事務所に来所してもらい、相談を受けることとした。

3 在留資格の確認

まず初めに確認すべきことは、在留資格である。本事例では、Aの在留資格は、「特別永住者」であった。また、通称名もあったため、住民票を取

得してもらい、通称名を確認した。

4　訴状の内容の確認

訴状の内容について、Ａが、どの程度理解しているかを確認する必要がある。身に覚えのない債務ではないかなどを確認することが必要である。

次に検討すべきこととしては、①Ａの希望、②その他の債務の有無である。

本事例では、借入れをしていることは認め、返済について分割払いを希望していることを聞き取った。また、訴状に、「〇〇〇〇こと△△△△」という記載があり、両方の名義でそれぞれ借入れをしていたことがわかったので、その他の負債もいっしょに整理することにした。

Ａに、訴訟委任状への署名・捺印をしてもらい、答弁書の提出を行った。

5　債務整理手続の流れ

相談および受任後の対応は、日本人の債務整理事件と異なるところはないが、事件の流れを簡潔に紹介しておく。

(1) **相談と受任**

まずは、相談者の債務が増えた原因や家計の状況をしっかり聞き取る。聞取り事項としては、債権者数、各債権者との取引歴、生活状況（収入と支出）、家族、保有資産、勤務先（勤務歴）等である。

(2) **債務整理手続の選択**

債務整理の手続の種類（任意整理、個人再生、自己破産など）とその概要について、相談者に説明し、どのような方向での解決を希望しているかを確認する。

(3) **相談者に用意してもらう資料**

預貯金通帳、信販会社や貸金業者の発行するカード、資産や収入に関する資料、負債に関する資料などがあれば、相談者に用意してもらう。

(4) 報酬に関する説明と委任状

報酬についての説明は、書面で行い、双方合意のうえで、手続を進めなければならない。

相談者が、生活保護受給者や生活困窮者である場合、法テラスの法律扶助による報酬の立替えの制度の利用も考慮する（第1章Ⅲ1参照）。法テラスを利用しない場合、報酬はこの時から積み立ててもらうほうがよい。

その後、相談者から、債務整理に関する手続の委任状をもらう。

(5) 受任通知書の発送

債務整理手続を受任したら、受任通知書（【書式59】参照）を郵便で発送する。通知書の宛名は債権者各位でよい。債務者の氏名、住所（旧姓、旧住所からの取引の場合は併記）、生年月日を記載し、会員番号がわかれば明記する。

本事例では、Aは、各債権者に対し、本名か通称名のどちらの名義で借入れをしていたかの記憶があいまいになっているとのことだったので、受任通知には、両方の氏名を記載し送付することにした。

以降の手続は、一般の債務整理事件と同じである。

【書式59】 受任通知書

```
                                         平成○○年○○月○○日
債権者各位　殿
                〒000-0000    ○○区○○町○○丁目○○番○○号
                              ○○ビル○階
                              ○○○○法務事務所
                              司法書士  ○  ○  ○  ○  ㊞
                              （認定番号　第0000000号）
                              電話　000-000-0000
                              FAX　000-000-0000

                         受任通知書
```

冠省

　当職は，この度，貴社より借入れ（保証）をしていた下記債務者からの依頼により，同人の債務整理について受任することになりましたので，ご通知申し上げます。

　貴社から直接依頼者本人にご請求その他の行為がありますと，貸金業法21条等に違反することになりますので，今後の連絡等はすべて当職あてお願いいたします。

　つきましては，債務者の負債状況を早急に把握したいと存じますので，取引開始時よりの貴社と債務者との間のすべての取引の経過を平成○○年○○月○○日までに当事務所までご開示くださるようお願いいたします。

　債務者が借り換えその他何口もの取引をしている場合には，借り換え前の取引開始時からの取引経過をご開示していただき，各債権者に保証人がいる場合には保証人名もご記入いただけますようお願いいたします。

　なお，債務者が契約時において，公正証書の作成委任状，債権譲渡通知書等を交付したとしても，それらに関する一切の委任契約を民法651条により，本書面をもって解除いたします。貴社において，上記委任契約に関する書類を保管中の場合は，これをご使用することなく，直ちに当職当あてご返送いただくよう願いいたします。

　また，本通知は債務を承認するものではございませんので念のため申し添えます。

草々

　　債務者の氏名　　○○○○こと△△△△
　　（フリガナ）　（　　　　　　　　　　）
　　生　年　月　日　（昭和○○年○○月○○日生）
　　住　　　　所　（〒000-0000　　○○区○○町○○丁目○○番○○号）

(6)　取引履歴の開示請求と引直計算

　正確な債務額を把握するために、貸金業者に対して、貸金業法19条の2に基づく取引履歴の開示請求を行う。なお、貸金業者からの開示には、1カ月から3カ月かかるところもある。貸金業者から、依頼者との取引履歴が開示され次第、順次、利息制限法に基づく利率による引直計算をする。

Ⅵ 外国人の債務整理

(7) **引直計算後の対応**

(ア) **過払金返還請求**

前記(6)の引直計算により、過払金があることがわかった場合、過払金返還請求書を作成のうえ（【書式60】参照）、引き直した計算書を添付して、貸金業者にファクシミリを送信する。

【書式60】 過払金返還請求書

```
株式会社○○○○　御中
                                    平成○○年○○月○○日

            〒000-0000
            ○○県○○区○○町○丁目○番○号
            司法書士○○○○事務所
            後記依頼人代理人　司法書士　○　○　○　○　㊞
                      （認定番号　第○○○○○○号）
            電　話　000-000-0000
            ＦＡＸ　000-000-0000
```

過払金返還請求書

冠省

　後記依頼者の債務整理につき，債権調査にご協力いただきまして厚く御礼申し上げます。

　さて，当職の計算によれば，同人と貴社との取引について，利息制限法所定の利率に従って計算・充当させていただきますと，すでに過払元金○○万○○○○円及び過払利息○○万○○○○円円の合計○○万○○○○円の過払いになっているものと思われます。上記過払金については全額不当利得返還請求ができることは，幾多の判例によって確立しているところです。つきましては，当職は貴社に対し，前記過払金全額の請求をいたします。

　来たる平成○○年○○月○○日までに貴社のご回答を書面にていただきたくお願いするものです。

なお，期日までにご回答いただけない場合には，やむをえず訴訟を提起せざるを得ず，その場合には，過払金に対する法定利息及び訴訟費用につきましても全額請求させていただきますので念のため申し添えます。

草々

依頼者の表示
　　住　　所　〇〇県〇〇区〇〇町〇丁目〇番〇号
　　氏　　名　〇　〇　〇　〇　（ふりがな　　　　　　　）
　　生年月日　昭和〇〇年〇〇月〇〇日生

(イ)　任意整理

　任意整理の手続を選択する場合、すべての債権者からの資料が揃い、残債務が確定したら、返済計画の相談を行う（【書式61】参照）。月々の返済原資、返済日について打合せをし、各債権者と交渉する。
　任意での和解が成立したら、和解書を取り交わすことになる。

【書式61】　和解申入書

平成〇〇年〇〇月〇〇日

ＦＡＸ送付状

〈送信枚数　１　枚（本紙含む）〉

株式会社〇〇〇〇　　御中

　　　　　　　　　　　　　　司法書士〇〇〇〇事務所
　　　　　　　　　　　　　　司法書士　〇　〇　〇　〇
　　　　　　　　　　　　　　〇〇県〇〇区〇〇町〇丁目〇番〇号
　　　　　　　　　　　　　　電　話　000-000-0000
　　　　　　　　　　　　　　ＦＡＸ　000-000-0000

```
                    ○○○○  様の件
              件名  和解申入書

  お世話になっております。
   上記債務者につき，下記分割返済をしたく提示いたします。ご検討のほどお
  願い申し上げます。
     和 解 金  ○○万○○○○円
     返済開始日  平成○○年○○月末日（以降毎月末日支払）
     返 済 金 額  ①月○○○○円（初回のみ）
            ②月○○○○円（2～50回）
                            計50回払い
```

(イ) 個人再生・自己破産

　個人再生・自己破産の手続を選択する場合、すべての取引履歴が揃ってから、どのように手続を進めるかを再度相談者本人と面談し、熟慮したうえで各申立てをすることが肝要である。

6　最後に

　本事例の依頼者は、「特別永住者」の在留資格をもっている者であったため日本語を理解することができたが、外国人の場合、漢字が読めないことも多い。そのため、訴状の内容を周囲に聞いて、慌てて相談にくるケースが多い。

　本事例でも、答弁書の作成期限ギリギリまで、司法アクセスにつながっていなかった。これは、自分たちのコミュニティ内で解決する社会習慣があるためである。今後、適切な法的支援へ、速やかにつながる環境の整備、情報提供が課題となると実感している。

（高原晶子）

Ⅶ　外国人に対する滞納賃料請求への対応（フィリピン人の事例を中心に）

1　はじめに

　外国人が日本で住居を確保する動機は、言うまでもなく、日本における生活および活動の拠点の確保である。観光旅行などで日本を訪れる外国人を除き、在留資格を取得して滞在する中長期滞在者にとって、住居の確保は在留資格の取得に次いで重要である。

　ここでは、筆者が経験した、外国人への滞納賃料請求等（被告事件）の事例（内容は適宜変更している）を素材に、まず外国人を取り巻く住宅供給の現状に触れるとともに、手続上の問題と、執務にあたり注意するべきことを概観する。

2　事例の概要

　事例の概要は、次のとおりである。

> 　フィリピン人であるA（30歳、女性）は、同じくフィリピン人の内縁の夫B（40歳、男性）と、その連れ子C（18歳、男性）、Bとの間に生まれた子D（生後3カ月、男性）と共に4人で賃貸マンションを賃借していた。
> 　Bは、20年前に、「短期滞在」の在留資格により日本に上陸したが、間もなくオーバーステイとなり、入国管理局に勾留された。その後、およそ19年間、仮放免の許可を受けて在留している。

1　この制度により、仮放免が認められると、入管法54条2項に定める一定の制限（「300万円を超えない範囲内で法務省令で定める額の保証金を納付させ、かつ、住居及び行動範囲の制限、呼出しに対する出頭の義務その他必要と認める条件」）を受けつつ、日本に滞在することができる。ただし、ほとんどの場合、就労は認められない。

> 　Cは、Bが仮放免期間中に別のフィリピン女性との間にもうけた子で、日本で生まれ育ったためタガログ語や英語は話せない。Cは、特に在留資格の申請をしていなかったため、出生から現在に至るまで、Bと同様、仮放免の状態である。Cの実母は、Cを出産した後、Bとの関係が悪化し、離婚して本国へ帰国してしまった。B・C共に仮放免中であるため、就労することができない。
>
> 　A自身は、フィリピン人日系3世であり、告示定住者（後記3⑴㈦参照）に該当するため、3年前に「定住者」の在留資格を取得して日本に上陸した。上陸後は横浜の飲食店に勤務していたが、去年、Bと知り合い、Aの名義で賃貸マンションを借りて、BとCと共に3人で同居を開始した。間もなく妊娠し、3カ月前にDを出産したが、Aは出産の前後で仕事をすることができず、賃貸マンションの賃料を支払うことができなくなった。
>
> 　滞納が3カ月になった頃、賃貸人から内容証明郵便が送られてきて、滞納賃料の支払い、契約の解除、建物明渡しを求められている。

　外国人の相談においては、法的解決とあわせて、在留資格の継続性を考慮する必要がある。本事例では、その法的解決が、定住者の在留資格をもって滞在しているAおよびDの在留資格に与える影響を検討することが重要である。

3　外国人を取り巻く住宅供給の現状

　事例検討を行う前に、外国人を取り巻く住宅供給の現状について述べたい。
⑴　在留資格ごとの傾向
㈦　就労系の在留資格者
　入管法別表第1の2に記載されている在留資格（「経営・管理」「技術・人文知識・国際業務」等のいわゆる就労系の在留資格）においては、就労のために日本を訪れるという特性上、就労期間に制限がある場合もあり、在留期間が

浅い外国人の多くは、賃貸住宅に居住することを検討する。

一方、在留期間の更新を繰り返し、日本での滞在期間が長期となった外国人においては、賃貸住宅から出て、売買による住居の取得が検討される。

　(イ)　身分系の在留資格者の傾向

入管法別表第2に記載されているいわゆる身分系の在留資格のうち、「日本人の配偶者等」「永住者の配偶者等」の在留資格においては、その配偶者により住居の確保が行われることが多い。

一方、同じ身分系の在留資格でも、「定住者」においては、その滞留事由はさまざまである。日系人等の告示定住者や告示外定住者[2]においては、収入が比較的不安定な場合が多く、賃貸住宅の利用が多い。

さらには、原則10年の在留期間を経ている「永住者」においては、就労系の長期滞在者と同様に、住宅の購入が検討される。これは、ある一定期間の在留期間を経て日本に十分定着した外国人は、日本において資産を形成し、あるいは本国から日本へ資産の移動を行うという傾向があるためである。

　(2)　賃貸による住居の確保

外国人が賃貸住宅を利用する場合は、日本人と同様、街の不動産屋を訪れ、賃貸住宅のあっせんを依頼するケース、知り合いの外国人を頼って部屋の紹介を受けたり、転貸あるいは同居してもらうケースがある。

建物賃貸借契約においては、日本法の適用にあたって、日本人と外国人を区別する規定はないが、借地借家法の特性として、賃借人の保護が厚く、賃貸人からすると、いったん貸してしまうとトラブルがあった場合に言葉の問題などから改善や退去を要求することがなかなか難しいという側面がある。そして、文化や習慣の違いからトラブルの発生する可能性が高いという印象

2　「告示定住者」とは、定住者告示（入管法別表第2の「定住者」として、「法務大臣が特別な理由を考慮し一定の在留期間を指定して居住を認める者」に該当する外国人には、定住者の在留資格を与えるとする告示）により定住者資格を得た者である。これに対して、「告示外定住者」とは、これらの条件にはあてはまらないが、法務大臣の裁量により、定住者の資格を得た者をいう。例として、当初日本人の配偶者等であったが、離婚し、定住者への在留資格変更を行った者などである。

VII 外国人に対する滞納賃料請求への対応

がある外国人に対しては、賃貸住宅を提供することを躊躇する賃貸人が多い。これは外国人の居住割合が低い地方に顕著な傾向であり、東京都や神奈川県等の首都圏においては、外国人を受け入れる賃貸人が増加していると感じる。これに関連して、保証会社による賃料保証サービスが、近年増加していることも、賃貸人の安心感につながっていると思われる。

ただし、外国人を比較的受け入れる余地のある地域においても、やはり外国人が賃貸住宅を探すことは困難な場合が多い。中華街、韓国人街など、一定のエリアに同国人が固まって生活しているのは、単に仲間意識が強いというだけではなく、住居の確保を容易にし、自国の文化を許容するエリアを生み出す合理的な手段であると考察する。

> **コラム　外国人に建物を賃貸したときのトラブル**
>
> 　前述したとおり、外国人にとって住居の確保は非常に重要なものであり、故意にトラブルを起こし、退去を迫られるといったことを望む外国人は当然いない。
>
> 　住宅トラブルの中でも多い賃料の滞納については、日本における生活の拠点を確保し続けなければならない外国人ゆえに、賃料を半年から数年という長期間にわたって滞納する例は珍しい。日本に滞在できなくなるなどの何らかの事情が発生し、数カ月の滞納の後、急に本国に帰国してしまうケースがみられるが、これは外国人ならではの特徴といえる。
>
> 　賃料を支払うということは、どの外国人にも理解できる最も原則的なルールであり、滞納＝退去ということが容易に理解できるからであろう。むしろ外国人の賃貸トラブルとして多いのは、文化や習慣に起因するものであり、筆者が見聞きした例をあげると、①上の階から、夜中に「ドンドン」と大きな物音が、ほぼ毎日同じ時間帯に聴こえてくる。管理人に苦情を入れ、当事者に話を聞くと中国人の主婦が小麦粉をまな板に叩きつけ、練るときの音であった。②ネパール人の賃借人がいるアパートでは、廊下や室内が常にカレーの臭いで充満してしまっている。③ごみの分別という習慣がなく、日本語で掲示されたごみのルールが理解できないため、いつも分別されないままごみ出しがされているというものがあった。
>
> 　これらは「近隣への配慮」「日常生活の規律」の基準が日本人と乖離してい

るために起こるものであり、解決するには、お互いの理解と丁寧な説明が必要だと感じる。

(3) 売買による住居の取得

次に、売買による住居の取得であるが、こちらも建物賃貸借と同様に、外国人が住居を購入するにあたっては、日本法において日本人と外国人の区別はない。

外国人が住宅を買う際に、一番大きな問題としてあげられるのは、住宅ローンの組みにくさである。しかし、この点についても、近年では、外国人に対しても住宅ローンサービスを提供する金融機関が増えてきており、その属性基準も緩和されてきている。たとえば、地方銀行は、原則として「永住者」でないと審査が受けられないところも多いが、都市銀行では「永住者」または「日本での滞在期間が5年以上、現在の就職先での勤続1年～3年以上」といった基準が設けられている。

コラム　本国法と日本法との違いによる法律行為の差異

前述したように、日本法においては、日本人と外国人とで異なる取扱いはなされていないが、本国法との関係で、法律行為の効力に違いが出る場合がある。

たとえば、中国においては、18歳から成人とされており、不動産の購入にあたって、親権者の同意は不要である。通則法4条1項には、「人の行為能力は、その本国法によって定める」とあり、日本においては未成年であっても、18歳に達している中国人は、売買契約や不動産登記申請を単独で行うことができる。

(4) 外国人に対する売り渋り、貸し渋り

筆者は、マンションの管理組合から、「外国人に住居を購入させない、入居させないという規約の設定が可能か」という相談を受けたことが何度かある。これに対して、筆者は、たとえ管理組合の特別決議を経て規約を変更できたとしても、このような制限を加えることは、特別な理由がない限り、売主や買主の財産権を侵害するものであり、憲法29条違反となる可能性がある

と回答した。さまざまな議論があるところではあるが、このような規約は、単に外国人であるというだけで売買や賃貸を禁止する不当な差別に根づいたものであることが多く、当事者の人権を侵害しており安易に許されるべきものではないと考える。そもそもトラブルの多くは、外国人だから発生しているのではない。実は日本人でも同じトラブルを起こしているが、外国人の場合は、「文化や習慣が違うから」といった先入観があり、問題が起こったときにどうしても目立ってしまう。外国人はトラブルを起こしやすいから排除するのではなく、個々のトラブルの原因を見極め、住環境を改善していくヒントとしてとらえるべきである。

(5) 今後の課題

このように外国人が日本において住居を確保することは、日本人と比較して難しく、さまざまな問題を抱えているといえるが、近年の外国人の増加により、市場が拡大し、日本人側の意識も徐々に変わりつつある。意識やルールを共有し、外国人を社会の一員として受け入れ、共生していくことが求められていると強く感じる。

4 相談にあたって

まず、相談において聞き取った内容を、たとえば、ヒアリングシート(【書式62】参照)を利用して、漏れがないように聞き取る。そのうえで、関係者ごとに、あるいは時系列で整理することが必要となる。

【書式62】 ヒアリングシート（関係者・時系列による整理）

〔関係者〕

A	相談者 建物の賃借人	国　　籍：フィリピン 在留資格：定住者 在留期間：3年（2017年12月まで） 滞在期間：5年
B	Aの内縁の夫	国　　籍：フィリピン 在留資格：なし（仮放免）

		滞在期間：20年
C	Bの連れ子	在留資格：なし（仮放免） 滞在期間：18年
D	AとBの間の子	在留資格：定住者 在留期間：1年（2017年5月まで） 滞在期間：3カ月

〔滞在の経過〕
1996年　　Bが短期滞在で来日
1997年　　Bがオーバーステイで勾留。仮放免許可
1998年　　Cが出生
2001年　　Bが離婚
2014年　　A，B，Cが同居開始
2016年2月　Aは出産のため、離職し収入がなくなる。
2016年5月　Dが出生
2016年6月　家賃の滞納
2016年9月　賃借人より解約・退去を迫られる。筆者の事務所に来所。

5　生活保護の受給申請

　本事例において、Aは出産・育児により職場を離れなければならなくなり、またB・Dは仮放免許可のため、就労ができない状況である。今後数カ月は低収入状態が続くと思われる。まず、現状の困窮状態を解消するために検討すべきは、生活保護の受給申請である。
　本事例において、Aの定住者としての在留期間は3年、相談の時点で約1年2カ月後に在留期間が満了する状態である。Aは告示定住者であるため、在留期間の更新においても比較的許可が得やすいと思われるが、長期間にわたって生活保護を受給したままであると、滞在状況不良として、在留期間の更新が不許可になることもありうる。よって、1年2カ月後の在留期間の更新を見据えて、それまでの間に生活を立て直すとし、Aと相談のうえ、

VII 外国人に対する滞納賃料請求への対応

生活保護受給申請を行った。

実は、Aはすでに住所地であるY市に生活保護の相談を行っていたが、同居しているB・Cに在留資格がないことを理由に、事実上、申請を拒否されていたのである。

そこで、筆者は、Y市の生活保護窓口に、A、B、Cに同行し、その場で県へ照会をかけてもらい、AとDのみの生活保護の申請を認めるという回答を得たため、AとDの生活保護申請を行った。

> **コラム　外国人と生活保護**
>
> 　平成26年7月18日、最高裁判所において、外国人は生活保護法に基づく生活保護の受給権を有しないとの判断が示された（最判平成26・7・18判自386号78頁）。当時、新聞等の記事として比較的大きく取り上げられていたこともあり、ご存じの方も多いのではないだろうか。この判決により、司法ソーシャルワークに携わる法律家の間で、生活保護窓口での外国人の生活保護申請が拒否されるのではないかという懸念があったが、窓口での運用は変わることなく、判決前と同様に申請を受け付け、保護決定を行っているようである。それは、判決から2年経過した現在も変わらずである。
>
> 　現在の生活保護法は、憲法25条の理念に基づき、昭和25年に制定されたものである。同法1条にあるように、その対象は日本国籍を有するものに限定されている。前掲最判平成26・7・18は、この規定を確認したにすぎない。
>
> 　では、なぜ外国人に対しても生活保護の適用がされているのであろうか。それは厚生省（当時）からの2通の通知によるものであり、現在の窓口での運用は、これらに基づいて行われているのである。

3　「放置することが社会的人道的にみても妥当でなく他の救済の途が全くない場合に限り」外国人を保護の対象として差し支えない（昭25・6・18社乙発第92号）、「生活に困窮する外国人に対しては日本国民に準じて必要と認める保護を行い、その手続については不服申立の制度を除きおおむね日本国民と同様の手続によるものとする」（「生活に困窮する外国人に対する生活保護の措置について」昭29・5・8社発第382号厚生省社会局長通知）である。

> **コラム　在留期間の更新**
>
> 　在留資格には、「永住者」「特別永住者」「高度専門職」の一部を除き、在留できる期間（在留期間）が制限されている（本事例のＡは３年、Ｄは１年である）。
> 　外国人が、引き続き日本に滞在する場合は、在留期間が満了する前に、入国管理局に対して、在留期間更新許可申請を行う必要がある（入管法21条）。許可される在留期間は、それまでの日本における滞在の経過に応じて伸長することがあり、滞在期間の浅い間は、１年間などの比較的短い在留期間が付与され、滞在期間が長くなるにつれ、徐々に許可される在留期間が長くなる傾向がある。また、経済的に安定しているか、素行がよいか等も在留期間を決めるうえで重要な判断材料となっているようである。

6　在留資格の取得

　また、Ｂ、Ｃが仮放免の状態のままであると、家計の改善が望めないため、在留資格を取得するべく助言を行った。

　Ａは、現在、「定住者」で５年の滞在期間を経過しているため、「永住者」の申請を行うことができる。したがって、Ａが永住者の資格を取得し、Ｂと婚姻することで、Ｂには、「永住者の配偶者等」という在留資格が付与される可能性が高い。

　また、Ｃについては、日本への定着性を主張して、告示外定住者の認定を申請することが考えられる。もちろん、婚姻は身分行為であり、在留資格を取得できるからといって安易に行うものではないが、子も出生し、Ａ、Ｂにも婚姻の意志があったため、このような助言を行った。入国管理局にも事前相談を行ったところ、許可の見込があるということであったため、現在、在留資格を取得する方向で働きかけている。

7　賃貸人との示談交渉、保証会社への対応

　滞納賃料の支払い、契約の解除、建物明渡しに関する賃貸人との示談交渉、保証会社への対応については、日本人と何ら変わるところはない。支払いをリスケジュールし、和解書を取り交わして無事終了した。
　本事例については、法テラスの代理援助を利用した。日本人と同様に、生活保護を受給している場合、償還の猶予と、事件終了時に生活保護を受給している場合は、立替金の免除申請をすることができる。また、外国人の場合、あらかじめ日時と言語を伝えて予約することが必要であるが、相談等において、法テラスから無償で通訳を派遣してもらうことができる。

8　賃貸借契約時の注意点

　本事例において、Aおよび管理会社・保証会社の双方からの聴取を進める中で、Aらが賃貸借契約の内容をよく理解していないということがわかった。筆者は、諸外国における賃貸借契約に精通しているわけではないが、日本の賃貸借契約は、自国のものと比べて複雑だという話を聞くことがある。

(1)　保証会社・連帯保証人制度の利用

　まず、保証会社や連帯保証人制度を利用するという点であるが、このような制度の利用経験がない外国人が多く、賃貸借契約時に十分な説明が必要である。本事例においては、まず保証会社が代位弁済を行っており、保証会社が求償権を行使していたのであるが、賃借人からみれば、賃貸人でもなく、管理会社でもない会社からの請求に戸惑ったようである。

(2)　入居者の変更に伴う賃貸人への通知

　また、賃貸借契約書には、「入居者に変更があった場合は、速やかに賃貸人への通知が必要である」と書かれているが、B、Cとの同居が始まった時や、Dが出生した際も通知を行っておらず、通知が必要だったという認識もなかったようである。保証会社の社員が物件を訪問した際に、入居者名簿に書かれていない男性2人に加えて乳幼児までいるという状態であり、事情

の説明から始めなければならなかった。

(3) **火災報知器の点検のための立入り、原状回復義務**

このほかに外国人に説明しておいたほうがよいものとして、年に1回から2回ある、火災報知器の点検のための立入り、原状回復義務がある。火災報知器の点検においては、勝手に入室されたといってトラブルになったり、原状回復では、退去時に認識していない費用をとられたというトラブルになることが多い。

特に原状回復において喫煙によるクロスのヤニ、室内の臭いの原状回復等に関する国土交通省のガイドライン[4]に沿った特約を結ぶ場合は、十分な説明が必要である。これらは通訳や日本語がわかる依頼者の友人等に同席してもらって説明を行うのがよい。賃貸借契約の内容だけでなく、ごみの出し方や共用部分の利用方法などの生活習慣にかかわる部分もしっかりと理解を求めるのがよい。

9　最後に

外国人の住宅問題に関しては、不動産仲介業者が解決のカギを握っていることが多い。外国人の住居確保に理解を示し、協力的な業者はまだまだ多くはないが、これらの業者との信頼関係を構築し、業者を通じて事件の見通しを伝え、オーナーに安心感を与えることが非常に重要である。貸主、売主は相手の素性や状況がわからない場合、大きな不安を抱えている。条件が同じ日本人の借主、買主がいれば、安心できるほうを優先するのは当然の心理である。サポートする法律実務家が十分な情報を与え、その不安を和らげることで、問題が一歩も二歩も前進する場面をたびたび経験してきた。労力を惜しまず、丁寧に説明し、感情の問題を解決できれば、必ず道は開けると信じる。

（文元貴弘）

---

[4] 国土交通省HP「原状回復をめぐるトラブルとガイドライン（再改訂版）」〈http://www.mlit.go.jp/jutakukentiku/house/jutakukentiku_house_tk3_000021.html〉（平成29年2月末閲覧）参照。

Ⅷ 外国人労働者の未払賃金請求（中国人の事例を中心に）

1 はじめに

　個別労働関係をめぐる「労働問題」という場合の、具体的な紛争内容や当事者の主訴は千差万別である。大まかな紛争類型だけでも、たとえば、①労働契約の締結をめぐるトラブル、②未払賃金、時間外割増賃金、休日出勤に係る割増賃金、退職金、最低賃金未満の場合等における金銭請求、③年次有給休暇の付与やその行使妨害、有給消化による不利益処遇、④非正規雇用における中途解約や雇止め、⑤労働条件の引き下げ、⑥セクシャルハラスメント、パワーハラスメント、マタニティハラスメント、⑦解雇・退職強要をめぐるトラブル、⑧雇用保険・労災保険をめぐるトラブルなど多岐にわたり、前記各類型のすべての労働問題を取り扱うことは、紙数の都合上かなわない。

　ここでは、筆者が経験した外国人労働者の金銭請求の事例（内容は適宜変更している）を素材に、手続上の問題と、執務にあたり注意するべきことを概観する。[1]

　筆者は、法律実務家向けの労働問題対応に関する書籍で学ぶことができる事項だけを、ここで解説するのでは意味がないと考えている。むしろ、外国人労働者からの相談および事件対応において留意すべき点に言及することで、読者が外国人労働者のための法的支援にあたる際に、少しでも参考になればと願っている。

---

[1] 執筆にあたって、全国青年司法書士協議会生活再建支援推進委員会編「労働相談Q&A2015」、日本司法書士会連合会編『労働紛争対応の手引』、奥田安弘『外国人の法律相談チェックマニュアル〔第5版〕』、櫻田嘉章『国際私法〔第6版〕』などを参考にした。

2 事例の概要

事例の概要は、次のとおりである。

> 中華料理店のコックとして5年間働いてきたA（35歳、男性、中国人）からの相談事例である。Aは、毎週木曜日以外、週6日、1日あたりの実働時間は10時間で平成23年9月1日から5年間働いた。月給は基本給が22万円であった。残業にかかる割増賃金は計算せず、1日あたり実働10時間の週6日勤務の月給が基本的に22万円とのことであったため、働き始めた当初から残業代をもらったことは一度もない。
>
> 平成28年7月末日、会社が事業規模を縮小するとのことで、「8月31日をもって辞めてもらいたいが、よろしいか」と、社長から口頭で伝えられた。1カ月後からはこの会社で働き続けられる見込みは事実上なく、実質的には解雇通知であった。
>
> Aには退職金は支給されず、家族（配偶者および長女、いずれも家族滞在資格の外国人である）を養いつつ低賃金で働いてきたため、貯金もほとんどない。あと1カ月の勤務期間中も週6日は一日中働きっぱなしのため、9月以降のための就職活動をするゆとりはほとんどない。来月末の退職後は、収入がない期間がいくらか生じそうである。
>
> 相談者の主訴は、「収入が途絶える期間の生活をどうすればよいのか」「突然辞めさせる会社は、何か責任を負うべきではないか」とのことである。

最初にAから電話で聞いた話からすると、1週間につき40時間かつ1日につき8時間以上の労働（労働基準法32条）をさせられ、割増賃金（同法37条）の割増部分が未払いであると思われ、これを請求する権利があるように思われた。

また、1時間あたりの賃金単価を計算したところ、これが最低賃金に満た

ないように思われ、最低賃金と実際に受領した賃金の1時間あたりの額の差額にその月の労働時間を乗じた額も、請求する権利があるように思われた（最低賃金法4条2項後段）。

3 相談にあたって

初回の相談時（電話相談でもよいが、電話相談では意思疎通が十分に図れないことが多いため、基本的には事務所等で最初に面談をする際）に確認するべきことをまとめると、主に以下の点があげられよう。

労働事件一般の確認事項としては、①事件に関する確認事項（労働者性、事実関係、証拠の有無、就業規則・契約書・証拠資料・労働協約・労使協定等の確認）、②相談者に関する確認事項（主訴、精神状態、経済状態）である。

また、外国人の労働事件に特有の確認事項としては、①在留資格の有無および種類、②在留歴（パスポート、在留カード、旧外国人登録証）、③雇用契約書に記載された給与の額と実際にもらっている給与の額等である。

以下では、これらの確認事項について触れていくこととする。

4 労働事件一般の確認事項

(1) 事件に関する確認事項

(ア) 労働者性

相談者が、そもそも「労働者」にあたらなければ、労働基準法、労働契約法、最低賃金法等の労働法による保護が及ばないため、まずは、相談者が労働者に該当するか否かを確認しなければならない。

労働者性については、契約の名称が何であるか（雇用、請負、委任など）を問わず、労務を提供する者が、労働契約法および労働基準法上の労働者に該当する場合には、その契約は労働契約であると解される。法文上、労働者の定義として、「事業又は事務所に使用される者で賃金を支払われる者」（労働基準法9条）、「使用者に使用されて労働し、賃金を支払われる者」（労働契約法2条1項）と定義されている。

労働基準法と労働契約法は立法目的・規制対象が異なるため文言に若干の違いがみられるが、両法が想定する労働者の実質に大差はない。すなわち、①使用従属関係の存在、②賃金の支払いの存在の二つの要件が満たされる場合、労働者に該当するといえる。

労働者性の有無が問題となる場合としては、たとえば、雇用契約書が存在せず口約束で就労を開始し現在に至る場合や、契約書はあるにはあるが標題が「請負契約書」「業務委託契約書」などになっている場合である。このような場合においても、相談者が労働法上の保護を求めて、自身が労働者であるというためには、就労現場の実態、指揮命令関係、相談者の裁量の有無・範囲、業務指示者に対する従属性等を詳細に聞き取り、前記①②の労働者の2要件が満たされていることを主張・立証すべきこととなる。

本事例では、Aは、雇用契約を締結し、中華料理店でコックをしていた。業務内容は使用者の指示に従って食材を調理し顧客に提供するものであり、使用者の負担において準備された設備・素材を用い、約定の労働時間における労働が義務づけられていた。当該労働の対価として、毎月所定の計算方法による賃金(給与)が支払われていた。本件において、Aが「労働者」であることは、疑いの余地はないと思われる。

(イ) **事実関係**

労働者性の有無(前記(ア)参照)、相談者の主訴(相談者がどのようにしたいのか)および法律構成(後記(2)(ア)参照)にかかわるため、当然ではあるが、労働紛争以外の相談と同様に、事実関係を詳細に聞き取らなければならない。

本事例では、賃金の額は、雇用契約書において「基本給　月25万円」と書かれていた。しかし、持参した過去3カ月分の給与明細には、「基本給　22万円」と書かれていた。月によって会社の売上げが多かった場合などには1万円の特別手当が支給されていたこともあるが、基本的には「基本給　22万円」と家族手当や健康保険手当などを合わせ、月々23万円から25万円が手取り収入である。

Aによると、毎週木曜日以外の週6日出勤し、1日あたりの実働時間は、

午前9時30分から午後1時30分（前半3時間）、1時間の休憩を隔てて、午後2時30分から午後9時30分まで（後半7時間）の合計10時間とのことであった。Aが持参した7月分のタイムカードの写真によると、少なくともその月に関しては、Aの主張どおりの出勤スケジュールであった。

　(ウ)　証拠の有無

　事実関係を聞き取り、主訴を明確にして請求権の法律構成（後記(2)(ア)参照）までまとまった場合、次に問題となるのが、証拠があるか否か、あるとして請求権の発生を立証するのに十分であるか否かである。できれば相談者が所持している証拠（になりうる物）そのものを確認するべきであるが、相談者が持参しなかった場合でも、相談者のパソコンやスマートフォンなどの媒体に何か画像が保存されていないか、録音テープ・ICレコーダーの録音データを持っていないか、自宅にコピーを保存していないかなど、請求権を基礎づける事実に関する証拠の有無を確認するべきである。

　また、証拠不足の場合は、どのような証拠を、どのように収集するべきかについて、助言するべきである。

　本事例では、Aは、同僚や社長との人間関係は良好で、この会社を辞めなければならなくなる事態がありうるなどと想定したことはなかった。したがって、訴訟等で有用な証拠となりうる書類等をこれまでに準備したことはなかった。

　筆者の事務所に電話をかけてきた時点では、何も証拠がなかった。雇用契約書すら、Aは紛失したと思っていた。タイムカードは一度もコピーをとったことはなく、手帳に出勤時間につき日々メモをするようなこともいっさいしたことはなく（そもそも手帳を持ったことがない）、就労の事実を立証することも困難であった。給与は現金支給であるため、預金通帳には賃金支払いの事実そのものの記載はない。このようなわけで、労働契約の存在、労務提供、賃金の一部支払い、つまり雇用関係の存在とその内容を裏づける（少なくとも推認させる）事実は、確認が困難であるように思われた。

　そこで、筆者は、Aとの最初の電話で相談の概要を聞き、詳細な事実関

係を聴取するべく来所してもらう約束をするとともに、来所面談日までに、できる限り証拠を収集し、持参するよう助言した。具体的には、①雇用契約書（Aが所持する原本が望ましい。どうしても見つからなければ、会社が保管する会社保管の契約書のコピーをもらってくる）、②タイムカード（直近の月の分だけでもコピーをとるか、携帯電話に附属のカメラで両面の写真を撮ってデータを持参する）、③勤務実態のメモなどをした手帳や日記（もしあれば持参してほしい）、④過去の給与明細（あるだけでも持参してほしい）、⑤パスポート、⑥在留カード、⑦旧外国人登録証などの証拠等の収集・持参を指示した。

　その結果、雇用契約書は、Aが自宅にあるものを探し出した。タイムカードは、最初に電話をした平成28年7月分しかなかったが、これについては写真を撮ってきた。給与明細は、過去3カ月分を、まだ捨てずにいた。

　　㋓　就業規則・契約書・証拠資料・労働協約・労使協定等の確認

　そもそも、相談者と相手方との間に、労働契約が存在したことを立証でき、かつ、賃金額や就労時間などの諸条件の合意を立証できなければ始まらない。したがって、雇用契約書等の確認は、証拠の確認の中でも、とりわけ重要であることはいうまでもない。

　本事例では、前記㋒のとおり、少なくとも雇用契約書は確認できた。雇用契約書上では就業規則があることになっているが、Aは就業規則を見たことはないとのことである。就業規則が従業員に周知されていたとはいえないとすれば、就業規則に定められた労働条件が労働契約の内容とはならないことになる（労働契約法7条本文）。労働協約や労使協定があるか否かは不明である。

　(2)　相談者に関する確認事項

　　㋐　相談者の主訴と法律構成

　労働紛争に限らないが、ひととおりの事実関係を聞き取り、事案の概要を把握できたら、次は、相談者は「どのようにしたいのか」「誰に対し、何を求めたいのか」を確認すべきことになる。そのうえで、相談者の主訴を法律構成し、どのような手段による主訴実現を選択・提案するべきかを検討する

Ⅷ 外国人労働者の未払賃金請求

ことになる。本事例における A のように、金銭の支払いを求める者もいれば、セクシャルハラスメントやパワーハラスメントの被害者のように、金銭賠償のみならず謝罪を求める者もいるため、当事者の主訴の把握も必須である。

(A) 相談者の主訴

本事例では、A は、筆者に相談する以前に、本件について誰かに相談し、使用者が労働基準法の何らかの条項に違反し、本当は残業代を支払わなければならない立場であることを理解していたようである。なお、労働紛争に関する労働者からの相談の多くは、各地の産業労働局の出先機関である労働センターや法テラスなどですでに相談をしたことがある人が、どこにも頼ることができなくて、最後の頼み綱として、司法書士にたどり着くケースが多いようである。そのため、労働事件への対応は、市民に寄り添う法律家としての力量が問われるケースが多かろう。

A の主訴は、法的根拠は何でもよいので、とにかく次の仕事が決まるまでの生活費を、長年安く働かされてきた使用者に請求したいとのことであった。

また、A は早期解決を望んでいた。なぜならば、このままではすぐに次の仕事は見つからず、退職金もなく、生活に困ることは目に見えている。会社にはとても恩義を感じていて、労働基準監督署への通報や裁判所での手続をするなど、大事にしたいわけではないため、できるだけ早期に、裁判外の和解で決着させてほしいと願っていた。

(B) 法律構成

A が持参したタイムカードの写真だけでは、前月以前の就労状況を客観的に確認することはできない。しかし、A の主張によれば、来日以来、ずっと同じ職場で、ずっと同じ時間、ずっと同じ給料で働いてきたとのことである。

1週あたり6日、1日あたり10時間、5年間勤務したという前提で未払いの時間外割増賃金と最低賃金未満の未払賃金を計算して主張することはでき

る。使用者には、賃金その他労働関係に関する重要な書類を3年間保存する義務がある（労働基準法109条）ところ、訴訟であれば、文書送付嘱託（民事訴訟法226条）、文書提出命令（同法223条）による立証を試みることができる。

また、使用者には、労働基準法等の違反が著しいように思われた。残業を当然にさせる前提であるにもかかわらず割増賃金は支払わず、年次有給休暇についてはいっさい案内せず、雇用契約書では「社会保険に加入する」とうたっておきながら各自に国民健康保険に加入させ、最低賃金未満で雇っている。

Aは労働基準監督署への通報を脅しとして使うつもりはないが、使用者には、罰金等に該当する要素がいくつもあることから、Aの裁判外の請求に対し、少なくとも消滅時効が完成していない過去2年分の未払賃金については、支払いを前向きに検討してくれる可能性も期待できた。

(イ) 相談者の精神状態と経済状態

(A) 相談者の精神状態

個別労働紛争に関する相談者（労働者）の中には、精神的にかなり疲弊している者が多く、精神疾患を罹患している者も少なからずいるものと想定しておいたほうがよい。

相談を通じて事実関係を把握し、相談者の主訴を聞き取り、法律構成ができ、その実現のための手段選択をするにあたり、はたして相談者が手続に耐えうる精神状態であるかどうかという点にも配慮が必要である。

たとえば、強制わいせつ罪や強姦罪に該当するほどの悪質なセクシャルハラスメント事案の相談者がいたとする。被害者は、加害者の顔を思い出すだけで嘔吐してしまうほど傷ついており、怖くて会社へ行くことができず、鬱になり、労災認定も受けたとする。この相談者に対し、「民事調停で加害者である上司とじっくり話し合いましょう。司法書士は訴額が140万円を超える本件では本人支援しかできないので、調停の席ではご自身で加害者とよく話し合ってきてください」という手段選択が適切であろうかということである。

(B) 相談者の経済状態

前記(A)の精神状態と並び、相談者の経済状態にも配慮するべきである。

個別労働紛争に関する相談者（労働者）の中には、経済的に困窮している者、あるいは困窮とまではいかずとも、訴訟等の手続を遂行するには経済的にそれほどゆとりがあるとはいえない者が数多く存在する。したがって、筆者は、労働者からの相談を受け、手続を受任するにあたっては、法テラスの民事法律扶助を検討・提案することが多い（後記6参照）。

また、相談者の経済状態への配慮は、手段選択にも影響する。たとえば、解雇予告手当の支払いもなく、ある日突然、不当に解雇された者からの相談を受けたとする。その相談者は、低賃金で長期間働いてきたにもかかわらず、ほとんど貯金はない。次の仕事もまだ決まっておらず、翌月から本人および家族の生活費が不足することが明らかだとする。このような相談者に対し、数カ月から1年以上かかると思われる通常訴訟を提案するのは、あまり現実的ではない。むしろ、早期解決をめざす労働審判、少額訴訟、（証拠が十分でかつ相手方の財産が特定できれば）先取特権行使による強制執行、早期解決を期待できる裁判外の和解などを提案するべきであろう。

(ウ) 手段選択の検討

本事例では、Aとしては、「妥当な費用で、波風を立てず、早期に解決してほしい」との思いが強かった。

初回面談には夫婦で来所した。妻の在留カードも拝見したところ、在留資格は「家族滞在」である。未成年の子も「家族滞在」とのことである。妻子は就労することができず、Aの収入のみで家計をやりくりしている。勝ち目があるかどうかわからない手続に、高い報酬・実費をつぎ込むことは、かなり辛い様子が伝わってきた。

電話相談においても、初回面談においても、「勝ち目は何％あるか」「勝算はあるのか」と何度も聞いてきた。そのたび、筆者は「証拠が十分ではないし、相手方がどのような人かもわからないので、現時点では何とも言えません。相手方がとても誠実な人であれば、和解でしかるべき金額が支払われる

可能性があるかもしれません」と答えるのが精いっぱいであった。

Aとの相談と、その後の訴額計算の結果、法テラスの民事法律扶助を利用し、裁判外の和解を代理して早期解決をめざすこととなった。

5 外国人の労働事件に特有の確認事項

前記3は、外国人の労働事件に限らず、個別労働紛争に関する労働者からの相談において、一般的に確認するべきことである。

以下では、相談者が外国人である場合に確認するべき事項をあげる。

(1) 在留資格の有無、種類および期限

在留資格がない不法滞在者、在留資格はあっても日本に住所がない短期滞在者は、法テラスの民事法律扶助を利用することができない（総合法律支援法30条1項2号柱書）。また、不法滞在であったり、与えられた種類の在留資格ではやってはいけない仕事をした場合の労働問題のように、相談者において何らかの後ろめたい要素を自覚している場合、いかなる支援が適切であるか、慎重な検討を要することとなる。

したがって、在留資格の種類や在留期限は、在留カード（原本）の提示を求め、必ず確認するべきである。また、不法滞在者のために在留カードを偽造する役務を提供している業者も存在するようであるため、提示された在留カードにホログラムが入っているか、写真を差替え印刷した跡がないかなど、慎重に確認すべきである。

現在の在留カードにはICチップが内臓され、所定の事項がICチップに記録されている。ノートパソコンにICカードリーダーを差し込み、ICチップの記録内容を読み取るソフトウェアなどがある場合は、これを使用するべきであろう。

本事例では、Aの在留資格は、「技能」であり、在留期間は2年であった。

(2) 在留歴

就労系の在留資格で来日し、滞在している者は、来日前に雇用契約を締結し、在留資格を取得し、かつ、日本に上陸した日が労働契約の効力発生日と

されていることがある。

このような場合は、訴訟等の手続において、パスポート、在留カードまたは旧外国人登録証に記載された日本への上陸日もまた、主張・立証すべき要件事実の一つとなるため、確認が必要である。

本事例では、雇用契約書によると、契約の効力発生日は契約締結日よりも後であるとされ、「日本国の在留資格を取得し、日本に上陸した日をもって本契約の効力発生日とする」との記載があった。そこで、要件事実の一つである雇用契約の効力発生を確認するべく、パスポートと初回の上陸日の記載がある旧外国人登録証を確認した。

(3) 準拠法

契約の準拠法は、原則として当事者の選択による（通則法7条・9条）。しかし、労働契約に関しては、特則がある（通則法12条1項）。

この特則は、たとえば、外国人労働者が日本で就労する場合（便宜、「当該労働契約に最も密接な関係がある地」は日本であるとする）でも、労働契約において、別の国の法律を準拠法とする選択がされた場合で、外国人労働者が、日本の労働基準法の強行規定を適用すべき旨の意思を使用者に対し表示したときに、問題となる。

本事例においては、雇用契約書において、準拠法を日本法とする旨の準拠法選択の合意がそもそもあった。また、使用者は東京都渋谷区で設立登記がされた株式会社で、経営者は神奈川県川崎市に居住し、労働者の就労場所は日本であり、「当該労働契約に最も密接な関係がある地」が日本であることは間違いない。

したがって、本事例においては、通則法12条1項の適用は問題とならない。

(4) 雇用契約書に記載された給与の額と実際にもらっている給与の額

就労系の在留資格で来日する外国人の多くは、来日前に雇用契約を締結し、在留資格を申請している。在留許可の審査に備えて「給与　月25万円」と記載された雇用契約を交わすものの、実際に支払われる給与がこれより少ない場合もある。日本で生活できるだけの安定収入があるように見せかけるべく、

入国管理局を欺く意図があったか否かという問題も重大ではある。しかし、この問題とは別に、未払賃金請求などの個別労働紛争において請求額を特定するには、実際の給与の基準額がいくらであったのかは、確認が必要である。

そこで、雇用契約書の記載の「約定給与額」だけではなく、給与明細や給与が振り込まれた預金通帳なども提示を求め、実際にもらっている給与の額も確認すべきである。

本事例では、契約書に記載された給与の額（基本給）は「給与 月25万円」であるが、実際にもらっていたのは「基本給 月22万円」とのことであった。Aとしては、最初の契約と話が違うことについては争う気はなく、むしろ時間外労働と最低賃金未満で働かされた部分についての未払賃金を請求したいとのことであった。

6　請求額の計算と民事法律扶助の援助申込みの準備

初回の面談により、筆者は、事案の概要と相談者の主訴を把握した。そのうえで、雇用契約書その他関係書類をコピーさせてもらい、請求額を計算し、民事法律扶助の援助申込みの準備を進めた。

Aが持っていた7月分の給料明細とタイムカードのコピーから割り出すと、出勤日数は27日、労働時間は270時間（うち90時間が時間外）であった。1時間あたりの賃金の最低賃金（地域を特定すると依頼者のプライバシーに接近してしまうため最低賃金額は伏せる）に不足する額は約100円であり、1カ月の総労働時間（270時間）を乗じると、約2万7000円〔A〕であった。そして、最低賃金額をベースに未払いの時間外割増賃金を計算すると、約2万1000円〔B〕であった。したがって、7月の請求額は、A＋B＝約4万8000円である。

仮に毎週同様のスケジュールでずっと勤務していたとすると、消滅時効が完成していない2年分の未払賃金は、約115万2000円となる。

なお、筆者は過去のカレンダーを見ながら、各月ごとの想定出勤日数を個別に入力し、過去の最低賃金の額も考慮して計算した。このような「出勤を

前提とした」計算では、確かに、正確な請求額を割り出すことはできない。しかし、民事法律扶助の援助申込みをするにしても、裁判外の和解交渉を開始するにしても、訴訟や労働審判の申立てをするにしても、さしあたり想定できる請求額を算出して行動を開始することは差し支えない。

使用者が保存する雇用関係や賃金に関する書類が開示されてから、あるいは文書提出命令により依頼者の主張が真実であるとみなされてから、より具体的な請求額を協議することもできる。

本事例では、Aが退職後に困窮することはほぼ間違いないことから、この時点においては、厳密な請求額を無理に特定することよりも、まずは交渉を開始することが肝要であった。Aが持参したいくつかの資料とAの話からすると、具体的な請求額はさておき、不当に安い賃金で長期間働かされたことは間違いないように思われた。

なお、法テラスに裁判外和解交渉の代理援助を申し込む際の書式を、参考までにご紹介する(【書式63】【書式64】【書式65】参照)。書式は変更されることがあるため、法テラスのホームページから、最新の書式をダウンロードして活用するべきである。[2]

---

[2] 法テラスHP「民事法律扶助」〈http://www.houterasu.or.jp/housenmonka/fujo/index.html〉(平成29年2月末閲覧)参照。

6 請求額の計算と民事法律扶助の援助申込みの準備

【書式63】 援助申込書・法律相談票（法テラス）

法テラス

日本司法支援センター　民事法律扶助業務
援助申込書　　No.　　【機3】

この欄の署名は、弁護士・司法書士の事務所で相談する場合のみ、相談実施後に記入してください。法律相談実施前に記入することは禁止されております。

○　相談実施日時　　※（法律相談担当者の方へ）相談実施日から1カ月以内に必ず提出してください。

左記の日時に法律相談を受けました。
申込者（自署）：

＜個人情報の利用目的について＞　ご提供いただいた個人情報は、申込者ご本人の同意を得ている場合や法令に基づく場合等を除き、法テラス業務の目的の範囲内で利用します。個人情報は、業務の処理上、法テラスが選定した協力会社（立替金の返済のための金融機関、収納代行会社、督促手続を行う機関保持契約を結んだ会社等）に預託する場合があるほか、事件を担当する予定の弁護士、司法書士及び法テラスの指定する相談場所にも提供し、共有します。なお、ご提出いただいた援助申込書は返却できません。

過去に法テラスまたは（財）法律扶助協会の相談や援助を受けたことがありますか。　□ 有

●援助申込

申込日			□代理相談		生年月日	大正 昭和 平成
申込者	フリガナ		代理人（来所者）の氏名（自署）		年齢　　歳	性別　男・女
	氏名（自署）					

現住所	〒　－　　都道府県　　市区町村
	TEL（自宅）　　　　　　　　　（携帯）

職業	☑給与生活者　□自営業　□農林・漁業　□学生　□パート・アルバイト　□無職　□その他

●希望連絡先（※現住所への郵送・電話連絡が差し支える場合のみ記入）

連絡先	□弁護士・司法書士　□職場　□実家	連絡希望理由	□紛争の相手方と同居　□その他（　　）
	□親類　□知人　□その他（　　）		

〒　－　　都道府県　市区町村　　　　　　　　TEL〔　　　〕　　　　　　　様方

●同居の家族人数

家族人数	□単身者　□2人家族　□3人家族　☑（4）人家族	※「家族人数」に含めるのは、①〜③の人数のみ ①申込者本人　②同居している配偶者（内縁含む） ③申込者または配偶者（内縁含む）が扶養している同居家族

●申込者と配偶者の収入　※「平均月収」欄には、手取り年収（給与、賞与、年金や各種公的給付等の合計額）の1/12を記入ください。配偶者が紛争の相手方の場合には配偶者欄の記載は不要です。

	氏名	収入の類型（該当するもの全て）	平均月収	同居・別居
申込者		□生活保護　☑給与（賞与有）　□自営収入 □年金　□失業手当　□児童手当　□無収入 □その他公的給付等（　　）	25万円	
配偶者（内縁含む）	B	□生活保護　□給与（賞与有）　□自営収入 □年金　□失業手当　□児童手当　☑無収入 □その他公的給付等（　　）	0円	☑同居 □別居

●申込者と配偶者（内縁含む）の支出　※ 該当するものは、全て月額で記入してください。

家賃又は住宅ローン	医療費	教育費	やむを得ない支出
5万円	1万円	1万円	健康保険、年金に関する費用　3万円

●申込者と配偶者（内縁含む）の現金・預貯金額合計

☑0円〜180万円　　□180万0001円〜250万円　　□250万0001円〜270万円
□270万0001円〜300万円　　□300万円〜

●紛争の相手方（多重債務に関するご相談の場合は記載不要です。）

紛争の相手方	フリガナ		住所	（市区町村まで記入）　□不明である
	氏名・社名等	（社名）		●●県●●市
	事件内容	未払残業代及び最低賃金に不足する賃金の支払請求	代理人氏名等	□弁護士・司法書士： □その他： ☑代理人なし・不明

225

Ⅷ 外国人労働者の未払賃金請求

申込者氏名		法律相談票		【機3】
colspan全体	申込者より法律相談費を受領していませんので、法律相談費を請求します（請求しない場合☑： □ ）			
相談場所	□ 法テラスの事務所　　□ 指定相談場所（　　　　　　） □ 相談登録弁護士・司法書士の事務所　□ その他（　　　　　　）			
相談実施の経緯	□1. 福祉機関からの紹介　□2. 福祉機関職員による相談予約			該当する場合にのみご記入ください
福祉機関の種別	□A. 高齢者・障がい者関係機関（自治体担当部署・地域包括支援センター等） □B. 生活保護関係機関（自治体担当部署・福祉事務所等） □C. その他（　　　　　　　　）※社会福祉協議会等			
事件名	未払残業代等支払請求事件	相手方氏名		
訴　額 紛争の目的の価額	金115万2000円	※司法書士による相談・受任の場合、簡裁の事物管轄範囲内であることをご確認のうえ、左記をご記入ください		
本件の相談日時			調書作成時間 （左記相談時間除く）	分
本件の送金先	□ 法人口座 法人名（　　　　　　　　　　　　） ☑ 契約弁護士・契約司法書士の個人口座 □ 法テラスの常勤弁護士	相談担当 弁護士・司法書士	司法太郎	
		登録番号	東京司法書士会第●●●●号	
措置区分	□相談のみで終了　□相談継続　☑審査回付(受任・受託する)　□審査回付(受任・受託しない) □弁護士会・司法書士会紹介　□相談打切（今回限り）　□他機関紹介（紹介機関：　　　　） □法律相談担当者私選受任（援助要件該当案件の私選受任勧誘については地方事務所長の承認が必要です） □その他（　　　　）			
受任する場合の手続方針	☑示談交渉　□調停　□調停(相手方)　□審判　□本訴　□本訴被告(反訴有) □控訴　□被控訴(反訴有)　□仮差押/仮処分　□その他(支払督促申立て)			
適当な援助の種類	☑代理援助　□書類作成援助	生活保護受給中による償還猶予希望		□ 有

相　談　概　要
※審査回付の場合、事件調書の提出にご協力ください　☑審査回付につき、相談概要は、別紙、事件調書のとおり

指　示　及　び　指　導　要　旨

【簡易援助】相談時間内に本人名義の簡易な法的文書の作成を行った場合は、以下に作成文書の種類・通数を記入し、被援助者に確認の署名を求めてください。なお、内容又は趣旨が同一で、宛先が異なるのみと判断できる文書を複数作成した場合でも、1通の扱いとなります（上限2通まで、作成文書の写しの添付が必要です）。

作成文書の種類及び数	□時効援用通知書　□契約解除通知書　□その他（　　　　　）	通
被援助者による受領確認	上記文書を受領しました。　　年　　月　　日　氏名	
被援助者負担の有無	□ 有(2,160円(1通/税込)を本人から受領)　□ 無(生活保護受給を証する書面の提出要)	

6 請求額の計算と民事法律扶助の援助申込みの準備

【書式64】 資力申告書（審査用）（法テラス）

法テラス 日本司法支援センター　民事法律扶助業務
資力申告書（審査用）
【生活保護受給中の方以外】
No. _____　【機3】

※代理援助・書類作成援助の申込み時に、本書に必要事項をご記入の上、ご提出ください。
但し、申込者が生活保護受給中の場合は、提出不要です。

申込日				
フリガナ			生年月日	大正／昭和／平成
申込者氏名	A			
受任・受託予定者	☐弁護士　☑司法書士　☐法人	司法太郎	登録番号	

● **家族**　※以下、「配偶者」にはすべて内縁関係を含みます。

1　申込者または配偶者が扶養している家族（年収103万円以下の家族）※但し、配偶者は除く
　☐無　☑有（以下、該当するものを記入ください）

氏名	続柄	年齢	平均月収	家計への繰入額（月額）	同居・別居
C	長女	15	0 円	0 円	☑同居　☐別居
D	長男	12	0 円	0 円	☑同居　☐別居
			円	円	☐同居　☐別居

2　同居親族等（配偶者及び上記1家族を除く）から食事の援助を受けていますか　☐有

3　同居親族等（配偶者及び上記1家族を除く）へ生活費等の支払いをしていますか　☐有　月額_____円

● **申込者及び配偶者の資産**（※配偶者が紛争の相手方の場合には配偶者欄の記載は不要です）
　☐無　☑有（以下、該当するものを記入ください）

	現金・預貯金	自宅以外の不動産	生命保険等の解約返戻金見込額	有価証券等	その他資産
申込者	10万 円	☐有	円	（　　　） 円	円
配偶者（内縁含む）	円	☐有	円	（　　　） 円	円

（参考）審査に必要な資料（いずれの資料も、マイナンバー、基礎年金番号の記載のないもの）

(1) 申込者と配偶者の収入を確認するための資料（配偶者が事件の相手方の場合には、配偶者の資料は不要です）

給与生活者(いずれか1点)	☐給与（直近2か月分）・賞与（直近のもの）明細　☐源泉徴収票（直近のもの）　☑課税（所得）証明書（直近のもの）　☐非課税（所得）証明書（直近のもの）	無職者(いずれか1点)	☐非課税（所得）証明書（直近のもの）　☐雇用保険受給者資格証明書　☐離職票　☐解雇通知
自営業者(いずれか1点)	☐確定申告書（直近1年分、収受印があるもの。e-Taxの場合は受付結果（受信通知）の添付）　☐課税証明書（直近のもの）	年金受給者(いずれか1点)	☐年金振込通知書（直近のもの）　☐年金支払通知書（直近のもの）　☐年金証書（直近のもの）

(2) 資産を証明する資料

自宅以外の不動産の所有者	☐固定資産評価証明書又は固定資産税納税通知書

(3) 申込者及び同居家族を確認するための資料（住民票は援助申込みから3か月以内に発行されたもの）

☐住民票（本籍・筆頭者・続柄・世帯全員）	外国人	☑住民票（在留資格・在留期限・在留期間満了日）又は在留カード

(4) 事案を確認するための資料書類

多重債務事件	☐債務一覧表（※必須）	交通事故事件	☐交通事故証明書　☐診断書
医療過誤事件	☐診断書	被告事件	☐訴状の写し
離婚事件	☐戸籍謄本（※必須）	不動産事件、保全事件	☐固定資産税評価証明書　☐不動産全部事項証明書（オンラインの不動産登記情報でも可）
遺産分割事件	☐戸籍謄本		

Ⅷ 外国人労働者の未払賃金請求

【書式65】 事件調書（一般事件）（法テラス）

事 件 調 書（一般事件） 【機3】

調書作成日		受任・受託予定者	□弁護士 ■司法書士 □法人	司法太郎	登録番号	
申込者氏名			生年月日		年　　月　　日	
			希望償還月額	□1万円　□7千円　□5千円		
生活保護	□受給中　（償還猶予希望：□有） （受給後、償還猶予希望者は別途猶予申請が必要です） □申請中		償還金 自動引落口座	□ゆうちょ銀行（15日引落） □ゆうちょ銀行（25日引落） □ゆうちょ銀行以外の金融機関（27日引落）		

◆ 事件概要　　　援助の種類：　☑代理援助　　□書類作成援助

事件名	未払賃金支払請求事件
手続方針	☑示談交渉　□調停　□審判　□保全処分　□訴訟 □その他　（　　　　　　　　　　　　　　　）
申込者の立場	☑原告、申立人　□被告、相手方（　□反訴有　）
管轄裁判所	●●簡易　裁判所　　　　　　　　　　　支部
相手方氏名		相手方代理人	

◆ 請求の内容等　　　訴額115万2000円　　※金銭事件の場合、原則訴額に応じて着手金額を決定しますので、未確定でも現時点で想定している訴額を記入ください

請求の要旨
援助申込者は相手方企業が経営する中華料理店で5年間勤務してきた。法定休日は木曜、その他の6日間はすべて出勤、一日の勤務時間は10時間で、時間外労働の割増賃金の割増部分は支払われたことがない。また、ほぼ毎月最低賃金を下回る給与で働いてきた。支払われた賃金と最低賃金との差額及び時間外労働に係る割増賃金の割増部分のうち、消滅時効期間が満了していない2年分に相当する上記訴額につき、支払を求める。

予想される相手方からの反論・勝訴見込み
援助申込者が所持しているタイムカードの写しと給与明細は一部にすぎず、24か月すべての請求権を立証できるわけではない、との反論が予想される。 しかし、すくなくともタイムカードと給与明細がある月の未払分は立証することができ、また、相手方の営業の状況から推測して援助申込者が同様の条件で出勤を続けてきたことが推認され、妥当な金額での和解を期待したい。

立証方法　※書証等は添付可能な範囲で添付してください
雇用契約書により雇用関係を立証し、援助申込者が所持するタイムカードの写しと給与明細により就労の事実を（少なくとも一部は）立証できる。援助申込者が所持していない部分は、労働基準法109条により相手方が保有している書証につき、文書送付嘱託又は文書提出命令を申立てることで、就労の事実の立証を試みることができる。

請求が認められた場合の回収可能性：　□有　　□無　　☑不明
理由：　現時点においては、相手方名義の財産として何があるか、不明であるため。

◆その他（審査にあたっての意見等がありましたら記入ください）
援助申込者の一家は生活に困窮しています。相手方側の都合で一方的に事実上の解雇をされ、再就職が決まるのもこれからです。また、妻子は「家族滞在」の在留資格なので働けません。早急に着手すべき事案です。恐れ入りますが、早急な審査をよろしくお願い申し上げます。

7　裁判外和解交渉の開始まで

　法テラスの援助開始決定が出て、所定の手続を経て着手金と見込み実費が筆者の預金口座に振り込まれ、交渉の準備に移った。

　当初、Aと筆者は、「初回面談はA、社長、筆者の3人でやろう」と話していた。しかし、交渉のためのアポイントをとる段階に至り、Aは「あの社長とは会いたくない。全権代理ですべて任せる」と言い出した。気まずくなってきたようである。

　そこで、筆者は、まずは筆者と社長の二者で会い、できるだけ話を詰め、後日必要が生じた場合にのみ、Aにも話に入ってもらうことにし、社長にアポイントの電話をかけた。

　初めて社長に電話をかけた際、筆者から、「Aの雇用契約だと残業が発生しているにもかかわらず、労働基準法所定の割増賃金の割増部分が支払われていない」ことをまず伝えた。すると、社長は、「残業代も含まれた契約でお互い合意しているから問題ない」との反論をしてきた。これに対し、筆者は、「そうだとすれば、今度は最低賃金法が定める最低支払わなければいけない賃金を下回る分が多くなるので、結果として会社からAさんへの未払賃金の額は大して変わらない」旨の再反論をした。

　このような電話での議論が数分間続く間、受話器から聞こえる社長の声から、とても温厚で誠実な人柄が感じられた。Aにとって、正当な権利の行使とはいえ、長年お世話になった社長に金銭の支払いを求めるのは、確かに気まずいかもしれないことも納得できた。社長は逃げようとする素振りはなく、筆者がかけた電話にはすべて応答し、話合いに応じる姿勢を常に示してくれた。

　ただし、社長としては、いくら筆者が全権委任を受けたとはいえ、A本人がどのような考えなのか、A本人に会って話を聞かないことには判断しかねる、とのことであった。

　そこで、筆者はAに対し、せめて初回だけは三者で会い、その後の折衝

は、筆者と社長だけで進めるのはいかがかと提案し、Ａも納得した。

8　支援にあたってのその他の留意点

(1)　使用者に対する請求

本事例の依頼者のように、使用者との長年の信頼関係があるケースにおいては、法律家からいきなり内容証明郵便を送ったり、訴訟を提起するようなやり方は得策ではないと思われる。

むしろ、裁判外の和解に関する法テラスの代理援助の決定が出た後、依頼者と共に着手し、まずは依頼者から使用者に連絡をとってもらい、三者で話合いをする場を設定するべきであろう。

(2)　生活再建支援

依頼者にとっては、未払賃金等の請求だけをやれば問題が解決するとは限らない。過去の未払分の回収だけではなく、現在の現実的な生活をどのように維持していくかということも考えなければならない。

そこで、和解交渉や裁判手続の専門家としては、自身の専門分野の対応を中心に動くことはもちろんである。そのうえで、次の就労のための職探しについてハローワークの活用を助言したり、失業手当、雇用保険等の給付につき必要に応じ社会保険労務士への相談につないだり、精神疾患を本人が自覚していれば障害年金の受給を促すなど、生活再建支援者の観点からの支援も求められよう。

(3)　和解交渉の進め方

筆者は、Ａの代理人として、Ａの利益を実現するべく、社長と交渉するべき立場にある。主張すべきことはしっかり主張しなければならない。

しかし、労働基準法その他の法律の規定により、Ａに認められる権利を声高に主張し、法令に違反する雇用を強いてきた会社を非難する姿勢で交渉に挑むのが妥当なやり方とは限らない。

どんなブラック企業であっても、経営者も人間である。労働基準法等を全く理解せず、社会保険労務士に労務関係の管理を依頼することもせずに人を

雇っている事業所もある。

　筆者は、裁判外和解交渉の一方当事者を代理する場合においては、何よりもまず、相手方を人として尊重する気持をもち、誠意をもって接するべきであると考える。そうして、相手方の立場・認識がいかなるものであるのかを対話を通じて探求し、依頼者と相手方の認識の違いを、まず代理人が理解する。そのうえで、依頼者と相手方に対し、互いの認識に違いがあることをわかってもらうよう説明することができる。

　ここまでくれば、依頼者が譲れない最低ラインがどこまでなのか、相手方として許容できる解決金の額を前提に、和解の内容を折衝する段階に移ることができよう。

　本事例においては、労働者の立場のAと、経営者の立場の社長では、契約に対する認識がそもそも異なっていた。

　Aは、来日当初は日本の労働法はいっさい知らず、給与の額が日本の物価水準からして妥当なものか否かもわからなかった。また、会社にとって他に代わりの労働者はいくらでもいる中で、雇われる立場としては、年に一度の昇給の機会に大幅な昇給を要求することはできず、社長から提示される額を無条件で受け入れるしかなかった。毎日長時間、現場の労働に従事しているAからみて、たまに職場に現れるだけの社長は労働者を酷使して当人は遊んでいるように見えていた。

　一方、社長にとっては、Aと会社との雇用契約は合意による適法なもので、これ以上金銭の支払いを求められる理由はないと考えていた。もっと欲しかったなら「もっと昇給してほしい」と言ってくれればよかったのに、と思っていた（らしいが本心はよくわからない）。筆者が社長とアポイントをとるにあたり、社長は多くの取引先とのやりとりなどで多忙を極めており、この1件のために時間を割くのはなかなか大変そうであった。社長に時間の余裕があるか否かという点でも、Aと社長との間にはかなり認識のギャップがあった。

9　最後に

　本事例は、執筆時点においては、法テラスの代理援助が開始され、脱稿の数日後に、A、筆者、社長の三者面談交渉日を迎えるスケジュールである。したがって、事例の結末は残念ながら紹介することはできない。

　筆者の和解交渉の力量によるところが大きいが、情報を整理し、使用者との信頼関係をつくりながら誠実に協議を重ねることで、依頼者によい結果をもたらせるよう、努力していきたい。

　今後、神奈川青司協が主催する外国人支援に関する研修の機会に筆者が講師を担当させていただくことがあれば、この案件から学んだ何らかの成果をお伝えしていきたい。

（山口岳彦）

巻末資料

（資料1） 在留資格一覧

「在留資格」（入管法2条の2・別表1・別表2）および「在留期間」（入管法施行規則3条・別表第2）は、次のとおりである（入国管理局HP「在留資格一覧表」〈http://www.immi-moj.go.jp/tetuduki/kanri/qaq5.html〉（平成29年2月末閲覧）を基に作成）。

ただし、第192回臨時国会において、「出入国管理及び難民認定法の一部を改正する法律」（平成28年法律第88号）および「外国人の技能実習の適正な実施及び技能実習生の保護に関する法律」（平成28年法律第89号）が成立しているところ、在留資格に関係する規定の施行は、公布の日（平成28年11月28日）から起算して1年を超えない範囲内において政令で定める日とされていること、また「在留期間」に関する入管法施行規則が公表されていないことから、末尾において改正内容を示すこととする。

在留資格	本邦において行うことができる活動	該当例	在留期間
別表1の1			
外交	日本国政府が接受する外国政府の外交使節団若しくは領事機関の構成員、条約若しくは国際慣行により外交使節と同様の特権及び免除を受ける者又はこれらの者と同一の世帯に属する家族の構成員としての活動	外国政府の大使、公使、総領事、代表団構成員等及びその家族	外交活動の期間
公用	日本国政府の承認した外国政府若しくは国際機関の公務に従事する者又はその者と同一の世帯に属する家族の構成員としての活動（この表の外交の項に掲げる活動を除く。）	外国政府の大使館・領事館の職員、国際機関等から公の用務で派遣される者等及びその家族	5年、3年、1年、3月、30日又は15日
教授	本邦の大学若しくはこれに準ずる機関又は高等専門学校において研究、研究の指導又は教育をする活動	大学教授等	5年、3年、1年又は3月
芸術	収入を伴う音楽、美術、文学その他の芸術上の活動（この表の興行の項に掲げる活動を除く。）	作曲家、画家、著述家等	5年、3年、1年又は3月

(資料1) 在留資格一覧

宗教	外国の宗教団体により本邦に派遣された宗教家の行う布教その他の宗教上の活動	外国の宗教団体から派遣される宣教師等	5年、3年、1年又は3月
報道	外国の報道機関との契約に基づいて行う取材その他の報道上の活動	外国の報道機関の記者、カメラマン	5年、3年、1年又は3月
別表1の2			
高度専門職	1号 高度の専門的な能力を有する人材として法務省令で定める基準に適合する者が行う次のイからハまでのいずれかに該当する活動であって、我が国の学術研究又は経済の発展に寄与することが見込まれるもの イ　法務大臣が指定する本邦の公私の機関との契約に基づいて研究、研究の指導若しくは教育をする活動又は当該活動と併せて当該活動と関連する事業を自ら経営し若しくは当該機関以外の本邦の公私の機関との契約に基づいて研究、研究の指導若しくは教育をする活動 ロ　法務大臣が指定する本邦の公私の機関との契約に基づいて自然科学若しくは人文科学の分野に属する知識若しくは技術を要する業務に従事する活動又は当該活動と併せて当該活動と関連する事業を自ら経営する活動 ハ　法務大臣が指定する本邦の公私の機関において貿易その他の事業の経営を行い若しくは当該事業の管理に従事する活動又は当該活動と併せて当該活動と関連する事業を自ら経営する活動 2号 1号に掲げる活動を行った者であ	ポイント制による高度人材	1号は5年、2号は無期限

	って、その在留が我が国の利益に資するものとして法務省令で定める基準に適合するものが行う次に掲げる活動 イ　本邦の公私の機関との契約に基づいて研究、研究の指導又は教育をする活動 ロ　本邦の公私の機関との契約に基づいて自然科学又は人文科学の分野に属する知識又は技術を要する業務に従事する活動 ハ　本邦の公私の機関において貿易その他の事業の経営を行い又は当該事業の管理に従事する活動 ニ　2号イからハ　までのいずれかの活動と併せて行うこの表の教授、芸術、宗教、報道、法律・会計業務、医療、教育、技術・人文知識・国際業務、興行、技能の項に掲げる活動（2号のイからハまでのいずれかに該当する活動を除く。）		
経営・管理	本邦において貿易その他の事業の経営を行い又は当該事業の管理に従事する活動（この表の法律・会計業務の項に掲げる資格を有しなければ法律上行うことができないこととされている事業の経営又は管理に従事する活動を除く。）	企業等の経営者・管理者	5年、3年、1年、4月又は3月
法律・会計業務	外国法事務弁護士、外国公認会計士その他法律上資格を有する者が行うこととされている法律又は会計に係る業務に従事する活動	弁護士、公認会計士等	5年、3年、1年又は3月
医療	医師、歯科医師その他法律上資格を有する者が行うこととされている医療に係る業務に従事する活動	医師、歯科医師、看護師	5年、3年、1年又は3月
研究	本邦の公私の機関との契約に基づいて研究を行う業務に従事する活	政府関係機関や私企業等の研究者	5年、3年、1年

(資料1) 在留資格一覧

	動（この表の教授の項に掲げる活動を除く。）		又は3月
教育	本邦の小学校、中学校、義務教育学校、高等学校、中等教育学校、特別支援学校、専修学校又は各種学校若しくは設備及び編制に関してこれに準ずる教育機関において語学教育その他の教育をする活動	中学校・高等学校等の語学教師等	5年、3年、1年又は3月
技術・人文知識・国際業務	本邦の公私の機関との契約に基づいて行う理学、工学その他の自然科学の分野若しくは法律学、経済学、社会学その他の人文科学の分野に属する技術若しくは知識を要する業務又は外国の文化に基盤を有する思考若しくは感受性を必要とする業務に従事する活動（この表の教授、芸術、報道、経営・管理、法律・会計業務、医療、研究、教育、企業内転勤、興行の項に掲げる活動を除く。）	機械工学等の技術者、通訳、デザイナー、私企業の語学教師、マーケティング業務従事者等	5年、3年、1年又は3月
企業内転勤	本邦に本店、支店その他の事業所のある公私の機関の外国にある事業所の職員が本邦にある事業所に期間を定めて転勤して当該事業所において行うこの表の技術・人文知識・国際業務の項に掲げる活動	外国の事業所からの転勤者	5年、3年、1年又は3月
興行	演劇、演芸、演奏、スポーツ等の興行に係る活動又はその他の芸能活動（この表の経営・管理の項に掲げる活動を除く。）	俳優、歌手、ダンサー、プロスポーツ選手等	3年、1年、6月、3月又は15日
技能	本邦の公私の機関との契約に基づいて行う産業上の特殊な分野に属する熟練した技能を要する業務に従事する活動	外国料理の調理師、スポーツ指導者、航空機の操縦者、貴金属等の加工職人等	5年、3年、1年又は3月
技能実習	1号 イ　本邦の公私の機関の外国にある事業所の職員又は本邦の公私の機関と法務省令で定める事業	技能実習生	1年、6月又は法務大臣が個々に指

	上の関係を有する外国の公私の機関の外国にある事業所の職員がこれらの本邦の公私の機関との雇用契約に基づいて当該機関の本邦にある事業所の業務に従事して行う技能等の修得をする活動（これらの職員がこれらの本邦の公私の機関の本邦にある事業所に受け入れられて行う当該活動に必要な知識の修得をする活動を含む。） ロ　法務省令で定める要件に適合する営利を目的としない団体により受け入れられて行う知識の修得及び当該団体の策定した計画に基づき、当該団体の責任及び監理の下に本邦の公私の機関との雇用契約に基づいて当該機関の業務に従事して行う技能等の修得をする活動 2号 イ　1号イに掲げる活動に従事して技能等を修得した者が、当該技能等に習熟するため、法務大臣が指定する本邦の公私の機関との雇用契約に基づいて当該機関において当該技能等を要する業務に従事する活動 ロ　1号ロに掲げる活動に従事して技能等を修得した者が、当該技能等に習熟するため、法務大臣が指定する本邦の公私の機関との雇用契約に基づいて当該機関において当該技能等を要する業務に従事する活動（法務省令で定める要件に適合する営利を目的としない団体の責任及び監理の下に当該業務に従事するものに限る。）	定する期間（1年を超えない範囲）

(資料１) 在留資格一覧

別表１の３			
文化活動	収入を伴わない学術上若しくは芸術上の活動又は我が国特有の文化若しくは技芸について専門的な研究を行い若しくは専門家の指導を受けてこれを修得する活動（この表の留学、研修の項に掲げる活動を除く。）	日本文化の研究者等	３年、１年、６月又は３月
短期滞在	本邦に短期間滞在して行う観光、保養、スポーツ、親族の訪問、見学、講習又は会合への参加、業務連絡その他これらに類似する活動	観光客、会議参加者等	９０日若しくは３０日又は１５日以内の日を単位とする期間
別表１の４			
留学	本邦の大学、高等専門学校、高等学校（中等教育学校の後期課程を含む。）若しくは特別支援学校の高等部、中学校（義務教育学校の後期過程及び中等教育学校の前期課程を含む。）若しくは特別支援学校の中学部、小学校（義務教育学校の前期過程を含む。）若しくは特別支援学校の小学部、専修学校若しくは各種学校又は設備及び編制に関してこれらに準ずる機関において教育を受ける活動	大学、短期大学、高等専門学校、高等学校、中学校及び小学校等の学生・生徒	４年３月、４年、３年３月、３年、２年３月、２年、１年３月、１年、６月又は３月
研修	本邦の公私の機関により受け入れられて行う技能等の修得をする活動（この表の技能実習１号、留学の項に掲げる活動を除く。）	研修生	１年、６月又は３月
家族滞在	この表の教授から文化活動までの在留資格をもって在留する者（技能実習を除く。）又はこの表の留学の在留資格をもって在留する者の扶養を受ける配偶者又は子として行う日常的な活動	在留外国人が扶養する配偶者・子	５年、４年３月、４年、３年３月、３年、２年３月、

239

			2年、1年3月、1年、6月又は3月
別表1の5			
特定活動	法務大臣が個々の外国人について特に指定する活動	外交官等の家事使用人、ワーキング・ホリデー、経済連携協定に基づく外国人看護師・介護福祉士候補者等	5年、3年、1年、6月、3月又は法務大臣が個々に指定する期間（5年を超えない範囲）
別表2			
永住者	法務大臣が永住を認める者	法務大臣から永住の許可を受けた者（入管特例法の「特別永住者」を除く。）	無期限
日本人の配偶者等	日本人の配偶者若しくは特別養子又は日本人の子として出生した者	日本人の配偶者・子・特別養子	5年、3年、1年又は6月
永住者の配偶者等	永住者等の配偶者又は永住者等の子として本邦で出生しその後引き続き本邦に在留している者	永住者・特別永住者の配偶者及び本邦で出生し引き続き在留している子	5年、3年、1年又は6月
定住者	法務大臣が特別な理由を考慮し一定の在留期間を指定して居住を認める者	第三国定住難民、日系3世、中国残留邦人等	5年、3年、1年、6月又は法務大臣が個々に指定する期間（5年を超えない範

(資料１)　在留資格一覧

■平成28年法律第88号による改正

　別表1の2の「在留資格」欄に「介護」が追加され、「本邦において行うことができる活動」欄に「本邦の公私の機関との契約に基づいて介護福祉士の資格を有する者が介護又は介護の指導を行う業務に従事する活動」が追加された（それに伴う他の欄の調整点は割愛する）。

■平成28年法律第89号による改正

　別表第1の2の「技能実習」の「本邦において行うことができる活動」欄が、次のように改められている。

　1号
　　イ　外国人の技能実習の適正な実施及び技能実習生の保護に関する法律（平成28年法律第89号。以下「技能実習法」という。）第8条第1項の認定（技能実習法第11条第1項の規定による変更の認定があつたときは、その変更後のもの。以下同じ。）を受けた技能実習法第8条第1項に規定する技能実習計画（技能実習法第2条第2項第1号に規定する第1号企業単独型技能実習に係るものに限る。）に基づいて、講習を受け、及び技能、技術又は知識（以下「技能等」という。）に係る業務に従事する活動
　　ロ　技能実習法第8条第1項の認定を受けた同項に規定する技能実習計画（技能実習法第2条第4項第1号に規定する第1号団体監理型技能実習に係るものに限る。）に基づいて、講習を受け、及び技能等に係る業務に従事する活動

　2号
　　イ　技能実習法第8条第1項の認定を受けた同項に規定する技能実習計画（技能実習法第2条第2項第2号に規定する第2号企業単独型技能実習に係るものに限る。）に基づいて技能等を要する業務に従事する活動
　　ロ　技能実習法第8条第1項の認定を受けた同項に規定する技能実習計画（技能実習法第2条第4項第2号に規定する第2号団体監理型技能実習に係るものに限る。）に基づいて技能等を要する業務に従事する活動

　3号
　　イ　技能実習法第8条第1項の認定を受けた同項に規定する技能実習計画（技能実習法第2条第2項第3号に規定する第3号企業単独型技能実習に係るものに限る。）に基づいて技能等を要する業務に従事する活動

ロ　技能実習法第8条第1項の認定を受けた同項に規定する技能実習計画（技能実習法第2条第4項第3号に規定する第3号団体監理型技能実習に係るものに限る。）に基づいて技能等を要する業務に従事する活動

（資料2）　入国管理局一覧

　全国各地の地方入国管理局、支局、出張所は、次のとおりである（連絡先、管轄・分担地域、受付時間等の詳細は、入国管理局HP「組織・機構」〈http://www.immi-moj.go.jp/soshiki/index.html〉（平成29年2月末閲覧）参照）。

　出入国管理行政を行うための機構として、法務省に入国管理局（東京都千代田区霞が関1-1-1）が設けられているほか、地方入国管理局が8局、支局が7局、出張所が61か所および入国管理センターが2か所設けられている。

地方入国管理局・入国管理センター	支局・出張所
札幌入国管理局 北海道札幌市中央区大通り西12丁目 札幌第三合同庁舎 電話番号　011-261-7502（総務課） 　※小樽分室	函館港出張所 旭川出張所 釧路港出張所 稚内港出張所 千歳苫小牧出張所 　※苫小牧分室
仙台入国管理局 宮城県仙台市宮城野区五輪1-3-20 仙台第二法務合同庁舎 電話番号　022-256-6076（総務課）	青森出張所 盛岡出張所 仙台空港出張所 秋田出張所 酒田港出張所 郡山出張所
東京入国管理局 東京都港区港南5-5-30 電話番号　03-5796-7111 　※おだいば分室 　※小笠原総合事務所	成田空港支局 羽田空港支局 横浜支局 水戸出張所 宇都宮出張所 高崎出張所 さいたま出張所 千葉出張所 立川出張所 　※横田分室 新潟出張所

(資料２) 入国管理局一覧

	甲府出張所 長野出張所 新宿出張所 東部出張所 川崎出張所（横浜支局管下）
名古屋入国管理局 愛知県名古屋市港区正保町 5-18 電話番号　052-559-2150	中部空港支局 富山出張所 金沢出張所 福井出張所 岐阜出張所 静岡出張所 浜松出張所 豊橋港出張所 四日市港出張所
大阪入国管理局 大阪府大阪市住之江区南港北一丁目29番53号 電話番号　06-4703-2100（総務課） ※茨木分室	関西空港支局 神戸支局 大津出張所 京都出張所 舞鶴港出張所 奈良出張所 和歌山出張所 姫路港出張所（神戸支局管下）
高松入国管理局 香川県高松市丸の内 1-1 高松法務合同庁舎 電話番号　087-822-5852（総務課）	小松島港出張所 松山出張所 高知出張所
広島入国管理局 広島県広島市中区上八丁堀 2-31 広島法務総合庁舎内 電話番号　082-221-4411（総務課）	境港出張所 松江出張所 岡山出張所 福山出張所 広島空港出張所 下関出張所 周南出張所
福岡入国管理局 福岡県福岡市中央区舞鶴 3-5-25 福岡第１法務総合庁舎 電話番号　092-717-5420（総務課）	那覇支局 北九州出張所 博多港出張所 福岡空港出張所 佐賀出張所

巻末資料

	長崎出張所
	対馬出張所
	熊本出張所
	大分出張所
	宮崎出張所
	鹿児島出張所
	那覇空港出張所（那覇支局管下）
	宮古島出張所（那覇支局管下）
	石垣港出張所（那覇支局管下）
	嘉手納出張所（那覇支局管下）

東日本入国管理センター 茨城県牛久市久野町1766-1 電話番号　029-875-1291
大村入国管理センター 長崎県大村市古賀島町644-3 電話番号　0957-52-2121

（資料3）　法テラス一覧

　全国各地の法テラス地方事務所は、次のとおりである（業務時間等の詳細は、法テラスHP「お近くの法テラス（地方事務所一覧）」〈http://www.houterasu.or.jp/chihoujimusho/〉（平成29年2月末閲覧）参照）。また、全国各地の法テラス法律事務所（司法過疎地域事務所を含む）については、法テラスHP「法テラス法律事務所一覧（平成27年7月1日現在）」〈http://www.houterasu.or.jp/staff_bengoshi/staff_bengoshi_zenkoku_ichiran/〉参照）。

本部・事務所	所在地	電話番号
法テラス本部	中野区本町1-32-2　ハーモニータワー8階	050-3383-5333
法テラス札幌	札幌市中央区南1条西11-1　コンチネンタルビル8階	050-3383-5555
法テラス旭川	旭川市3条通9-1704-1　住友生命旭川ビル6階	050-3383-5566
法テラス函館	函館市若松町6-7　三井生命函館若松町ビル5階	050-3383-5560

(資料3) 法テラス一覧

法テラス江差	檜山郡江差町字中歌町199-5	050-3383-5563
法テラス釧路	釧路市大町1-1-1　道東経済センタービル1階	050-3383-5567
法テラス青森	青森市長島1-3-1　日本赤十字社青森県支部ビル2階	050-3383-5552
法テラス八戸	青森県八戸市大字八日町36　八戸第一ビル3階	050-3383-0466
法テラス岩手	盛岡市大通1-2-1　岩手県産業会館本館2階	050-3383-5546
法テラス大槌	上閉伊郡大槌町上町1-3　大槌町役場敷地内	050-3383-1350
法テラス気仙	大船渡市盛町字宇津野沢9-5	050-3383-1402
法テラス秋田	秋田市中通5-1-51　北都銀行本店別館6階	050-3383-5550
法テラス宮城	仙台市青葉区一番町2-10-17　仙台一番町ビル1階	050-3383-5535
法テラス南三陸	本吉郡南三陸町志津川字沼田56　ベイサイドアリーナ横	050-3383-0210
法テラス山元	亘理郡山元町浅生原字日向13-1	050-3383-0213
法テラス東松島	東松島市矢本字大溜1-1　市コミュニティセンター西側	050-3383-0009
法テラス山形	山形市七日町2-7-10　NANA BEANS 8階	050-3383-5544
法テラス福島	福島市北五老内町7-5　イズム37ビル4階	050-3383-5540
法テラス二本松	二本松市本町1丁目60-2	050-3381-3803
法テラスふたば	双葉郡広野町広洋台1-1-89	050-3381-3805
法テラス東京	新宿区西新宿1-24-1　エステック情報ビル13階	050-3383-5300
法テラス多摩	立川市曙町2-8-18　東京建物ファーレ立川ビル5階	050-3383-5327
法テラス上野	台東区上野2-7-13　JTB・損保ジャパ	050-3383-5320

	ン上野共同ビル6階	
法テラス池袋	豊島区東池袋1-35-3　池袋センタービル6階	050-3383-5321
法テラス八王子	八王子市明神町4-7-14　八王子ONビル4階	050-3383-5310
法テラス埼玉	さいたま市浦和区高砂3-17-15　さいたま商工会議所会館6階	050-3383-5375
法テラス川越	川越市脇田本町10-10　KJビル3階	050-3383-5377
法テラス神奈川	横浜市中区山下町2　産業貿易センタービル10階	050-3383-5360
法テラス川崎	川崎市川崎区駅前本町11-1　パシフィックマークス川崎ビル10階	050-3383-5366
法テラス小田原	小田原市本町1-4-7　朝日生命小田原ビル5階	050-3383-5370
法テラス千葉	千葉市中央区中央4-5-1　Qiball（きぼーる）2階	050-3383-5381
法テラス松戸	松戸市松戸1879-1　松戸商工会議所会館3階	050-3383-5388
法テラス茨城	水戸市大町3-4-36　大町ビル3階	050-3383-5390
法テラス栃木	宇都宮市本町4-15　宇都宮NIビル2階	050-3383-5395
法テラス群馬	前橋市千代田町2-5-1　前橋テルサ5階	050-3383-5399
法テラス新潟	新潟市中央区東中通1番町86-51　新潟東中通ビル2階	050-3383-5420
法テラス長野	長野市新田町1485-1　長野市もんぜんぷら座4階	050-3383-5415
法テラス山梨	甲府市中央1-12-37　IRIXビル1階・2階	050-3383-5411
法テラス静岡	静岡市葵区追手町9-18　静岡中央ビル2階・11階	050-3383-5400
法テラス愛知	名古屋市中区栄4-1-8　栄サンシティービル15階	050-3383-5460
法テラス三河	岡崎市十王町2-9　岡崎市役所西庁舎1階	050-3383-5465

(資料3) 法テラス一覧

法テラス沼津	沼津市三園町1-11	050-3383-5405
法テラス浜松	浜松市中区中央1-2-1　イーステージ浜松オフィス4階	050-3383-5410
法テラス三重	津市丸之内34-5　津中央ビル	050-3383-5470
法テラス富山	富山市長柄町3-4-1　富山県弁護士会館1階	050-3383-5480
法テラス岐阜	岐阜市美江寺町1-27　第一住宅ビル2階	050-3383-5471
法テラス石川	金沢市橋場町1-8	050-3383-5477
法テラス福井	福井市宝永4-3-1　三井生命福井ビル2階	050-3383-5475
法テラス大阪	大阪市北区西天満1-12-5　大阪弁護士会館B1階	050-3383-5425
法テラス堺	堺市堺区南花田口町2-3-20　住友生命堺東ビル6階	050-3383-5430
法テラス兵庫	神戸市中央区東川崎町1-1-3　神戸クリスタルタワービル13階	050-3383-5440
法テラス阪神	尼崎市七松町1-2-1　フェスタ立花北館5階	050-3383-5445
法テラス姫路	姫路市北条1-408-5　光栄産業（株）第2ビル	050-3383-5448
法テラス京都	京都市中京区河原町通三条上る恵比須町427　京都朝日会館9階	050-3383-5433
法テラス和歌山	和歌山市十番丁15　市川ビル2階	050-3383-5457
法テラス奈良	奈良市高天町38-3　近鉄高天ビル6階	050-3383-5450
法テラス滋賀	大津市浜大津1-2-22　大津商中日生ビル5階	050-3383-5454
法テラス広島	広島市中区八丁堀2-31　広島鴻池ビル1階・6階	050-3383-5485
法テラス山口	山口市大手町9-11　山口県自治会館5階	050-3383-5490
法テラス岡山	岡山市北区弓之町2-15　弓之町シティ	050-3383-5491

	センタービル2階	
法テラス鳥取	鳥取市西町2-311　鳥取市福祉文化会館5階	050-3383-5495
法テラス島根	松江市南田町60	050-3383-5500
法テラス香川	高松市寿町2-3-11　高松丸田ビル8階	050-3383-5570
法テラス高知	高知市本町4-1-37　丸ノ内ビル2階	050-3383-5577
法テラス徳島	徳島市新蔵町1-31　徳島弁護士会館4階	050-3383-5575
法テラス愛媛	松山市一番町4-1-11　共栄興産一番町ビル4階	050-3383-5580
法テラス福岡	福岡市中央区渡辺通5-14-12　南天神ビル4階	050-3383-5501
法テラス北九州	北九州市小倉北区魚町1-4-21　魚町センタービル5階	050-3383-5506
法テラス佐賀	佐賀市駅前中央1-4-8　太陽生命佐賀ビル3階	050-3383-5510
法テラス長崎	長崎市栄町1-25　長崎MSビル1階・2階	050-3383-5515
法テラス大分	大分市城崎町2-1-7	050-3383-5520
法テラス熊本	熊本市水道町1-23　加地ビル3階	050-3383-5522
法テラス宮崎	宮崎市旭1-2-2　宮崎県企業局3階	050-3383-5530
法テラス鹿児島	鹿児島市中町11-11　MY鹿児島第2ビル5階	050-3383-5525
法テラス沖縄	那覇市楚辺1-5-17　プロフェスビル那覇2・3階	050-3383-5533

（資料4）　公証役場一覧

　全国各地の公証役場は、次のとおりである（電子公証の可否その他の詳細は、日本公証人連合会HP「全国公証役場所在地一覧（平成29年1月23日現在）」〈http://www.koshonin.gr.jp/sho.html〉（平成29年2月末閲覧）参照）。

(資料4) 公証役場一覧

公証役場	所在地	電話番号
札幌大通	札幌市中央区大通西4-1　道銀ビル10階	011-241-4267
札幌中	札幌市中央区大通西11-4　登記センタービル5階	011-271-4977
小　樽	小樽市色内1-9-1　松田ビル1階	0134-22-4530
岩見沢	岩見沢市4条西1-2-5　MY岩見沢ビル2階	0126-22-1752
室　蘭	室蘭市中島町1-33-9　山松ビル4階	0143-44-8630
苫小牧	苫小牧市表町2-3-23　エイシンビル2階	0144-36-7769
滝　川	滝川市大町1-8-27　振興公社管理ビル1階	0125-24-1218
函館合同	函館市若松町15-7-51　函館北洋ビル5階	0138-22-5661
旭川合同	旭川市6条通8-37-22　TR6.8ビル5階	0166-23-0098
名　寄	名寄市西1条南9-35	01654-3-3131
釧路合同	釧路市末広町7-2　金森ビル	0154-25-1365
帯広合同	帯広市西6条南6-3　ソネビル3階	0155-22-6789
北　見	北見市北4条東1-11　双進ビル3階	0157-31-2511
仙台合同	仙台市青葉区二日町16-15　武山興産第二ビル2階	022-222-8105
仙台一番町	仙台市青葉区一番町2丁目2-13　仙建ビル6階	022-224-6148
仙台本町	仙台市青葉区本町二丁目10番33号（第2日本オフィスビル3階）	022-261-0744
石　巻	石巻市鋳銭場5-9　いせんばプラザ1階102	0225-22-5791
古　川	大崎市古川駅前大通2-6-16　古川土地ビル3階	0229-22-2332
大河原	柴田郡大河原町字新南35-3	0224-53-2265
福島合同	福島市中町5-18　福島県林業会館1階	024-521-2557

249

郡山合同	郡山市長者 1-7-20　東京海上日動ビル 2 階	024-932-6037
白　河	白河市新白河 1-121	0248-23-2203
会津若松	会津若松市滝沢町 5-40　市原ビル 1 階	0242-37-1955
いわき	いわき市平字菱川町 1-3　いわき市社会福祉センター 4 階	0246-23-4066
相　馬	相馬市中村字北町 63 番地 3 相馬市役所 1 階	0244-36-1008
山　形	山形市幸町 18-20　JA 山形市本店ビル 6 階	023-625-1693
鶴　岡	鶴岡市新海町 17-68　鶴岡法務総合ビル 2 階	0235-22-9996
米　沢	米沢市中央 3-7-6	0238-22-6886
盛岡合同	盛岡市大通 3-2-8　岩手金属工業会館 3 階	019-651-5828
宮　古	宮古市宮町 1-3-5　陸中ビル 2 階	0193-63-4431
一　関	一関市田村町 2-25	0191-21-2986
花　巻	花巻市花城町 10-27　花巻商工会議所会館 3 階	0198-23-2002
秋田合同	秋田市大町 3-5-8　秋田ニコスビル 3 階	018-864-0850
能　代	能代市通町 9-48　大丸ビル 2 階	0185-52-7728
青森合同	青森市長島 1-3-17　阿保歯科ビル 4 階	017-776-8273
弘　前	弘前市大字新町 176-3	0172-34-3084
八　戸	八戸市大字廿三日町 28　八戸ウエストビル 201	0178-43-1213
霞ヶ関	千代田区内幸町 2-2-2　富国生命ビル地下 1 階	03-3502-0745
日本橋	中央区日本橋兜町 1-10　日証館ビル 1 階	03-3666-3089
渋　谷	渋谷区神南 1-21-1　日本生命渋谷ビル 8 階	03-3464-1717

(資料4) 公証役場一覧

神 田	千代田区鍛冶町 1-9-4　KYY ビル 3 階	03-3256-4758
池 袋	豊島区東池袋 3-1-1　サンシャイン60ビル 8 階	03-3971-6411
大 森	大田区大森北 1-17-2　大森センタービル 2 階	03-3763-2763
新 宿	新宿区西新宿 7-4-3　升本ビル 5 階	03-3365-1786
文 京	文京区春日 1-16-21　文京シビックセンター 8 階	03-3812-0438
上 野	台東区東上野 1-7-2　冨田ビル 4 階	03-3831-3022
浅 草	台東区雷門 2-4-8　あいおいニッセイ同和損保浅草ビル 2 階	03-3844-0906
丸の内	千代田区丸の内 3-3-1　新東京ビル 2 階 235区	03-3211-2645
京 橋	中央区京橋 1-1-10　西勘本店ビル 6 階	03-3271-4677
銀 座	中央区銀座 2-2-6　第 2 DK ビル 5 階	03-3561-1051
新 橋	港区新橋 1-18-1　航空会館 6 階	03-3591-4845
芝	港区西新橋 3-19-14　東京建硝ビル 5 階	03-3434-7986
麻 布	港区麻布十番 1-4-5　深尾ビル 5 階	03-3585-0907
目 黒	品川区上大崎 2-17-5　デルダンビル 5 階	03-3494-8040
五反田	品川区東五反田 5-27-6　第一五反田ビル 3 階	03-3445-0021
世田谷	世田谷区三軒茶屋 2-15-8　ファッションビル 4 階	03-3422-6631
蒲 田	大田区西蒲田 7-5-13　森ビル 2 階	03-3738-3329
王 子	北区王子 1-14-1　山本屋ビル 3 階	03-3911-6596
赤 羽	北区赤羽南 1-4-8　赤羽南商業ビル 6 階	03-3902-2339
小 岩	江戸川区西小岩 3-31-14　ジブラルタ生命小岩ビル 5 階	03-3659-3446
葛 飾	葛飾区立石 4-25-9	03-3693-4103
錦糸町	墨田区江東橋 3-9-7　国宝ビル 5 階	03-3631-8490

向　島	墨田区東向島 6-1-3　小島ビル 2 階	03-3612-5624
千　住	足立区千住旭町 40-4　サンライズビル 3 階・4 階	03-3882-1177
練　馬	練馬区豊玉北 5-17-12　練馬駅前ビル 3 階	03-3991-4871
中　野	中野区中野 5-65-3　A-01 ビル 7 階	03-5318-2255
杉　並	東京都杉並区天沼 3-3-3　澁澤荻窪ビルディング 4 階	03-3391-7100
板　橋	板橋区板橋 2-67-8　板橋中央ビル 9 階	03-3961-1166
麹　町	千代田区麹町 4-4-7　アトム麹町タワー 6 階	03-3265-6958
浜松町	港区芝大門 1-4-14　芝栄太楼ビル 7 階	03-3433-1901
八重洲	中央区八重洲 1-7-20　八重洲口会館 6 階	03-3271-1833
大　塚	豊島区南大塚 2-45-9　ヤマナカヤビル 4 階	03-6913-6208
赤　坂	港区赤坂 3-9-1　八洲貿易ビル 3 階	03-3583-3290
高田馬場	新宿区高田馬場 3-3-3　NIA ビル 5 階	03-5332-3309
昭和通り	中央区銀座 4-10-6　銀料ビル 2 階	03-3545-9045
新宿御苑前	新宿区新宿 2-9-23　SVAX 新宿 B 館 3 階	03-3226-6690
武蔵野	武蔵野市吉祥寺本町 2-5-11　松栄ビル 4 階	0422-22-6606
立　川	立川市柴崎町 3-9-21　エルフレア立川ビル 2 階	042-524-1279
八王子	八王子市東町 7-6　ダヴィンチ八王子 2 階	042-631-4246
町　田	町田市中町 1-5-3	042-722-4695
府　中	府中市寿町 1-1-3　三ツ木寿町ビル 2 階	042-369-6951
多　摩	多摩市落合 1-7-12　ライティングビル 1 階	042-338-8605

(資料4) 公証役場一覧

博物館前本町	横浜市中区本町6丁目52番地　本町アンバービル5階	045-212-2033
横浜駅西口	横浜市西区北幸1-5-10　東京建物ビル4階	045-311-6907
関内大通り	横浜市中区羽衣町2-7-10　関内駅前マークビル8階	045-261-2623
尾上町	横浜市中区尾上町3-35　第一有楽ビル8階	045-212-3609
みなとみらい	横浜市中区太田町6-87　横浜フコク生命ビル10階	045-662-6585
鶴　　見	横浜市鶴見区鶴見中央4-32-19　鶴見センタービル202	045-521-3410
上大岡	横浜市港南区上大岡西1-15-1　カミオ403-2	045-844-1102
川　　崎	川崎市川崎区駅前本町3-1　NMF川崎東口ビル11階	044-222-7264
溝ノ口	川崎市高津区溝口3-14-1　田中屋ビル2階	044-811-0111
藤　　沢	藤沢市鵠沼石上2-11-2　湘南Kビル1階	0466-22-5910
横須賀	横須賀市日の出町一丁目7番地16　よこすか法務ビル202	046-823-0328
小田原	小田原市栄町1-5-20　大邦ビル2階	0465-22-5772
平　　塚	平塚市代官町9-26　M宮代会館4階	0463-21-0267
厚　　木	厚木市中町3-13-8　セトビル2階	046-221-1813
相模原	相模原市中央区相模原4-3-14　第一生命ビル（5階）	042-758-1888
浦　　和	さいたま市浦和区高砂3-7-2　タニグチビル3階	048-831-1951
川　　口	川口市本町4-1-5　高橋ビル2階	048-223-0911
春日部	春日部市中央5-1-29	048-735-7200
川　　越	川越市新富町2-22　八十二銀行ビル5	049-224-9454

253

	階	
熊　谷	熊谷市筑波 3-4　朝日八十二ビル 4 階	048-524-9733
越　谷	越谷市越ケ谷 2-2-1　浜野ビル 4 階	048-962-2796
秩　父	秩父市野坂町 1-20-31　MT ビル 1 階	0494-23-3788
東松山	東松山市箭弓町 1-13-20　光越園ビル 3 階	0493-23-4413
大　宮	さいたま市大宮区桜木町 1-7-5　ソニックシティビル 8 階	048-642-4355
所　沢	所沢市西新井町 20-10	04-2994-2323
千　葉	千葉市中央区富士見 1-14-13　千葉大栄ビル 8 階	043-222-2876
船　橋	船橋市湊町 2-5-1　アイカワビル 5 階	047-437-0058
市川合同	市川市八幡 3-8-18　メゾン本八幡ビル 205	047-321-0665
木更津	木更津市東中央 3-5-2-102　第 2 三幸ビル 1 階	0438-22-2243
銚　子	銚子市西芝町 3-9　銚子駅前大樹ビル 2 階	0479-23-6071
松　戸	松戸市本町 11-5　明治安田生命松戸ビル 3 階	047-363-2091
柏	千葉県柏市東上町 7-18　柏商工会議所 5 階	04-7166-6262
成　田	成田市花崎町 814-56　カワイビル 3 階	0476-22-1035
館　山	館山市八幡 32-2	0470-22-5528
茂　原	茂原市茂原 640-10　地奨第 3 ビル 2 階	0475-22-5959
水戸合同	水戸市桜川 1-5-15　都市ビル 6 階	029-221-8758
土　浦	土浦市富士崎 1-7-21　和光ビル 4 階	029-821-6754
日　立	日立市幸町 1-4-1　日立駅前ビル 4 階	0294-21-5791
取　手	取手市取手 2-14-24　竹内ビル 2 階	0297-74-2569
下　館	筑西市丙 360　スピカ 6 階　下館商工会議所内	0296-24-9460

(資料4) 公証役場一覧

鹿　嶋	鹿嶋市宮中 8-12-6	0299-83-4822
宇都宮	宇都宮市大通り 4-1-18　宇都宮大同生命ビル 7 階	028-624-1100
足　利	足利市通 3-2589　足利織物会館 3 階	0284-21-6822
小　山	小山市城東 1-6-36　小山商工会議所会館 3 階	0285-24-4599
大田原	大田原市本町 1-2714	0287-23-0666
前橋合同	前橋市本町 1-3-6	027-223-8277
太　田	太田市飯田町1245-1　清水ビル 1 階	0276-45-8469
高崎合同	高崎市八島町20-1　武蔵屋ビル 4 階	027-325-1574
桐　生	桐生市相生町 2-376-13	0277-54-2168
伊勢崎	伊勢崎市昭和町3919　伊勢崎商工会議所会館 3 階	0270-24-3252
富　岡	富岡市富岡1130　富岡商工会館 2 階	0274-64-1075
静岡合同	静岡市葵区追手町 2-12　安藤ビル 3 階	054-252-8988
沼津合同	沼津市大手町 3-6-18　住友生命沼津ビル 5 階	055-962-5731
熱　海	熱海市春日町 2-9　熱海駅前第二ビル 3 階	0557-82-7770
富　士	富士市永田町 1-124-2　EPO 富士ビル 2 階	0545-51-4958
浜松合同	浜松市中区元城町219-21　第一ビル 2 階	053-452-0718
掛　川	掛川市中央 2-4-27　中央ビル 5 階	0537-22-2304
袋　井	袋井市新屋 1-2-1　袋井商工会議所 2 階	0538-42-8412
下　田	下田市西本郷 1-2-5　佐々木ビル 3 階	0558-22-5521
甲　府	甲府市北口 1-3-1	055-252-7752
大　月	大月市駒橋 1-2-27　大月織物協同組合 2 階	0554-23-1452
長野合同	長野市大字南長野妻科437-7　長野法律ビル 1 階	026-234-8585
上　田	上田市中央西 1-15-32　フコク生命上田	0268-22-5477

	ビル3階	
松　本	松本市大手2-5-1　モモセビル3階	0263-35-6309
諏　訪	諏訪市大手2-17-16　信濃ビル3階	0266-53-4641
飯　田	飯田市常盤町30　飯伊森林組合ビル2階	0265-23-6502
伊　那	伊那市中央4907-4　久保田ビル2階	0265-73-8622
佐　久	佐久市佐久平駅北26-7　藤ビル2階	0267-54-8305
新潟合同	新潟市中央区天神1-1　プラーカ3棟（6階）	025-240-2610
長岡合同	長岡市長町1丁目甲1672-1	0258-33-5435
上　越	上越市西城町2-10-25　大島ビル1階	025-522-4104
三　条	三条市東三条1-5-1　川商ビル4階	0256-32-3026
新発田	新発田市本町1-3-5　第5樫内ビル3階	0254-24-3101
梅　田	大阪市北区芝田2-7-18　オーエックス梅田ビル新館3階	06-6376-4335
平野町	大阪市中央区平野町2-1-2　沢の鶴ビル2階	06-6231-8587
本　町	大阪市中央区安土町3-4-10　京阪神安土町ビル3階	06-6271-6265
江戸堀	大阪市西区江戸堀1-10-8　パシフィックマークス肥後橋5階	06-6443-9489
難　波	大阪市浪速区難波中1-10-4　南海野村ビル6階	06-6633-3598
上　六	大阪市天王寺区東高津町11-9　おおきに上本町ビル4階	06-6763-3648
枚　方	枚方市大垣内町2-16-12　サクセスビル5階	072-841-2325
堺合同	堺市堺区北瓦町2-4-18　りそな堺東ビル4階	072-233-1412
岸和田	岸和田市宮本町2-29　ライフエイトビル3階	072-422-3295
東大阪	東大阪市永和1-11-10　東大阪商工会議所3階	06-6725-3882

(資料4) 公証役場一覧

高　槻	高槻市芥川町1-15-18　ミドリ芥川ビル2階	072-681-8500
京都合同	京都市中京区東洞院通御池下る笹屋町436-2　シカタディスビル5階	075-231-4338
宇　治	宇治市宇治壱番132-4　谷口ビル2階	0774-23-8220
舞　鶴	舞鶴市字北田辺126-1-1　広小路SKビル5階	0773-75-6520
福知山	福知山市駅前町322番地　三右衛門ビル3階	0773-23-6309
奈良合同	奈良市内侍原町6　奈良県林業会館3階	0742-22-2966
高　田	大和高田市大字大中98　小川ビル2階	0745-22-7166
大　津	大津市中央3-2-1　セザール大津森田ビル3階	077-523-1728
長　浜	長浜市勝町715	0749-63-8377
近江八幡	近江八幡市桜宮町214-5	0748-33-2988
和歌山合同	和歌山市八番丁11　日本生命和歌山八番丁ビル3階	073-422-3376
田　辺	田辺市下屋敷町37　西原ビル2階	0739-22-1873
御　坊	御坊市湯川町小松原549-1　アスリービル1階	0738-22-7320
新　宮	新宮市緑ケ丘2-1-31　カマツカビル3階	0735-21-2344
橋　本	橋本市市脇1-3-18　橋本商工会館3階	0736-32-9745
神　戸	神戸市中央区明石町44番地　神戸御幸ビル5階	078-391-1180
伊　丹	伊丹市伊丹1-6-2　丹兵ビル2階	072-772-4646
阪　神	尼崎市南塚口町2丁目1番2　塚口さんさんタウン2番館2階	06-4961-6671
明　石	明石市本町1-1-32　明石商工会館ビル3階	078-912-1499
姫路東	姫路市北条宮の町385　永井ビル3階	079-223-0526

257

姫路西	姫路市北条口 2-18　宮本ビル 2 階	079-222-1054
洲　本	洲本市本町 2-3-13　富本ビル 3 階	0799-24-3454
豊　岡	豊岡市寿町 2-20　寿センタービル203	0796-22-0796
龍　野	たつの市龍野町富永300-13　中岡ビル 2 階	0791-62-1393
加古川	加古川市加古川町北在家2006　永田ビル 2 階	0794-21-5282
葵　町	名古屋市東区代官町35-16　第一富士ビル 3 階	052-931-0353
熱　田	名古屋市熱田区神宮 4-7-27　宝ビル18号館 2 階	052-682-5973
名古屋駅前	名古屋市中村区名駅南 1-17-29　広小路ESビル 7 階	052-551-9737
春日井	春日井市鳥居松町 4-151	0568-85-9351
一　宮	一宮市栄 1-9-20　朝日生命一宮ビル 5 階	0586-72-4925
半　田	半田市宮路町273　柊ビル 2 階	0569-22-1551
岡崎合同	岡崎市羽根町字貴登野15　岡崎シビックセンター 2 階	0564-58-8193
豊　田	豊田市喜多町 6-3-4	0565-34-1731
豊橋合同	豊橋市駅前大通 2-33-1　開発ビル 9 階	0532-52-2312
西　尾	西尾市花ノ木町 3-3　丸万ビル 3 階	0563-54-5699
新　城	新城市字町並16	0536-23-5768
津合同	津市丸之内養正町 7-3　山田ビル	059-228-9373
松阪合同	松阪市南町178-5	0598-23-7883
四日市合同	四日市市鵜の森 1-3-15　リックスビル 3 階	059-353-3394
伊　勢	伊勢市岩渕 2-5-1　三銀日生ビル 5 階	0596-28-6506
上　野	伊賀市上野丸之内55　丸ビル 3 階	0595-23-6549
岐阜合同	岐阜市橋本町 1-10-1　アクティブＧ 2 階	058-263-6582

(資料4) 公証役場一覧

大　垣	大垣市丸の内 1-35	0584-78-6174
美濃加茂	美濃加茂市古井町下古井468　セントラルビル2階	0574-26-4436
高　山	高山市花岡町 2-55-25　高山 LO ビル2階	0577-32-4148
多治見	多治見市本町 5-15-2	0572-23-6782
福井合同	福井市順化 1-24-43　ストークビル9階	0776-22-1584
武　生	越前市京町 2-1-6　善光寺ビル1階	0778-23-5689
敦　賀	敦賀市中央町 1-13-32　M&M ビル101	0770-23-3598
金沢合同	金沢市武蔵町 6-1　レジデンス第2武蔵1階	076-263-4355
小　松	小松市日の出町 1-126　ソレアード2階	0761-22-0831
七　尾	七尾市藤橋町戌部26-1　トウアイビル102	0767-52-6508
富山合同	富山市安住町 2-14　北日本スクエア北館8階	076-442-2700
高　岡	高岡市下関町 1-19　毛利ビル1階	0766-25-5130
魚　津	魚津市駅前新町 5-30　サンプラザ2階	0765-24-6747
広島合同	広島市中区中町 7-41　三栄ビル9階	082-247-7277
東広島	東広島市西条西本町28-6　サンスクエア東広島4階	082-422-3733
呉	呉市中央 3-1-26　第一ビル3階	0823-21-2938
尾　道	尾道市新浜 2-5-27　大宝ビル5階	0848-22-3712
福　山	福山市若松町10-7　若松ビル4階	084-925-1487
三　次	三次市十日市南 1-4-11	0824-62-3381
山　口	山口市黄金町 3-5	083-925-0035
徳　山	周南市御幸通 2-12　秋本ビル5階	0834-31-1745
岩　国	岩国市今津町 1-18-7	0827-22-5116
下関唐戸	下関市中之町 6-4　大和交通ビル4階	083-222-6693
宇　部	宇部市寿町 3-8-21	0836-34-2686

萩	萩市大字瓦町16　三好ビル2階	0838-22-5517
岡山公証センター	岡山市北区野田屋町1-7-17　千代田生命岡山ビル4階	086-223-9348
岡山合同	岡山市北区中山下1-2-11　清寿会館ビル5階	086-222-7537
倉　敷	倉敷市白楽町249-5　倉敷商工会館4階	086-422-4057
津　山	津山市上紺屋町1番地　モスト21ビル2階	0868-22-5310
笠　岡	笠岡市笠岡507-74	0865-62-5409
鳥取合同	鳥取市西町1-201　ミタニ西町ビル4階	0857-24-3030
米　子	米子市加茂町2-113　加茂町ビル2階206	0859-32-3399
倉　吉	倉吉市駄経寺町2-15-1　倉吉合同事務所1階	0858-22-0437
松　江	松江市母衣町95　古田ビル2階	0852-21-6309
浜　田	浜田市野原町1826-1　いわみーる2階	0855-22-7281
高　松	高松市亀井町2番地1　朝日生命高松ビル7階	087-813-3536
丸　亀	丸亀市塩飽町7-2　県信ビル5階	0877-23-4734
徳　島	徳島市八百屋町3-15　サンコーポ徳島ビル7階	088-625-6575
鳴　門	鳴門市撫養町斎田字浜端南154　ライトビル1階	088-685-7982
高知合同	高知市本町1-1-3　朝日生命高知本町ビル3階	088-823-8601
中　村	四万十市中村大橋通6-3-7　第一とらやビル4階	0880-34-1728
松山合同	松山市歩行町2-3-26　公証ビル2階	089-941-3871
八幡浜	八幡浜市北浜1-3-37　愛媛県南予地方局八幡浜支局庁舎1階	0894-22-2070
新居浜	新居浜市一宮町2-4-8　新居浜商工会館3階	0897-35-3110

(資料4) 公証役場一覧

宇和島	宇和島市新町 1-3-19　兵頭ビル 2 階	0895-25-2292
今　治	今治市旭町 2-3-20　今治商工会議所ビル 5 階	0898-23-2778
福　岡	福岡市中央区舞鶴 3-7-13　大禅ビル 2 階	092-741-0310
博　多	福岡市博多区博多駅前 3-25-24　八百治ビル 3 階	092-400-2560
久留米	久留米市中央町28-7　明治通 3 丁目ビル	0942-32-3307
大牟田	大牟田市不知火町 2-7-1　中島物産ビル 5 階	0944-52-5944
小倉合同	北九州市小倉北区大門 2-1-8　コンプレート西小倉ビル 2 階	093-561-5059
八幡合同	北九州市八幡西区黒崎 3-1-3　菅原第一ビルディング 3 階	093-644-1525
田　川	田川市千代町 8-46	0947-44-4130
直　方	直方市新町 2-1-24	0949-24-6226
飯　塚	飯塚市川津406-1　丸二ビル 1 階	0948-22-3579
行　橋	行橋市行事 4-20-61	0930-22-4870
筑　紫	太宰府市都府楼南 5-5-13	092-925-9755
佐賀合同	佐賀市駅前中央 1-5-10　朝日生命駅前ビル 7 階	0952-22-4387
唐　津	唐津市東城内17-29　唐津商工共済ビル 2 階	0955-72-1083
長崎合同	長崎市万才町 7-1　住友生命長崎ビル 8 階	095-821-3744
諫　早	諫早市高城町 5-10　諫早商工会館 4 階	0957-23-4559
佐世保	佐世保市松浦町 5-13　グリーンビル 1 階	0956-22-6081
島　原	島原市田町675-6	0957-62-7822
大分合同	大分市城崎町 2-1-9　城崎 MK ビル 2 階	097-535-0888
中　津	中津市豊田町 6-11　徳永ビル 2 階	0979-25-2695

巻末資料

日　田	日田市田島 2-1-20　第 2 光ビル 2 階	0973-24-6751
熊本合同	熊本市中央区九品寺 2-1-24　ベストアメニティ熊本九品寺ビル 3 階	096-364-2700
八　代	八代市本町 2-4-29	0965-32-6289
天　草	天草市諏訪町 2-10　武内ビル 1 階	0969-22-3666
鹿児島合同	鹿児島市山下町17-12　平正ビル	099-222-2817
川　内	薩摩川内市御陵下町14-1	0996-22-5448
鹿　屋	鹿屋市寿 1-19-2-1	0994-41-3339
名　瀬	奄美市名瀬幸町12-22-201	0997-52-2661
宮崎合同	宮崎市別府町 2-5　コスモ別府ビル 2 階	0985-28-3038
都　城	都城市前田町15街区10-1	0986-22-1804
延　岡	延岡市中町 2-1-7　ジブラルタ生命延岡ビル 5 階	0982-21-1339
日　南	日南市戸高 1-3-1	0987-23-5430
那覇公証センター	那覇市字安里176-4　マリッサヒルズ 3 階	098-862-3161
沖　縄	沖縄市美里 1-2-3	098-938-9380

(資料 5)　法務局・地方法務局一覧

　全国各地の法務局・地方法務局は、次のとおりである（管轄、業務取扱時間その他の詳細は、法務省 HP「法務局・地方法務局所在地一覧」〈http://www.moj.go.jp/MINJI/minji10.html〉（平成29年 2 月末閲覧）参照）。

法務局	所在地	電話番号
東京法務局	東京都千代田区九段南 1-1-15　九段第 2 合同庁舎	03-5213-1234
横浜地方法務局	横浜市中区北仲通 5-57　横浜第 2 合同庁舎	045-641-7461
さいたま地方法務局	さいたま市中央区下落合 5-12-1　さいたま第 2 法務総合庁舎	048-851-1000

262

(資料5) 法務局・地方法務局一覧

千葉地方法務局	千葉市中央区中央港1-11-3	043-302-1311
水戸地方法務局	水戸市三の丸1-1-42	029-227-9911
宇都宮地方法務局	宇都宮市小幡2-1-11	028-623-6333
前橋地方法務局	前橋市大手町2-3-1　前橋地方合同庁舎	027-221-4466
静岡地方法務局	静岡市葵区追手町9-50　静岡地方合同庁舎	054-254-3555
甲府地方法務局	甲府市丸の内1-1-18　甲府合同庁舎	055-252-7151
長野地方法務局	長野市大字長野旭町1108	026-235-6611
新潟地方法務局	新潟市中央区西大畑町5191　新潟法務総合庁舎	025-222-1561
大阪法務局	大阪市中央区谷町2-1-17　大阪第2法務合同庁舎	06-6942-1481
京都地方法務局	京都市上京区荒神口通河原町東入上生洲町197	075-231-0131
神戸地方法務局	神戸市中央区波止場町1-1　神戸第2地方合同庁舎	078-392-1821
奈良地方法務局	奈良市高畑町552	0742-23-5534
大津地方法務局	大津市京町3-1-1　大津びわ湖合同庁舎	077-522-4671
和歌山地方法務局	和歌山市二番丁2　和歌山地方合同庁舎	073-422-5131
名古屋法務局	名古屋市中区三の丸2-2-1　名古屋合同庁舎第1号館	052-952-8111
津地方法務局	津市丸之内26-8　津合同庁舎	059-228-4191
岐阜地方法務局	岐阜市金竜町5-13	058-245-3181
福井地方法務局	福井市春山1-1-54　福井春山合同庁舎	0776-22-5090
金沢地方法務局	金沢市新神田4-3-10　金沢新神田合同庁舎	076-292-7810
富山地方法務局	富山市牛島新町11-7　富山合同庁舎	076-441-0550
広島法務局	広島市中区上八丁堀6-30	082-228-5201
山口地方法務局	山口市中河原町6-16　山口地方合同庁舎2号館	083-922-2295
岡山地方法務局	岡山市北区南方1-3-58	086-224-5656

鳥取地方法務局	鳥取市東町2-302　鳥取第2地方合同庁舎	0857-22-2191
松江地方法務局	松江市母衣町50　松江法務合同庁舎	0852-32-4200
福岡法務局	福岡市中央区舞鶴3-9-15	092-721-4570
佐賀地方法務局	佐賀市城内2-10-20	0952-26-2148
長崎地方法務局	長崎市万才町8-16	095-826-8127
大分地方法務局	大分市荷揚町7-5　大分法務総合庁舎	097-532-3161
熊本地方法務局	熊本市中央区大江3-1-53　熊本第2合同庁舎	096-364-2145
鹿児島地方法務局	鹿児島市鴨池新町1-2	099-259-0680
宮崎地方法務局	宮崎市別府町1番1号　宮崎法務総合庁舎	0985-22-5124
那覇地方法務局	那覇市樋川1-15-15　那覇第1地方合同庁舎	098-854-7950
仙台法務局	仙台市青葉区春日町7-25　仙台第3法務総合庁舎	022-225-5611
福島地方法務局	福島市霞町1-46　福島合同庁舎	024-534-1111
山形地方法務局	山形市緑町1-5-48　山形地方合同庁舎	023-625-1321
盛岡地方法務局	盛岡市盛岡駅西通1-9-15　盛岡第2合同庁舎	019-624-1141
秋田地方法務局	秋田市山王7-1-3	018-862-6531
青森地方法務局	青森市長島1-3-5　青森第二合同庁舎	017-776-6231
札幌法務局	札幌市北区北8条西2-1-1	011-709-2311
函館地方法務局	函館市新川町25-18　函館地方合同庁舎	0138-23-7511
旭川地方法務局	旭川市宮前1条3-3-15　旭川合同庁舎	0166-38-1111
釧路地方法務局	釧路市幸町10-3	0154-31-5000
高松法務局	高松市丸の内1-1　高松法務合同庁舎	087-821-6191
徳島地方法務局	徳島市徳島町城内6-6　徳島地方合同庁舎	088-622-4171
高知地方法務局	高知市栄田町2-2-10　高知よさこい咲都合同庁舎	088-822-3331

| 松山地方法務局 | 松山市宮田町188-6　松山地方合同庁舎 | 089-932-0888 |

（資料6）　司法書士会一覧

　全国各地の司法書士会は、次のとおりである（相談窓口その他の詳細は、日本司法書士会連合会 HP「全国司法書士会一覧」〈http://www.shiho-shoshi.or.jp/association/shiho_shoshi_list.php〉（平成29年2月末閲覧）参照）。

司法書士会	所在地	電話番号
札幌司法書士会	札幌市中央区大通西13-4	011-281-3505
函館司法書士会	函館市千歳町21-13　桐朋会館内	0138-27-0726
旭川司法書士会	旭川市花咲町4	0166-51-9058
釧路司法書士会	釧路市宮本1-2-4	0154-41-8332
宮城県司法書士会	仙台市青葉区春日町8-1	022-263-6755
福島県司法書士会	福島市新浜町6-28	024-534-7502
山形県司法書士会	山形県山形市小白川町1-16-26	023-623-7054
岩手県司法書士会	盛岡市本町通2-12-18	019-622-3372
秋田県司法書士会	秋田市山王6-3-4	018-824-0187
青森県司法書士会	青森市長島3-5-16	017-776-8398
東京司法書士会	新宿区本塩町9-3　司法書士会館2階	03-3353-9191
神奈川県司法書士会	横浜市中区吉浜町1	045-641-1372
埼玉司法書士会	さいたま市浦和区高砂3-16-58	048-863-7861
千葉司法書士会	千葉市美浜区幸町2-2-1	043-246-2666
茨城司法書士会	水戸市五軒町1-3-16	029-225-0111
栃木県司法書士会	宇都宮市幸町1-4	028-614-1122
群馬司法書士会	前橋市本町1-5-4	027-224-7763
静岡県司法書士会	静岡市駿河区稲川1-1-1	054-289-3700
山梨県司法書士会	甲府市北口1-6-7	055-253-6900
長野県司法書士会	長野市妻科399	026-232-7492

新潟県司法書士会	新潟市中央区笹口1-11-15	025-244-5121
愛知県司法書士会	名古屋市熱田区新尾頭1-12-3	052-683-6683
三重県司法書士会	津市丸之内養正町17-17	059-224-5171
岐阜県司法書士会	岐阜市金竜町5-10-1	058-246-1568
福井県司法書士会	福井市大手3-15-12　フェニックスビル5階	0776-30-0001
石川県司法書士会	金沢市新神田4-10-18	076-291-7070
富山県司法書士会	富山市神通本町1-3-16　エスポワール神通3階	076-431-9332
大阪司法書士会	大阪市中央区和泉町1-1-6	06-6941-5351
京都司法書士会	京都市中京区柳馬場通夷川上ル5-232-1	075-241-2666
兵庫県司法書士会	神戸市中央区楠町2-2-3	078-341-6554
奈良県司法書士会	奈良市西木辻町320-5	0742-22-6677
滋賀県司法書士会	大津市末広町7-5　滋賀県司調会館2階	077-525-1093
和歌山県司法書士会	和歌山市岡山丁24番地	073-422-0568
広島司法書士会	広島市中区上八丁堀6-69	082-221-5345
山口県司法書士会	山口市駅通り2-9-15	083-924-5220
岡山県司法書士会	岡山市北区駅前町2-2-12	086-226-0470
鳥取県司法書士会	鳥取市西町1-314-1	0857-24-7013
島根県司法書士会	松江市南田町26	0852-24-1402
香川県司法書士会	高松市西内町10-17	087-821-5701
徳島県司法書士会	徳島市南前川町4-41	088-622-1865
高知県司法書士会	高知市越前町1-6-32（仮事務所）	088-825-3131
愛媛県司法書士会	松山市南江戸1-4-14	089-941-8065
福岡県司法書士会	福岡市中央区舞鶴三丁目7番13号大神ビル1階（仮事務所）	092-714-3721
佐賀県司法書士会	佐賀県佐賀市川原町2-36	0952-29-0626
長崎県司法書士会	長崎市興善町4-1　興善ビル8階	095-823-4777

大分県司法書士会	大分市城崎町 2-3-10	097-532-7579
熊本県司法書士会	熊本市中央区大江 4-4-34	096-364-2889
鹿児島県司法書士会	鹿児島市鴨池新町 1-3　司調センタービル 3 階	099-256-0335
宮崎県司法書士会	宮崎市旭 1-8-39-1	0985-28-8538
沖縄県司法書士会	那覇市おもろまち 4-16-33	098-867-3526

(資料7)　神奈川青年司法書士協議会人権擁護委員会による相談会（チラシ）

神奈川青司協による相談会のチラシは、次のとおりである。

（資料７）　神奈川青年司法書士協議会人権擁護委員会による相談会（チラシ）

（平木康嗣）

●事項索引●

〔あ行〕
相対取引　112
印鑑登録制度　76
永住者　127
オーバーステイ　11

〔か行〕
介護　9
外国人経営者の在留資格基準の明確化について　58
外国人住民票　108
外国人登録原票　102,136,161
外国人登録原票の写しの交付請求　161
会社設立　44
会社設立登記　89
過去の経緯の年表　26
管轄　186
帰化申請　122
技術・人文知識・国際業務　7
技能　7
技能実習生　10
経営・管理　6,47
公示送達　179
国籍　123,157

〔さ行〕
債務整理　194
在留カード　20,47,101,160
在留期間　5
在留期間の更新　209

在留資格　5,6,20,234
在留資格「経営・管理」の基準の明確化　71
在留資格制度　5
在留資格認定証明書交付申請　57
在留資格の変更　32
在留資格の変更、在留期間の更新許可のガイドライン　20,29
在留資格の変更届出　28
在留資格変更許可申請　50
就労に関する在留資格　6
出資金の履行　82
出入国管理及び難民認定法→入管法　5
準拠法　33,98,155,187,222
情報開示請求　103
所有権移転登記　108
書類作成援助　12
生活再建支援　230
生活保護　207
送金手続　82
相続登記　154
相続人　159
送達の嘱託　190

〔た行〕
滞納賃料請求　201
代理援助　12
中国残留帰国者　9
賃貸借契約　210
通則法　33,155

事項索引

通訳　13, 37
定款　63
特別永住者　9

〔な行〕
難民　10
日系南米人　10
日本司法支援センター→法テラス
入管法　5, 160, 234

〔は行〕
反致　33, 101
ヒアリングシート　23, 206
被相続人　155, 160
不動産売買　97

不法滞在　11
法テラス　12, 180, 224
法の適用に関する通則法→通則法
法律相談援助　12
本国法　155

〔ま行〕
未払賃金請求　212
身分または地位に関する在留資格　8

〔ら行〕
離婚　177
離婚訴訟　179, 182
留学　8, 46

●編者・執筆者紹介●

〔編　者〕
神奈川青年司法書士協議会人権擁護委員会

　神奈川青年司法書士協議会 Website
　http://kana-ssk.com/
　神奈川青年司法書士協議会 Facebook
　https://www.facebook.com/kanagawaseishikyo/

〔**執筆者**〕（50音順）

伊藤　昌子（MASAKO ITO）（いとう　まさこ）
〔略歴〕　平成19年司法書士試験合格、平成20年司法書士登録（神奈川県司法書士会）（簡裁訴訟代理等能力認定）
〔職歴〕　神奈川青年司法書士協議会副会長、神奈川県司法書士会広報委員会委員、広告宣伝委員会委員、FM委員会委員長（FMヨコハマ担当）

高原　晶子（AKIKO TAKAHARA）（たかはら　あきこ）
〔略歴〕　平成22年司法書士試験合格・行政書士試験合格、平成23年司法書士登録（神奈川県司法書士会）（簡裁訴訟代理等能力認定）、平成24年行政書士登録（神奈川県行政書士会）
〔職歴〕　神奈川青年司法書士協議会人権擁護委員会委員長、公益社団法人成年後見センター・リーガルサポート神奈川県支部副支部長

中村　圭吾（KEIGO NAKAMURA）（なかむら　けいご）
〔略歴〕　平成24年司法書士試験合格、平成26年司法書士登録（東京司法書士会）（簡裁訴訟代理等能力認定）
〔職歴〕　東京青年司法書士協議会幹事・事務局次長、日本司法書士会連合会プロボノ活動推進委員会委員

西村　康章（YASUAKI NISHIMURA）（にしむら　やすあき）

［略歴］　平成23年行政書士試験合格、平成25年司法書士試験合格、平成26年司法書士登録（神奈川県司法書士会）（簡裁訴訟代理等能力認定）、平成28年行政書士登録（神奈川県行政書士会）（入管申請等取次者承認）

平木　康嗣（KOUJI HIRAKI）（ひらき　こうじ）

［略歴］　平成24年行政書士試験合格、平成27年司法書士試験合格、平成28年司法書士登録（神奈川県司法書士会）（簡裁訴訟代理等能力認定）、行政書士登録
［職歴］　神奈川県司法書士会人権委員会委員

文元　貴弘（TAKAHIRO FUMIMOTO）（ふみもと　たかひろ）

［略歴］　平成20年司法書士試験合格、平成24年司法書士登録（神奈川県司法書士会）（簡裁訴訟代理等能力認定）、行政書士登録（神奈川県行政書士会）（入管申請等取次者承認）、平成25年土地家屋調査士登録
［職歴］　神奈川青年司法書士協議会事務局長、神奈川県司法書士会法テラス対策委員会委員

三門　俊文（TOSHIBUMI MIKADO）（みかど　としぶみ）

［略歴］　平成18年司法書士試験合格、平成19年司法書士登録（神奈川県司法書士会）（簡裁訴訟代理等能力認定）
［職歴］　神奈川青年司法書士協議会副会長、神奈川県司法書士会貧困問題対策委員会委員

山口　岳彦（TAKEHIKO YAMAGUCHI）（やまぐち　たけひこ）

［略歴］　平成26年司法書士試験合格、平成27年司法書士登録（東京司法書士会）（簡裁訴訟代理等能力認定）
［職歴］　神奈川青年司法書士協議会幹事、全国青年司法書士協議会幹事

事例にみる外国人の法的支援ハンドブック

平成29年3月25日　第1刷発行

定価　本体2,700円＋税

編　　者	神奈川青年司法書士協議会人権擁護委員会	
発　　行	株式会社　民事法研究会	
印　　刷	株式会社　太平印刷社	

発 行 所　株式会社　民事法研究会
　　　　　〒150-0013　東京都渋谷区恵比寿3-7-16
　　　　　〔営業〕TEL 03(5798)7257　FAX 03(5798)7258
　　　　　〔編集〕TEL 03(5798)7277　FAX 03(5798)7278
　　　　　http://www.minjiho.com/　　info@minjiho.com

落丁・乱丁はおとりかえします。　ISBN978-4-86556-144-9　C3032　¥2700E
カバーデザイン：関野美香